企业并购市场媒体与监管协同治理研究

傅祥斐 著

社会科学文献出版社
SOCIAL SCIENCES ACADEMIC PRESS (CHINA)

图书在版编目(CIP)数据

企业并购市场媒体与监管协同治理研究 / 傅祥斐著.
北京：社会科学文献出版社，2025.6. --ISBN 978-7-5228-4240-0

Ⅰ.F279.21

中国国家版本馆 CIP 数据核字第 2024020PH3 号

·国家社科基金后期资助项目·

企业并购市场媒体与监管协同治理研究

著　　者 / 傅祥斐

出 版 人 / 冀祥德
责任编辑 / 陈　荣　陈凤玲
责任印制 / 岳　阳

出　　版 / 社会科学文献出版社·经济与管理分社（010）59367226
　　　　　 地址：北京市北三环中路甲 29 号院华龙大厦　邮编：100029
　　　　　 网址：www.ssap.com.cn

发　　行 / 社会科学文献出版社（010）59367028
印　　装 / 三河市龙林印务有限公司

规　　格 / 开　本：787mm×1092mm　1/16
　　　　　 印　张：18　字　数：282 千字
版　　次 / 2025 年 6 月第 1 版　2025 年 6 月第 1 次印刷
书　　号 / ISBN 978-7-5228-4240-0
定　　价 / 118.00 元

读者服务电话：4008918866

版权所有 翻印必究

国家社科基金后期资助项目
出版说明

　　后期资助项目是国家社科基金设立的一类重要项目，旨在鼓励广大社科研究者潜心治学，支持基础研究多出优秀成果。它是经过严格评审，从接近完成的科研成果中遴选立项的。为扩大后期资助项目的影响，更好地推动学术发展，促进成果转化，全国哲学社会科学工作办公室按照"统一设计、统一标识、统一版式、形成系列"的总体要求，组织出版国家社科基金后期资助项目成果。

全国哲学社会科学工作办公室

前　言

资本市场是多元利益的交汇体，信息环境直接影响各方决策，关乎资本市场资源配置的效率。移动互联网技术催生的社交媒体重塑了信息的生产、传播和解读方式，彻底改变了资本市场信息生态环境。一项针对美国资本市场的调查发现，绝大多数机构投资者经常访问社交媒体，超过30%的机构投资者报告称，他们依靠社交媒体做出投资决策。2021年初，美国股市"游戏驿站"事件生动展示了社交媒体对投资者行为的影响。与之相应的是，一系列研究文献也证实，社交媒体中的投资信息会反映到资本市场上。

然而，关于社交媒体是否能够积极发挥外部治理作用，现有相关研究并未取得一致结论。一部分文献认为，社交媒体可以发挥群体智慧，提供价值相关的增量信息，缓解信息不对称，预测未来市场流动性、股票换手率、公司业绩等。另一部分文献则认为，社交媒体由于参与成本低、传播快、范围广、影响广的特性，加之内容真假难辨，可能成为谣言工厂，扭曲资本市场的价格发现功能。社交媒体已成为影响资本市场信息生态环境的重要力量，其对投资者行为的影响受到学界高度关注。同时，社交媒体的发展给传统证券监管带来了严峻的挑战，也引起了监管部门的重视。已有文献发现，传统媒体的治理功能需要政府部门介入才能发挥，而社交媒体在信息生成和传播等方面均有别于传统媒体，证券监管部门与社交媒体之间应如何互动，才能促使社交媒体更多地发挥正能量？

在我国全面深化资本市场改革的背景下，"建制度、不干预、零容忍"成为新监管理念，强调发挥交易所一线监管的作用。大量学术文献证实，交易所一线监管具有治理效应。交易所问询式监管是否能够适应社交媒体时代的发展，缓解信息不对称，发挥监督职能，提高资本配置效率，促进资本市场健康发展？当前学界更多地独立探讨社交媒体或交易所问询各自治理效能，尚未触及社交媒体与交易所监管二者协同治理效应。本书以企业并购交易为研究对象,通过理论分析和实证检验,考察社交媒体是具有信息治理效应还是扭曲了市场价格,并进一步探究监管问询如何与社交媒体发挥协同治理作用,得到以下三点结论。第一,社交媒体在公司治理中同时具有理性和非理性的作用,一方面社交媒体会借助其信息传播、交流与汇总的功能,形成"群体智慧"优势;另一方面社交媒体也可能助长谣言的传播,操纵股价,影响定价效率。第二,由于代理问题的存在,并购往往导致企业价值损毁,最终由中小投资者买单。在股吧社交平台上,投资者可以自由发表对公司并购活动的观点,改变往昔只能"用脚投票"的被动局面。投资者在社交媒体上的讨论能够与监管问询协同发挥治理作用,降低社交媒体信息的非理性误导,加强社交媒体负面评论的外部治理作用,提升并购价值、保护中小投资者权益。第三,广大散户正在颠覆传统的证券交易方式,整个资本市场的生态、结构、行为、监管理念都因社交媒体的兴起而改变。作为证券监管的职能部门,交易所需要适应社交媒体挑战、利用监管问询发挥协同治理作用,本书为促进交易所适应新一代信息技术重构的新资本市场生态环境提供了政策方向。

在理论意义方面,一是将影响资本市场与上市公司发展的社交媒体与证券监管两股治理力量及其对应的研究领域汇集在一起,弥补了已有文献独立地研究社交媒体或证券监管治理作用,而对协同治理研究不足的缺口,为资本市场与公司治理领域的研究提供了协同治理的新方向。当下注册制等资本市场改革的系统性、全面性、协同性超过以往,通过实证检验与机理分析深化了对资本市场、上市公司高质量发展中协同治理问题的理解,为做好证券监管制度、社交媒体信息发布行为引导规范制度、投资者保护制度之间的协同改革提供参考。二是分别扩展了社交媒体、证券监管两大研究领域。已有文献更多地关注社会媒体通过聚集群体智慧和提供附加价值相关信息发挥治理作用的理性一面,而较少关注其非理性作用,以及针对理性与非理性两面的趋利避害。在资本市场与公司治理中,辩证地分析社交媒体理性与非理性作用,并研究证券监管针对性地增强理性作用而削弱非理性作用,既是对已有社交媒体研究的拓展,也从其他治理力量作用优化的视角拓展了证券监管的研究领域,为当下资本市场全面深化改革、规范社交媒体信息行为、促进形成内外协同的投资者保护格局等提供参考。

在实践意义方面,一是有助于我们探索对社交媒体的创新监督方式,提高交易所一线监管效能,为净化资本市场信息环境提供证据支撑。社交媒体迅猛发展改变着资本市场传统的信息生成、传播与解读方式,对投资者行为产生深刻影响。实践中,因社交媒体关注而触发股票暴涨暴跌现象时有发生,这严重扰乱资本市场秩序,侵害中小投资者利益。如何有效监管社交媒体,更好地发挥其对上市公司信息披露的正向影响,适应社交媒体舆论时代要求,是当下监管层面临的新形势新挑战。二是为监管层制定和调整信息披露政策提供数据支撑和科学依据。基于我国特殊的问询函制度背景,为监管层制定更为合理的信息披露政策、降低投资者与上市公司间的信息不对称提供有益参考,也为我国推行注册制改革情形下"如何为投资者决策营造充分的信息环境"问题的解决提供经验参考。

目 录

1. 企业并购、社交媒体、交易所监管研究综述 …………………… 1

   1.1 社交媒体相关研究 …………………………………………… 1

   1.2 交易所监管问询函相关研究 ………………………………… 4

   1.3 并购交易影响因素研究 ……………………………………… 9

   1.4 文献述评 ……………………………………………………… 17

2. 企业并购理论基础与分析框架 ………………………………………… 20

   2.1 企业并购理论基础 …………………………………………… 20

   2.2 企业并购理论分析框架 ……………………………………… 25

3. 中国上市公司并购信息和社交媒体讨论 ………………………… 35

   3.1 上市公司并购监管机构 ……………………………………… 35

   3.2 上市公司并购信息披露法律法规 …………………………… 36

   3.3 上市公司并购信息披露流程 ………………………………… 37

   3.4 问询函监管制度 ……………………………………………… 39

   3.5 社交媒体 ……………………………………………………… 44

4. 社交媒体关注与并购公告市场反应 ……………………………… 62

   4.1 理论分析与研究假设 ………………………………………… 63

   4.2 研究设计 ……………………………………………………… 65

   4.3 描述性统计分析 ……………………………………………… 69

   4.4 实证结果 ……………………………………………………… 71

   4.5 稳健性检验 …………………………………………………… 73

   4.6 进一步检验 …………………………………………………… 84

   4.7 小结 …………………………………………………………… 91

5. 监管问询与并购公告市场反应 ·················· 92
5.1 理论分析与研究假设 ·················· 93
5.2 研究设计 ·················· 96
5.3 描述性统计分析 ·················· 100
5.4 实证结果 ·················· 102
5.5 稳健性检验 ·················· 104
5.6 进一步检验 ·················· 113
5.7 小结 ·················· 119

6. 社交媒体关注、监管问询与并购公告市场反应 ·················· 120
6.1 理论分析与研究假设 ·················· 121
6.2 研究设计 ·················· 122
6.3 描述性统计分析 ·················· 126
6.4 实证结果 ·················· 128
6.5 稳健性检验 ·················· 130
6.6 进一步检验 ·················· 150
6.7 小结 ·················· 163

7. 社交媒体负面讨论、监管问询与并购公告市场反应 ·················· 165
7.1 理论分析与研究假设 ·················· 167
7.2 研究设计 ·················· 169
7.3 描述性统计分析 ·················· 172
7.4 实证结果 ·················· 174
7.5 稳健性检验 ·················· 176
7.6 进一步检验 ·················· 185
7.7 小结 ·················· 189

8. 社交媒体负面讨论、监管问询与并购决策 ·················· 194
8.1 理论分析与研究假设 ·················· 196
8.2 研究设计 ·················· 199

8.3 描述性统计分析 …… 202
8.4 实证结果 …… 203
8.5 稳健性检验 …… 206
8.6 进一步检验 …… 219
8.7 小结 …… 229

9. 研究结论与政策建议 …… 230
9.1 研究结论 …… 230
9.2 创新点 …… 233
9.3 政策建议 …… 234

10. 研究展望 …… 237
10.1 资本市场功能发挥的影响路径 …… 238
10.2 加强信息披露对资本市场功能发挥的影响机理 …… 241
10.3 外部治理协同效应分析 …… 247
10.4 研究结论、保障举措与展望 …… 247

参考文献 …… 249

1 企业并购、社交媒体、交易所监管研究综述

本章包括社交媒体相关研究、交易所监管问询函相关研究、并购交易影响因素研究以及文献述评四个部分。

1.1 社交媒体相关研究

社交媒体关注的研究集中在股票市场反应、外部治理作用及其负面作用方面（见表1-1）。

表1-1 社交媒体关注的文献逻辑框架

研究内容		文献详情
社交媒体	股票市场反应	股价波动（Antweiler and Frank，2004）、股票价格（Das and Chen，2007；Chen et al.，2014；Sabherwal et al.，2011；Leung and Ton，2015；Huang et al.，2016；Bartov et al.，2018；董大勇和肖作平，2011；岑维等，2014；杨晓兰，2016a；杨晓兰，2016b；陈张杭健等，2021）、股票交易量（段江娇等，2017；部慧等，2018；黄创霞等，2020）、股票换手率（Hong et al.，2014）、纠正盈余预期偏差（丁慧等，2018a）、降低股价崩盘风险（丁慧等，2018b；朱孟楠等，2020）、降低股价同步性（杨凡和张玉明，2020）、降低分析师预测偏差（谭松涛等，2016；窦超和罗劲博，2020）、投资者判断（张继勋等，2021）
	外部治理作用	降低盈余管理（孙鲲鹏等，2020）、提高会计稳健性（罗劲博和熊艳，2021）、并购决策（Ang et al.，2021）、增强高管的业绩薪酬敏感性（窦超和罗劲博，2020）、提高管理层自愿性业绩预告（王丹等，2020）、减少大股东掏空（岑维等，2016）、抑制代理冲突（杨凡和张玉明，2021）、加大监管力度（王丹等，2020）、定向增发是否通过（沈艺峰等，2013）
	负面作用	提高IPO溢价（南晓莉，2015）、助长并购谣言市场反应（Jia et al.，2020）、操纵股价（郑丽雅和易宪容，2021）

1.1.1 社交媒体与股票市场反应

社交媒体提供的信息更多元化，能将供应商、客户、雇员、朋友、财务顾问、竞争者或并购标的企业等信息有效汇总，信息含量可能超过任何一家信息中介机构所提供的内容（Ang et al., 2021）。Antweiler 和 Frank（2004）以 Yahoo Finance 和 Raging Bull 上的留言帖作为研究样本，发现关于特定股票的帖子数量有助于预测市场波动。Das and Chen（2007）研究发现科技行业的股票留言板信息发布与股票指数水平、交易量和波动性有关。此后，学者从多个角度对上述研究进行了拓展。Chen 等（2014）研究表明通过社交媒体传播的投资者意见能够预测未来的股票回报和超额收益。Hong 等（2014）研究发现股吧论坛讨论与股票换手率有关系。Bartov 等（2018）研究表明社交媒体推文对上市公司的讨论能够预测公司的季度收益和公告市场回报。岑维等（2014）发现，投资者社交媒体关注可以减少股票的波动风险和流动性风险，即互动次数越多的股票，其收益率波动越小而股票流动性越高。陈张杭健等（2021）研究表明投资者个体信息交互通过促进信息扩散进而影响到了股价联动。也有学者研究表明社交媒体关注对于股票收益率的影响具有"反转特征"，即大量讨论帖引发股票价格短期上涨，但随后显著下跌（Sabherwal et al., 2011；段江娇等，2017），但对于股票交易量的影响则具有一定的持续性（部慧等，2018；黄创霞等，2020）。社交媒体关注对于股价的短期拉升效应在高增长潜力的小盘股中更明显（Leung and Ton, 2015），且在市场下行周期更显著（杨晓兰等，2016a）。此外，还有研究发现社交媒体关注存在显著的"家乡偏误"，即投资者以更大的概率参与本地股票信息的交流（Huang et al., 2016；杨晓兰等，2016b）；进一步的研究还发现，"家乡偏误"会带来股票价格的显著上升（董大勇和肖作平，2011）。

对股票市场的其他影响方面，丁慧等（2018a）研究发现社交媒体互动性的提升可以提高投资者的信息获取和解读能力，这有助于纠正盈余预期偏差，并显著抑制盈余公告期的信息不对称；丁慧等（2018b）和朱孟楠等（2020）进一步发现，投资者社交媒体互动可以显著降低股价崩盘风险。在股价同步性和分析师盈余预测方面，谭松涛等（2016）从宏观视角以深圳证券交易所"互动易"社交媒体平台的推出作为外生冲击，研究发现社交媒体平台运行之后，股票价格的非同步性显著提高；且分析师对上市公司盈余预测偏差显著降低（窦超和罗劲博，2020）。杨凡和张玉明（2020）研究发现，在社交媒体背景下，互动式信息沟通的频率、内容长度能够显著降低上市公司的股价同步性；当公司的信息环境较差，即机构投资者持股比例、分析师关注度较低时，互动式信息沟通对股价同步性的抑制效果更加显著。张继勋等（2021）研究表明，当在社交媒体平台股吧上发布的建议理由比较具体时，投资者判断的投资吸引力更高。

1.1.2 社交媒体的外部治理作用

社交媒体有助于增加中小股东借助其沟通和维护权利的机会（郑国坚等，2016），通过社交媒体"发声"是外部治理的新途径。在社交媒体关注对会计信息质量的影响方面，孙鲲鹏等（2020）发现，在2013年我国出台"转发500条可判刑"的规定后，股吧的交流越活跃，企业正向盈余管理程度越低；罗劲博和熊艳（2021）的研究也表明社交媒体上的在线讨论通过增加监管介入、抑制大股东掏空行为和降低企业盈余管理水平，显著提高了被讨论公司下一年的会计稳健性；岑维等（2016）进一步从信息不对称视角发现，社交媒体关注能够降低信息不对称，显著提高中小股东利益保护水平并降低企业股权融资成本。在社交媒体关注对企业决策的影响方面，Ang等（2021）基于股吧数据，发现中小股东对并购决策的负面讨论使公司最终放弃并购项目；窦超和罗劲博（2020）认为，中小股东在社交媒体上的信息反馈能显著增强高管的业绩薪酬敏感性；王丹等（2020）则认为，中小股东在股吧"用嘴投票"会通过影响股价、管理层关注和媒体报道，增加高管自愿披露盈余预测和业绩下滑的概率。在社交媒体关注对管理层机会主义行为的影响方面，现有研究表明社交媒体关注可以抑制代理冲突（杨凡和张玉明，2021）、减少大股东掏空行为（岑维等，2016；罗劲博和熊艳，2021）。社交媒体关注还能引发监管层的关注，沈艺峰等（2013）研究表明社交中遭到网络舆论反对的上市公司，其定向增发公告后的股票超额收益率显著为负，其后该定向增发预案通过相关部门审核的概率显著下降；王丹等（2020）、罗劲博和熊艳（2021）以及孙鲲鹏等（2020）的研究也一致认为社交媒体的负面讨论能够增加监管层关注，致使监管力度加大。

1.1.3 社交媒体的负面作用

以上研究表明社交媒体关注与互动是投资者获取投资信息和投资建议的重要途径，有助于提升资本市场信息效率、发挥外部治理作用。但有学者认为社交媒体的信息披露也可能具有明显的局限，"监督人"的缺失导致其信息的真实性难以保证，可能成为谣言工厂，扭曲资本市场的价格发现功能（南晓莉，2015；Jia et al.，2020）。

南晓莉（2015）研究表明 IPO 溢价与投资者论坛讨论意见分歧、分析师预测偏差显著正相关，即 IPO 溢价和个体投资者意见分歧是正向关联的，投资者意见分歧下的乐观情绪推动了投资者对首次公开发行股票的追捧，这会导致出现市场定价效率偏低、财富分配不公等问题，制约了资本市场资源配置功能的发挥。Jia 等（2020）以 2009~2014 年社交媒体 Twitter 上出现的 304 条与并购相关的谣言为样本，研究发现 Twitter 上的谣言数量越多，引发的股价市场反应越大，且这种股价扭曲在 8 周后才能逆转，即社交媒体助长了谣言的传播并扭曲了股票市场的价格发现。郑丽雅和易宪容（2021）对美股"游戏驿站"事件的分析指出，很可能这是有人利用社交媒体这种网络工具，快速召集大量散户，对某些股票进行集体买卖，操纵市场股价牟利。

1.2 交易所监管问询函相关研究

Cheffins（2001）认为相比于政府，交易所监管具有灵活性、专业性和低成本三个方面的优势。国内外关于交易所监管问询函的研究主要集中在其影响因素和经济后果两个方面（见表 1-2）。

表 1-2　交易所监管问询函的文献逻辑框架

研究内容		文献详情
交易所监管问询函	影响因素	公司规模、公司年龄、业务是否稳定、财务重述、发行新证券、是否四大审计（Johnston and Petacchi，2017）、利润率、行业复杂性、审计费用、公司治理（Cassell et al.，2013）、避税程度（Kubick et al.，2016）、盈余管理程度（刘柏和卢家锐，2019）、内部控制质量（余明桂和卞诗卉，2020；赵立彬等，2020）、审计师更替（Ettredge et al.，2011）、信息不对称程度、报告书信息披露质量（李晓溪等，2019a）、公司报告的可读性（Hesarzadeh and Bazrafshan，2019）与可比性（Brown et al.，2020）、CEO 高薪酬披露（Robinson et al.，2011）、IPO 或并购事件（Agarwal et al.，2017；Johnson et al.，2019；Liu et al.，2020；Schuldt and Vega，2018）、非 GAAP 报告（Donelson et al.，2020；Jo and Yang，2020）、是否为外国公司（Gietzmann and Isidro，2013；Linthicum et al.，2017；Naughton et al.，2018）
	经济后果	资本市场反应：收函公告市场反应、回函公告市场反应（陈运森等，2018；李琳等，2017；陶雄华等，2018；杨海波和李建勇，2018；傅祥斐等，2020）、交易量、买卖价差（Gong，2007；Drienko and Sault，2011）、股价短期逆转（Drienko and Sault，2013；Drienko et al.，2016）
		信息质量改善：提高会计信息质量（Robinson et al.，2011；Duan et al.，2020）、降低信息不对称程度（Bozanic et al.，2015；Brown et al.，2018）、降低年报乐观语气（Bozanic et al.，2017）、提高管理层业绩预告质量（李晓溪等，2019b；翟淑萍和王敏，2019）、降低分析师预测误差和分歧程度及乐观性偏差（Wang，2016）、提高市场定价效率（薛爽和王禹，2022；胡志强和王雅格，2021）、降低并购交易信息的不对称（李晓溪等，2019）
		外部治理作用：抑制盈余管理行为（Cunningham et al.，2020；陈运森等，2019）、改善内部控制质量（Anantharaman and He，2017；聂萍等，2020）、减少避税行为（Kubick et al.，2016）、降低公司股价崩盘风险（张俊生等，2018）、提高会计稳健性（石昕等，2021）、提高金融资产配置水平（林慧婷等，2021）、提高风险承担水平（邓祎璐等，2021）、影响并购决策（李晓溪等，2019）、改善并购绩效（李晓溪等，2019；Yang，2020；Johnson et al.，2019）

1.2.1　监管问询函的影响因素

国外学者对监管问询函的研究主要集中在美国证券交易委员会（SEC）意见函上，其影响因素的研究主要集中在以下几个方面。Johnston 和 Petacchi（2017）以萨班斯法案 408 的框架为基础，构建了一个上市公司是否收到 SEC 意见函的影响因素模型发现：一是规模大、年龄大、不稳定的公司更容易收到 SEC 意见函;二是进行财务重述、发行新证券以及非四大事务所审计的公司更容易收到 SEC 意见函。在此基础上,Cassell 等 (2013) 从信息披露内容、公司特征、审计师特征和公司治理情况四个方面,检验了上市公司是否收到 SEC 意见函、收到 SEC 意见函的内容以及回复时间的影响因素,发现利润率低、处于复杂行业、审计费用少的公司和治理差的公司更容易收到 SEC 意见函,且问题个数更多、回复时间更长;研究还发现,回复与会计有关的问题时间更长,这主要是由于解决涉及分类问题和公允价值问题需要额外的时间。Kubick 等 (2016) 从税收视角考察了 SEC 意见函影响因素,结果显示避税程度越高的公司,收到 SEC 意见函的概率越高;Robinson 等 (2011) 研究发现 CEO 过高的薪酬受到媒体批评后,公司更容易收到 SEC 意见函。此外,IPO 或并购事件 (Agarwal et al., 2017;Johnson et al., 2019;Liu et al., 2020;Schuldt and Vega, 2018)、公司报告的可读性 (Hesarzadeh and Bazrafshan, 2019) 与可比性 (Brown et al., 2020)、非 GAAP 报告 (Donelson et al., 2020;Jo and Yang, 2020)、是否为外国公司 (Gietzmann and Isidro, 2013;Linthicum et al., 2017;Naughton et al., 2018)、审计师更替 (Ettredge et al., 2011),也会影响是否收到 SEC 意见函。

国内交易所监管问询函相关研究近几年才开始兴起,李晓溪等 (2019a) 实证研究结果表明信息不对称程度较高、报告书信息披露质量较差的并购交易更有可能收到问询函,证实了监管问询机制能够识别非上市公司标的并购、关联并购等并购风险。此外,现有研究发现盈余管理程度 (刘柏和卢家锐,2019;张岩,2020)、内部控制质量 (余明桂和卞诗卉,2020;赵立彬等,2020)、管理层能力 (王艳艳等,2020) 能够影响是否收到交易所年报问询函。这些研究成果表明,交易所一线监管可以有效地识别上市公司在信息披露和公司治理中存在的异常现象和潜在风险点。当然,对于我国证券交易所的监管问询是否能够识别上市公司和资本市场的其他虚假陈述和隐患,还有待深入研究。

1.2.2 监管问询函的经济后果

监管问询函经济后果的研究集中在资本市场反应、信息质量改善和外部治理作用三个方面。

(1) 监管问询函的资本市场反应

学者们对问询函资本市场反应的研究主要围绕澳大利亚证券交易所和我国证券交易所。澳大利亚证券交易所发放的函件包括股价问询、交易量问询和少量其他事项问询（如收购谣言或现金储备）三种类型（郭照蕊和李一秀，2020）。Gong（2007）基于澳大利亚证券交易所的问询函研究发现，大约30%的被问询公司向市场披露了新信息，回函公告后交易量和买卖价差减小，股价在大多数情况下保持稳定，而且公告后的五个交易日超额回报显著为正。Drienko 和 Sault（2011）利用事件研究法和匹配样本的方法评估了澳大利亚证券交易所问询公告的影响，发现股东财富和交易量与问询公告正相关，公告前的异常回报在公告后依旧存在。Drienko 和 Sault（2013）用当天的数据检验澳大利亚证券交易所问询函的直接影响，发现在问询函公告发布后，股价有 3.3% 的显著逆转。Drienko 等（2016）研究表明，澳大利亚证券交易所的问询函在公告后 30 分钟内，股票有 2.7% 的逆转，且公告后几天的回报波动水平降低和买卖价差都有所减小。

在我国独特的制度背景下，问询函作为一种"非行政处罚性监管"手段，主要关注公司在财务报告、并购事项、IPO事项等方面的问题。国内学者的研究显示，交易所监管问询这一机制确实具有信息含量，会带来显著的市场反应变化；但这种反应究竟是正向的还是负向的，尚未形成一致结论。陈运森等（2018）研究年报问询函的市场反应，发现市场对问询函收函公告的反应显著为负，对回函公告的反应显著为正，认为财务报告问询函具有信息含量且市场认可其监管作用。李琳等（2017）以我国深交所年报问询函及其公司回复函为研究对象，发现内部人存在利用回复期的信息优势进行交易的择时行为，且年报问询函及其公司回函披露后均出现了负面股价反应。杨海波和李建勇（2018）基于所有类别的问询公告展开研究，将收函公告日定义为事件日，发现 [0, 15] 窗口期内的累计超额收益率均持续为正并且显著，表明市场会对问询事件产生正向的显著反应，但对于为什么会产生这种正向效应并没有给出进一步分析。陶雄华等（2018）基于全部问询函，在验证了杨海波和李建勇（2018）上述观点（即问询函会带来正向效应）的基础上，对函件种类又做了细分研究，认为问询函整体层面的正向效应，很大程度上是针对并购进行问询的函件所带来的，因为并购是公司重新资源整合的一种方式，投资者会对此类公司给予更高的"期待"，从而引发的市场反应会更为正面。但傅祥斐等（2020）基于重组问询函的研究认为，重组问询函的公告一般发生在停牌期间，问询函的市场反应和并购公告的市场反应均反映在复牌日，不能直接用复牌日的市场反应来衡量重组问询函的市场反应，相对于没有收到问询函的并购交易，收到重组问询函的并购公告市场反应更差。

（2）监管问询函对公司信息质量的改善

Robinson 等（2011）和 Duan 等（2020）的研究均表明，收到财务报告意见函、问询函的公司，在下一年度的披露行为将更加规范，披露的会计信息将更为稳定可靠，财务信息质量也有明显提高。Bozanic 等（2015）实证分析表明问询函可以降低企业信息不对称程度，并且具有行业溢出效应。当行业龙头企业、竞争对手或大量同行业者收到有关风险披露的意见函时，那些没有收到意见函的相关企业在以后年度也会提供更加具体的披露，以降低自身收到风险披露意见函的可能性（Brown et al., 2018）。Bens 等（2016）发现，与未收函公司相比，收到与公允价值相关的意见函的公司，以后期间对公允价值的披露会更加充分，从而能够降低公司公允价值估计的不确定性。Bozanic 等（2017）认为，公司收到意见函之后，年报的乐观语气会降低，而且倾向于披露更多的信息，使披露内容更容易阅读。财务报告问询函会通过降低盈余管理、增加违规成本来提升收函公司年报的可读性；信息质量的提高，使得监管问询函不仅可以提高管理层业绩预告质量（李晓溪等，2019b；翟淑萍和王敏，2019），降低分析师预测误差、分歧程度和乐观性偏差（Wang，2016），还能够提高市场定价效率（薛爽和王禹，2022；胡志强和王雅格，2021）。此外，基于我国并购类函件的研究也表明，相比未被问询公司，被问询公司修改后的并购报告书中，标的历史信息和前瞻信息含量均有所增加，并且披露更为详细，降低了并购交易信息的不对称程度（李晓溪等，2019）。

（3）监管问询函的外部治理作用

研究发现公司收到问询函后盈余管理行为得到抑制。此外，监管问询函还可以提高内部控制质量（Anantharaman and He，2017；聂萍等，

2020）、减少避税行为（Kubick et al.，2016）、降低公司股价崩盘风险（张俊生等，2018）、提高会计稳健性（石昕等，2021）、提高金融资产配置水平（林慧婷等，2021）、提高风险承担水平（邓祎璐等，2021）。企业的并购行为是监管者关注的重点。并购重组函件不仅会纠正并购交易方案中的不合理、不合规事项，直接发挥监管作用，还能督促收函企业对并购决策做出实质性调整（李晓溪等，2019）。基于文本分析的结果进一步显示，涉及反向收购、评估估值、目标资产质量的重组类函件更具影响力，需要收函公司进行更多的披露并对并购文件做出更大的修改（Yang，2020）。披露的增加使得交易过程更为清晰明朗，从而能够显著提高收函企业的并购成功概率及并购绩效（李晓溪等，2019），降低交易完成后发生重述和商誉减值的可能（Johnson et al.，2019）。与年报问询函相比，首先，并购重组问询函针对性更强，是交易所就具体并购重组重大事项的细节提问，能够排除其他事项的影响，比较直接地体现监管层对并购重组交易的态度；其次，并购重组问询函能够缓解并购重组交易过程中的信息不对称（李晓溪等，2019a），引发市场关注，进而影响投资者决策；最后，并购重组问询函的时效性更强，通常在上市公司首次披露重组方案之后一周内，交易所就会发送问询函，且要求上市公司在复牌之前回复并修改重组方案。因此，并购重组问询函能起到风险预警信号作用。

基于国内外意见函、问询函制度的研究，验证了这种互动式监管手段具有缓解信息不对称、改善公司治理等积极作用。

1.3 并购交易影响因素研究

1.3.1 并购公告市场反应的影响因素研究

并购公告市场反应的度量主要依据事件研究法，该方法旨在评估投资者对并购公告相关的未来现金流量的预期。目前研究并购公告市场反应的文献主要集中在交易特征、公司特征、公司治理、环境因素以及投资者行为五个方面。

（1）并购公告市场反应的度量

并购公告市场反应是投资者对并购公司未来业绩和现金流的预期，对公司股东财富影响的无偏估计（Moeller et al.，2004），能够最小化来自其他可能相关变量的"噪声"。并购公告市场反应的度量核心是事件研究法，该方法用于评估某一事件的发生或信息的发布，是否会改变投资人的决策，进而影响股票价格的变化。Ball 和 Brown（1968）对会计盈余报告市场有用性的经验研究以及 Fama（1969）对股票分割的市场反应研究，使事件研究法为学术界广泛接受。

事件研究法先利用估计期的样本，估计出事件期的正常收益率（或期望收益率），继而从事件期的实际收益率扣除正常收益率得到超额收益率（AR），最后检验样本累计超额收益率（CAR）是否显著区别于原假设，具体包含以下三个步骤。第一，明确研究事件和事件窗口，时间窗口的设定与研究问题的具体特征和研究目的相关。第二，估计超额收益率（AR），即事件窗口内该证券事前或事后实际收益率与同期正常收益率之差，正常收益率是指假设不发生该事件条件下的预期收益率。预期收益率的主要估计方法有均值调整模型、市场调整模型、市场模型、因子模型、CAPM 模型以及 APT 模型，其中市场调整模型、市场模型更为常用。第三，计算累计超额收益率（CAR），根据选定的事件窗口，对超额收益率（AR）进行累加。

国内外学者使用事件研究法对公司并购公告市场反应的研究，尚未得出一致的结论。国外的实证研究大多支持目标公司股东在并购事件中获得显著正的超常收益，而收购方股东则不能获得正的超常收益，或者收购方股东财富受到损失的结论（Jensen and Ruback，1983；Bruner，2002；Mulherin and Boone，2000）。例如，Bruner（2002）以 1971~2001 年的并购事件为研究对象进行了相关研究，发现收购公司的超常收益一般为负数，而目标公司一般却有 10%~30% 的正收益。但 Khanal 等（2014）对 2010 年到 2012 年美国生物燃料产业的并购案例进行了实证研究，结果表明：在为期 4 天和 10 天的事件窗口期内，累计回报率均显著增加。国内学者陈信元、张田余（1999）以 1997 年上交所发生的并购事件为样本，发现收购公司并没有获得显著的累计超额收益。余光和杨荣（2000）发现，并购公司股东收益在短期内是减少的。而与此相反，李善民和陈玉罡（2002）发现，收购方的股东财富在短期内是上升的，目标公司的收益变化不显著；张新（2003）研究1993~2002年的成功并购样本发现，目标公司股票有显著的正溢价，并购公司的股票溢价为负；宋希亮等（2008）发现，并购公司短期内获得了正的累计超额收益率。

（2）交易特征与并购公告市场反应

并购支付方式被认为是影响并购公告市场反应的重要因素。当管理者认为公司股价被低估时，会采用现金收购，当管理者认为公司股价被高估时，会采用股权支付方式（King et al.，2004），因此股权支付是上市公司股价被高估的信号（Loughran and Vijh，1997），投资者可以据此做出决策。Heron和Lie（2002）、杜兴强和聂志萍（2007）研究发现股权收购的并购公告市场反应显著小于现金收购。曾颖（2007）通过市场模型的实证研究方法，观察股改后不同支付手段的市场反应，发现股权支付对价更容易受到投资者的热捧，而以非现金资产为支付对价将形成负的股东财富效应。在连续收购者的样本中，Fuller等（2002）发现，股权支付的并购交易市场回报率显著为负。Travlos（1987）发现，美国上市公司股权支付的并购存在显著负的平均异常收益率，现金支付存在大于零的收益率。Bharadwa和Shivdasani（2003）研究表明，完全由银行资助的并购导致了更好的市场反应，这表明银行债务是投标公司认证和监督的信号。Sudarsanam和Mahate（2003）在研究收购方并购绩效时，对所得到的现金收购绩效显著高于股权收购绩效的原因进一步探究，得到的解释集中在不同支付方式导致不同的信号传递效应和纳税效应上。葛结根（2015）研究表明，现金支付及现金与资产支付组合的绩效较为稳定，资产支付方式的绩效表现为高开低走，而现金与承担债务支付组合的绩效呈现先上升后下降的趋势。陈涛和李善民（2011）却得到了相反的结论，股票支付的收购公司所取得的超常收益显著为正，且显著大于现金支付所获得的超常收益。基于已有研究的争议，Shleifer和Vishny（2003）从行为金融的角度出发，提出导致不同支付方式下并购绩效分歧的主要原因是并购双方的股票市值偏离真实价值的程度及方向不同，如价值高估的公司趋向于使用股票作为支付手段收购价值低估的公司，市场据此进行信号识别从而导致不同并购绩效，而不是支付方式本身引起的绩效差异。

在交易类型对并购公告市场反应的影响方面，Agrawal 等（1992）研究表明，要约收购的股票市场回报率优于合并交易。在更加深入地研究要约收购和合并交易的区别时，Rau 和 Vermaelen（1998）研究发现，合并交易的负面表现主要归因于合并方业绩较差，其收购后业绩显著低于其他业绩好的竞标者，即业绩较差的公司管理者可能会做出更差的决策。DeLong（2001）研究发现，专注于业务活动和地域扩张的银行并购后股票价值上升了 3%，而其他类型的银行并购并不创造价值。Hadlock 等（2001）的研究表明，多样化并购能够为企业带来更大的价值。刘笑萍等（2009）研究发现，企业并购公告市场反应的优劣不仅取决于并购类型，而且还与并购双方的产业周期有关。

（3）公司特征与并购公告市场反应

一是公司规模。Moeller 等（2004）研究发现，小公司的小额并购导致了正面的并购公告市场反应，而大公司的大额并购导致了重大的并购公告损失。调查结果表明，大公司不仅提供比小公司更大的收购溢价，而且他们也更有可能完成报价，这表明经理人在大公司的收购决策中扮演的角色比小公司更重要。Fuller 等（2002）研究发现，并购双方相对规模越大，现金支付的并购公告市场反应越好，股权支付的并购公告市场反应越差，对混合支付方式的并购公告市场反应没有影响。宋晓华等（2016）研究表明，当标的公司为公众公司时，相对规模与短期并购绩效正相关。李善民和郑南磊（2008）研究发现，优势企业通过横向兼并进行产业整合是有效的策略，而"大吃小"模式比"强强联合"模式的绩效更好。

二是公司业绩。学者们特别关注公司并购前的经营业绩在并购交易中的作用，Servaes（1991）发现当并购方的托宾 Q 比率较高时，并购公告的超额累计收益率也更高，并且随着目标公司的托宾 Q 比率的降低而进一步提升。Lang 等（1991）研究表明，买方的并购公告回报率与低托宾 Q 竞标者的现金流量负相关，但与高托宾 Q 竞标者的现金流量无关。当高绩效的并购方与低绩效的目标公司配对时，并购公告收益会增加，可能是因为低绩效的目标公司提供了向上的重组价值，这被证明是并购价值创造的机会（Chatterjee，1992；Houston et al.，2001）。但 Clark 和 Ofek（1994）的研究表明，这种关系可能具有边界条件，因为他们发现并购方通常无法成功地重组陷入严重困境的目标公司,因此收购陷入困境的目标公司减少了并购方的长期会计和市场回报。此外,与并购方存在协同效应的目标公司更可能获得较好的并购绩效（Jensen and Ruback,1983；Bradley et al.,1988；唐建新和陈冬,2010）。

三是并购经验。学者们还研究了并购方的经验对并购公告回报的作用,虽然看起来是并购经验应该对后续并购的绩效产生积极影响,但这些研究的结果是混合的。Finkelstein 和 Haleblian（2002）研究了转移效应在多次并购中所起的作用,发现并购方与目标公司的相似性增加了并购公告回报,这一发现表明了正转移效应,但并购方的首次收购表现优于第二次收购,特别是当这些收购是在不同的行业进行时,这一发现表明负面的转移效应,这些结果表明,尽管常规和实践从先前的情况转移到新情况,但正转移依赖于相似性。国内学者吴建祖和陈丽玲（2017）研究表明,高管团队并购经验越丰富,企业海外并购绩效越好。裴瑱和彭飞（2019）研究表明,上市公司的海外并购经验能够降低文化差距对于海外投资绩效的负面影响,提升中国上市公司的海外投资绩效。刘健和刘春林（2016）研究发现,关联股东构成的并购事件网络中,关联股东的并购经验会促进公司并购绩效的提高。

（4）公司治理与并购公告市场反应

一是管理层持股。Shleifer 和 Vishny（1988）研究认为,高管股权性薪酬可以有效减少管理者在并购过程中非最大化股东利益的行为。Hubbard 和 Palia（1995）发现管理层持股与并购公告收益之间存在曲线关系。具体而言,中等管理层持股水平的并购公告回报率最高,在适度的管理层持股水平下,管理者的利益与股东的利益更加一致,从而降低了投标溢价；然而在管理层持股水平较低和较高的情况下,管理者的利益与股东错位,他们为并购支付更多的钱,这对并购公告回报产生了负面影响。同样,Wright 等（2002）发现管理层持股与并购公告收益之间存在非线性关系,在适度的管理层持股水平下,买卖双方的并购公告市场反应均为正,且管理层股票期权对并购公告回报率表现出积极的线性影响。Datta 等（2001）报告了前一年的管理层股票期权授予与后续年度并购公告回报正相关,前一年期权授予多将导致并购溢价下降以及增长目标的提高,从而增加了公司风险。然而,其他研究对上述结果提出了挑战。Grinstein 和 Hribar（2004）发现，董事会拥有更高权力的管理层获得了更多的收购奖励，然而这种奖励并没有导致股票收益率的提高。

二是管理层行为。基于"过度自信假说"，首次并购的成功使管理者产生过度自信，从而在以后并购中高估协同收益并支付了过高的并购溢价，最终导致越来越差的短期并购绩效（吴超鹏等，2008；Billett and Qian，2005；Doukas and Petmezas，2007）。与此结果类似，宋淑琴和代淑江（2015）研究表明，管理者过度自信能够显著降低并购后公司的财务绩效和市场绩效，且相关并购中管理者过度自信能够显著提高并购绩效，非相关并购中管理者过度自信能够显著降低并购绩效。李彬和秦淑倩（2016）研究发现，管理层能力能够显著提升短期并购绩效，且选聘适当的投资银行能够进一步强化正面效应，但需要确保管理层能力与投资银行声誉的协同与匹配。

三是董事会特征。Cai 和 Sevilir（2012）将并购公司间的连锁关系分为两层，第一层为并购公司和目标公司拥有一个或以上的共同董事，第二层为并购公司董事和目标公司董事共同在第三方公司拥有董事席位，研究发现，无论是第一层连锁还是第二层连锁均会提高并购公司的短期并购绩效。田高良等（2013）进一步研究发现，并购双方的连锁董事关系会减损并购公司、目标公司以及将二者作为一个整体考虑的并购后实体的短期并购绩效。进一步研究发现，当并购公司的公司治理质量较高时，这种减损作用会降低。当并购双方存在连锁董事关系时，目标公司更易接受股票作为并购支付方式。但陈仕华等（2013）得到了不同的研究结果，当并购公司与目标公司之间存在董事联结关系时（与不存在董事联结关系相比），并购公司获得的短期并购绩效并无显著差异，但获得的长期并购绩效会相对较好。此外，曹廷求等（2013）研究发现，并购公司向董事网络中心位置靠近的过程中，公司的并购财富先增加，在达到一个最优点后开始下降，即呈现倒"U"形关系。

（5）环境因素与并购公告市场反应

一是监管事项。学者们研究表明，监管事项可以影响并购决策（例如 1986 年的美国税改法案），并改变并购方和目标方的股票回报（例如 1968 年的威廉姆斯法案），具体而言，监管改革对并购方的股票回报不利（Asquith et al.，1983；Malatesta and Thompson，1993；Schipper and

Thompson，1983），但对目标方的股票回报有利（Bradley et al.，1988）。同样，最近的战略风险研究发现，实施萨班斯法案（SOX）导致的监管变化影响了管理层的战略决策（Devers et al.，2008）。李晓溪等（2019a）研究发现交易所监管问询函降低了并购重组信息不对称程度，信息披露改善较多的上市公司更可能重组成功、未来市场业绩较好。

二是并购浪潮。一些学者提出，时间和偶发效应会影响市场对并购公告的反应。Banerjee 和 Eckard（1998）发现，在第一个大合并浪潮时期的并购为并购方和目标方创造了巨大的价值。Matsusaka（1993）发现，在20世纪60年代的合并浪潮中，并购方从横向并购中获得了负向的股票收益，但从多元化并购中获得了正向的股票回报。在审视多个并购浪潮时，Matsusaka（1993）发现，投资者对多元化并购的情绪随着时间的推移而发生了有趣的变化，具体而言，他指出，多元化并购导致从1968年到1974年的正向股票回报，从1975年到1979年的中性股票回报，以及从1980年到1987年的负向股票回报。还有其他学者研究了在并购浪潮不同阶段的影响。Carow 等（2004）发现，在并购浪潮的前段将导致更高的并购公告异常收益，因为早期的并购方只有在拥有优质信息、充裕现金以及在相关行业扩张期才能获得正向市场回报。McNamara 等（2008）对不同并购浪潮阶段进行了更细致的分析，结果显示，在行业并购浪潮中的早期并购方获得了正向的股票回报，而后期并购方的股票回报率为负。最后，在低股票市场周期的并购比在高股票市场周期的并购产生更高的公告回报，这表明当股票市场周期较低时，管理者不太可能为并购付出过高的代价（Pangarkar and Lie，2004）。

三是政府干预。Shleifer（1998）指出，地方政府会利用政府所有权追求政治目标，这会导致国有企业的低绩效。潘红波等（2008）研究表明，地方政府干预对盈利公司的并购绩效有负面影响，而对亏损公司的并购绩效有正面影响，这说明，出于自身的政策性负担或政治晋升目标，地方政府会损害或支持当地国有上市公司。之后，潘红波和余明桂（2011）进一步研究表明，地方国企异地并购会导致消极的市场反应，而且异地并购后企业的实际所得税税率和银行贷款成本均会显著增加。这些研究结果表明，与同地并购相比较，地方国企异地并购后获得的政府支持有所减少，从而导致负面的经济后果。

(6) 投资者行为与并购公告市场反应

随着行为金融学的发展，越来越多的学者开始探讨投资者非理性行为与股票定价之间的关系，学者们也通过这些投资者行为理论进一步解释了并购事件的"公告效应"。

根据异质预期理论，Alexandridis 等（2005）发现异质预期与上市公司并购绩效之间存在显著的负相关关系。赖步连等（2006）针对我国股票市场进行的实证研究也发现了异质预期与股价之间显著相关的证据，表明投资者的异质预期导致了企业并购短期股价有异常收益，而长期绩效却呈下降趋势。

根据投资者有限关注理论，张继德等（2015）研究表明，公告日前后，主并公司股票因不同投资者有限注意程度的不同而存在短期财富效应，且越临近公告日，短期财富效应越显著；同时，投资者自身注意力分散程度的周历分布特征会引起主并公司短期财富效应的周历变动，上市公司管理层也会据此对并购重组公告进行择机发布，导致财富效应周历变动更为显著；然而，投资者对上市公司特征关注的有限性，加剧了市场对并购重组的过度反应，提升了短期财富效应。

基于信号理论，张双鹏和周建（2019）使用代表性启发的理论演绎和 FSQCA 研究方法研究了投资者并购市场反应中有限理性的判断机制。研究结论发现：第一，投资者从各种独立的信息中寻找代表性信号组合构型作为整体做出判断，在有限理性下，启发式决策形成的判断机制并不依赖于单条信息与并购绩效之间的因果关系，而是在于一些信息整合起来构成的类型，通过使用代表性信号以及归类后的整体构型，投资者简化了对并购宣告中复杂的信息和模糊因果关系的判断过程，完成对并购事件在多大程度上属于"好的并购"或是"糟糕并购"的评估；第二，研究结果识别了同时面对并购宣告的多重信息时，投资者能够做出积极市场反应的三种信号组合构型——专家型谨慎扩张、专家型信心风险转换、专家型熟悉式扩张，以及消极反应的四种信号构型——新手风险性交易、新手风险性对等合并、傲慢的专业型对等合并、傲慢的专家型现金对等合并。

1.3.2 企业并购决策的影响因素

目前，已有研究主要关注高管特征和经历、外部环境以及公司治理特征等因素对企业并购决策的影响。

（1）高管特征和经历与企业并购决策

在高管特征和经历因素的影响方面，已有研究发现，高管年龄（Yim，2013）、高管过度自信（Malmendier and Tate，2008；姜付秀等，2009）、高管政治晋升（陈仕华等，2015）、高管政治关联（张雯等，2013）以及管理者从军经历（赖黎等，2017）等因素会对企业并购决策产生重要的影响。

（2）外部环境与企业并购决策

在外部环境因素的影响方面，已有研究发现，地方政府干预（方军雄，2008）、政策不确定性（Bonaime et al.，2018）以及国家产业政策支持（蔡庆丰和田霖，2019）等会显著影响企业并购决策。此外，融资约束也会影响企业并购决策，有学者发现，融资约束程度高的企业可能会放弃具有投资价值的项目，融资约束程度低的企业更有可能成为并购方（林学军和官玉霞，2020）。还有学者从融资约束的视角进行了机制检验，发现信用评级能够通过缓解企业融资约束对企业并购决策产生正向影响（翟玲玲和吴育辉，2021）。

（3）公司治理特征与企业并购决策

在公司治理特征因素的影响方面，已有研究发现，公司治理机制会显著影响企业并购决策（郭冰等，2011）。独立董事和高管激励是重要的公司治理机制，从独立董事的影响来看，独立董事的网络中心度与企业并购决策显著正相关（万良勇和胡璟，2014），而独立董事的投行经历对企业并购决策并不能产生实质影响（孙甲奎和肖星，2019）；从高管激励机制的影响看，期权激励会通过减轻第一类代理问题对企业并购决策产生正向影响（王姝勋和董艳，2020），但相对绩效评价会导致企业经理人的激励扭曲，进而对企业并购决策产生显著的抑制作用（李广众等，2020）。

1.4 文献述评

通过对国内外相关研究的梳理，发现虽然现有研究取得了较为丰富的成果，但仍存在一些不足之处。

第一，社交媒体相关研究存在争议，一方面，社交媒体会借助其信息传播、交流与汇总的功能，形成"群体智慧"优势（Chen et al.，2014；Bartov et al.，2018；Tang，2018）；另一方面，社交媒体也助长谣言的传播，降低了市场定价效率（南晓莉，2015）。Jia 等（2020）聚焦于并购传闻，认为社交媒体更可能是一个谣言工厂，妨碍市场的价格发现功能。因此对于我国资本市场而言，社交媒体舆论在公司并购中到底扮演了何种角色，能否保护中小投资者利益，还是一个有待实证检验的问题。

第二，社交媒体与并购的相关研究，比较有代表性的是 Ang 等（2021）的研究发现，中小投资者在股吧中发表的评论具有信息含量，可以促使公司终止价值毁损的并购交易。但该研究没有考虑我国的特殊制度背景，即从股吧讨论到并购终止过程中监管问询函发挥的作用，正如田高良等（2016）、杨德明和赵璨（2012）所阐明的，媒体监督机制作用的发挥需要在引发社会舆论的同时引起监管部门的介入，这样才能增加公司治理问题被发现的概率。

第三，据统计，在我国证券交易所发出的所有类型的函件中，定期报告类占比 29.48%，重组类占比 35.43%（陶雄华，2018）。但现有的关于我国监管问询函的研究集中在年报问询函，只有极少数针对重组类函件进行研究。与年报问询函相比，重组问询函针对性更强，是交易所就具体并购事项的细节提问，能够排除其他事项的影响，比较直接地体现监管层对并购交易的态度。考虑到我国资本市场并购信息不对称问题较为严重，中小投资者处于信息劣势（Shleifer and Vishny，1997），重组问询函的审核和干预作用尤为重要（李晓溪等，2019），因此重组问询函的研究也应被给予足够的重视。

第四，问询函作为一种非行政处罚手段，其外部治理作用得到了广泛肯定，但对监管问询与我国其他外部治理机制之间关系的研究仍很缺乏。已有文献研究表明，监管机构更容易将互联网的讨论作为侦缉资本市场乱象的一个信息来源（沈艺峰等，2013），因此社交媒体与证券监管两种治理机制之间的协同关系值得进一步探讨。

总之，现有文献对监管问询函的治理作用、社交媒体关注的资本市场效应都分别做了较为深入的探索，为本书提供了很好的理论铺垫和方法借鉴，但监管层重组问询与社交媒体的协同治理作用的发挥还有待进一步检验。与此同时，无论是从经济意义还是制度设定上，并购事件为研究社交媒体与交易所监管问询协同治理效应提供了理想的实验场景。

2 企业并购理论基础与分析框架

本章包括两部分内容：理论基础和理论分析框架。

2.1 企业并购理论基础

2.1.1 行为金融理论

新古典金融学研究以理性人假设为基础，认为投资者总是能够做出理性决策以达到期望效用最大化。然而现实中频发的股市泡沫和金融危机都证明市场的能力是非常有限的，越来越多的市场异象和投资者行为超出了新古典金融学的解释范围，研究者开始将投资者行为因素引入理论模型中（Thaler, 2005）。行为金融学放松了理性经济人假说，用更贴近现实的假设解释现实中投资者如何做出决策并形成了许多重要的理论，研究发现了许多投资者"非理性的"行为偏好，其中一些个体偏误对投资决策与金融市场都有显著影响（Barberis and Thaler, 2003），例如投资者的风险态度、短视损失厌恶、过度自信、羊群效应、噪声交易以及注意力效应。

（1）风险态度。投资者的个体特征会影响其风险态度，教育水平较高的人表现出较强的风险厌恶（Harrison and Klein, 2007）。Masclet 等 (2009) 对比了大学生、公司雇员与个体经营者的风险态度，发现个人风险态度与职业类型显著相关，个体经营者的风险厌恶水平较低，而国有企业员工有较强的风险厌恶。

（2）短视损失厌恶。是指当投资者频繁地评估其投资收益时，会减少对风险证券的投资，更长的投资期限和更低的信息反馈频率会导致更高的投资水平（Fellner and Sutter, 2009）。

（3）过度自信。人们往往对自己的评价过高，高估自己对事情的掌握或抱有不切实际的乐观想法，进而做出不理性的投资决策。第一种表现是高估信息的准确度，认为自己拥有的信息能充分反映资产的真实价值，进而低估风险；第二种表现在对信息的解读上，高估自己的能力或判断力，认为自己优于常人，对自己的判断过于自信；第三种表现是控制错觉，高估了自己对外部事件的控制和影响（Deaves et al.，2009）。

(4) 羊群效应。是指投资者在信息不完全或者不确定时的从众跟风行为。由于金融市场中广泛存在信息不对称的情况，某些投资者可能掌握其他投资者所不知道的私人信息，所以投资者常常通过观察他人行为来推断其所掌握的私人信息，再据此做出投资决策，在行为上表现为易受到他人的影响，追随其投资决策（Drehmann et al.，2005）。

(5) 噪声交易。证券价格与价值之间存在一个偏差，这个偏差就是噪声。有学者验证了资本市场上大量噪声交易者的存在，并指出噪声交易者由于各种心理偏差因素在股票市场上投资的行为大多非理性，这些非理性交易行为使金融市场上理性投资者面临噪声交易风险，从而导致金融市场上的风险资产价格定价规律偏离传统金融理论。

(6) 注意力效应。Kahneman（1973）把决策者的注意力看作人用于执行任务的有限的心理资源，认为决策个体的注意力和信息处理能力是有限的，个体对于外界信息的处理效率会受到多种因素的制约和影响，在如今信息爆炸的社会，投资者在进行资产组合决策时，需要面对自身信息处理能力的限制以及海量的信息，在不同风险资产之间配置资本。这实际上也是投资者配置注意力的过程，金融市场上的投资者往往由于时间和精力的限制而无法注意并理解市场上的所有信息（Aboody et al.，2010），从而导致对信息理解的不全面和对资产价值预测的偏差。即投资者对于市场信息的认识和理解会直接影响到他们的投资决策和交易行为，从而对金融市场产生影响。

在处于转型中并依然以散户为主的中国证券市场，由投资者注意力导致的股票市场波动并不少见。基于此，行为金融视角下的投资者注意力效应能够为本章企业并购理论分析框架提供相应的理论依据。

2.1.2 有效市场理论

有效市场假说最早由 Bachelier（1900）提出，后来 Fama（1970）在对股票市场价格进行实证研究，并系统总结诸多有关的研究成果之后，提出了一个较为完整的理论。在充满信息交流和信息竞争的社会里，一个特定的信息能迅速被投资者知晓，随后，股票市场的竞争使证券价格充分、及时地反映该信息，从而使得投资者根据该信息所进行的交易不存在非正常报酬，而只能赚取市场平均报酬。根据 Fama（1970）的观点，资本市场的基本功能就是分配经济活动中资本的所有权。当证券价格能够充分地反映投资者可以获得的与公司有关的各种信息时，证券市场就是有效市场，即只要市场充分反映了现有的全部信息，每一种证券都是按公平价格出售，那么这样的市场就被称为有效市场。从经济学意义上说，市场有效性是指没有人能持续获得超额收益。按照证券价格对不同信息的反映程度，有效市场具体可分为三种类型：一是弱势有效市场，是指证券价格已经反映了过去的信息，如历史交易价格、交易量等，在该类市场中，任何投资者都不能利用过去的信息制定投资策略进行证券买卖而获取超额收益；二是半强势有效市场，是指证券价格已经反映了所有公开的信息，如上市公司的盈利宣告、股利分配、并购重组等，在该类市场中，任何投资者都不能利用公开的信息制定投资策略进行证券买卖而获取超额收益；三是强势有效市场，是指证券价格已经反映了所有的信息，包括所有公开信息和私人信息及内部信息，它是有效市场的最高形式和理想状态，在该类市场中，任何投资者都无法获得超额收益。

我国的证券市场起步较晚，与其他发达国家证券市场上百年的发展历程相比，证券市场发展时间相对较短，但在各方面力量的共同努力下，我国证券市场已逐渐走上了健康、稳步的发展轨道。自 20 世纪 90 年代初我国沪深两市相继成立以来，我国证券市场的弱势效率问题一直是研究者们关注和争论的焦点。基于将弱势有效等同于随机漫步过程的认识，研究者采用随机游走模型，证明我国证券市场已达到弱势有效（许涤龙等，2001，2003）。此外，范龙振等（1998）采用 DF 检验法，周四军（2003）进行游程检验、序列相关性检验和灵敏性检验，马骥和郭睿（2004）采用自回归检验，戴晓凤（2005）采用单位根方法，张兵和李晓明（2003）运用渐进有效性检验，结果均表明我国证券市场已具备弱势有效的特征。

在弱势有效市场中，投资者对信息进行价值判断的效率受到损害。

只有那些掌握专门分析工具的专业人员才能对所披露的信息做出全面、正确、及时和理性的解读和判断，并在此基础上做出有效的投资决策，再通过买卖行为把对全部公开信息的解读和判断贯彻到市场中去。一般的个体投资者却很难把握企业公开信息所包含的真正价值，对分析工具的应用水平也不如专业投资者，因此，他们解读和判断信息价值的能力以及做出有效投资决策的可能性都不如专业投资者。由此所做出的投资决策并不能体现市场所提供的全部公开信息的内涵。

在弱势有效市场中，信息从产生到被公开的效率受到损害，即存在信息不对称。信息不对称是指在市场交易中，当市场的一方无法观测和监督另一方的行为或无法获知另一方行为的完全信息，或者观测和监督的成本高昂时，交易双方掌握的信息所处的不对称状态。部分市场参与者相对于其他市场参与者具有信息优势，使得每个企业都会面临不同程度的信息不对称（Flannery et al.，2004）。知情交易者可能获取内部信息或者具有更多的知识储备和经验来处理复杂的信息，而不知情交易者则没有这方面的优势，那么知情交易者就可以借助信息优势来获取超额利润，当市场上存在信息不对称时，市场价格与现值将不再相等。

现有研究认为解决信息不对称问题的方法在于：第一，市场参与者或者投资者与企业签订的能够激励企业完全披露其私有信息的理想合同，能够有效减少市场参与者的错误评估（Kreps，1990）；第二，包括证券分析师、审计师、股权结构等在内的公司内外部治理机制的完善有助于改善信息不对称问题（Healy and Palepu，1999）；第三，监管机构制定更完备的信息披露规则，强制要求企业完全披露其私有信息。基于此，我国弱势有效市场中信息不对称广泛存在，交易所监管问询能够使上市公司披露更多信息，从而使投资者得到更多的信息进行决策。

2.1.3 信号理论

信号理论从根本上关注如何减少双方之间的信息不对称（Spence，2002）。Stiglitz（2002）解释说，当不同的人知道不同的事物时，就会出现信息不对称，由于某些信息是私密的，信息不对称在信息持有者和可能做出更好决策的人之间产生。信号理论的现有框架为：信号发出者—信号—信号接收者。应用于金融领域的信号理论，主要是对拥有不同信息的两种类型的局中人的行为进行描述和研究。

发布的管理决策能够向投资者传递有用的信号。Smith 和 Harper（1995）指出信号理论的定义中，主要强调两个重点：一是信号发出者向信号接收者发布载有信息的信号；二是信号能有效影响信号接收者的行为。

信号理论主要包括三个要素，即信号发出者、信号和信号接收者。Connelly 等（2011）采用时间轴的形式，将信号发出者、信号和信号接收者三者的关系做了清晰的描述，如图2-1所示。

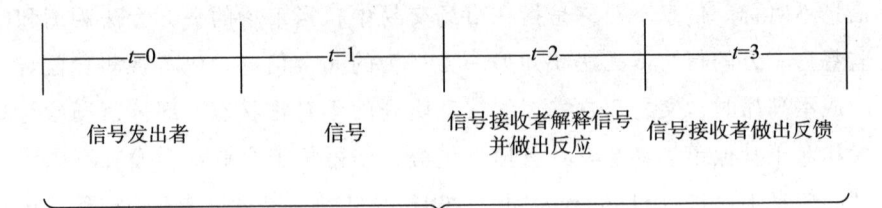

```
|———t=0———|———t=1———|———t=2———|———t=3———|
   信号发出者      信号      信号接收者解释信号    信号接收者做出反馈
                            并做出反应
                    信号环境
```

图2-1 信号理论时间轴

信号发出者是内部信息的掌控者，例如企业管理者，他们能够获取个人信息、产品信息和组织信息，而外部人员无法获得这些关于个人、产品及组织真实的信息。信号发出者不仅局限于一个信号源，也可能是多个信号源发布多个信号，这些信号可以是互相支持的，也可能是相互矛盾的。

信号是指由信号发出者发布的，能够暗示个人或者企业等其他组织能力或者潜力的信息，这些信息通常具有成本性、可观察性和难以模仿性。在众多的信号理论研究中，大部分学者将能够暗示个人或组织优势的利好信息作为信号进行研究。但是，也有部分学者研究不利于个人或组织的信号，例如Myers 和 Majluf（1984）提出上市公司增发新股暗示企业股价被高估，是不利于企业的信号。当然，管理者不会有意地将不利信息向证券市场公开，不利消息是隐藏在信息背后的，并由股票市场进行解释的信息。

信号接收者是信号理论中的第三个要素，是指个人或组织的外部者，无法获取关于个人或组织的内部消息，只能通过信号发出者发布的信号对评估对象进行评价，并依据评价结果做出反应。例如，招聘人员招聘高教育水平的应聘者，股票投资者投资被并购的企业，顾客购买高额营销的产品以及股票持有者和债券持有者等。值得注意的是，信号接收者是能够从对信号的反应中获取收益的人。

2.2 企业并购理论分析框架

社交媒体关注与交易所监管问询的协同治理框架见图2-2。

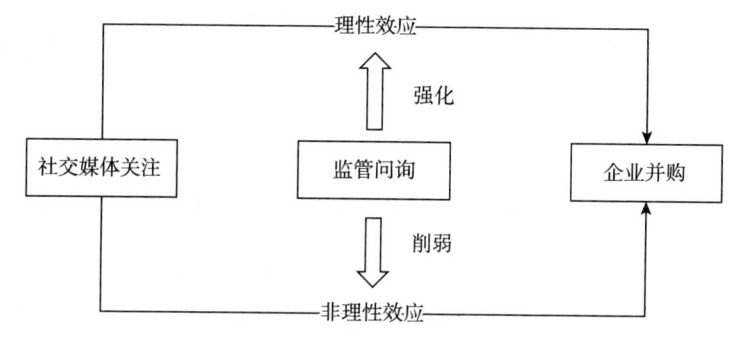

图 2-2 社交媒体关注与交易所监管问询的协同治理框架

社交媒体关注与交易所监管问询的协同治理作用体现在两个方面：一是监管问询可以削弱社交媒体总体讨论和关注导致的过度并购市场反应，引导市场定价回归理性；二是加强社交媒体负面讨论的外部治理作用，提高市场定价效率和终止可能导致价值毁损的并购交易。

2.2.1 监管问询削弱社交媒体关注的非理性作用

如图2-3所示，首先，基于有效市场理论和行为金融理论，我国处于弱势有效市场情形，信息不对称、信息披露质量差等现象广泛存在，投资者存在非理性的行为偏好。面对上市公司并购交易，投资者社交媒体关注影响资本市场效应主要有三条途径：第一，基于注意力效应的逻辑，投资者社交媒体关注会导致异常的净买入倾向（Lee，1992；Hirshleifer et al.，2008），投资者社交媒体关注的增加将导致单边向上的并购公告市场反应；第二，并购公告前后，互联网成为内幕交易者题材炒作的途径，投资者对社交媒体信息加以关注后，会加剧其羊群效应，从而导致异常正向的并购公告市场反应；第三，投资者对关注信息的过度自信会导致其做出非理性的投资行为,即投资者对相应股票产生偏离基本面的并购公告市场反应(Engelberg et al.,2012)。

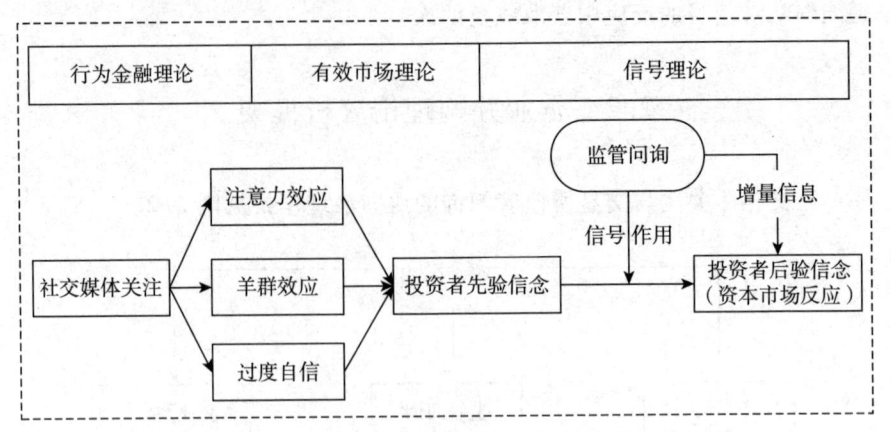

图 2-3 监管问询削弱社交媒体关注的非理性作用理论框架

其次,重组问询函是经由监管程序信息处理后发出的、相较于并购重组方案的增量信息,且往往是公司试图隐藏的风险信息。基于信息含量观的视角,相比于分析并购重组方案中纷繁复杂的信息,投资者通过阅读重组问询函能够更为直接和高效地理解并购事项,从而理性地进行买卖决策。由此可见,重组问询函传达的增量信息能够为投资者所用,具有判断并购事项的信息含量,并进一步影响并购公告市场反应。

最后,作为并购重组的重要监管信息,重组问询函向投资者传递了有关监管层态度与专业判断的信号,投资者可以将其作为股票买卖的事前信号,根据重组问询函信号修正定价偏差并及时避险。因此,从社交媒体关注到做出市场反应的过程中,投资者可能将重组问询作为风险信号,从而修正了注意力效应、羊群效应和过度自信引发的资本市场定价偏差。理论推导模型如下:

投资者社交媒体关注形成了对上市公司并购价值的主观认知,进而比照市场价格做出高估卖出或是低估买入的决策,即投资者社交媒体关注影响投资者价值判断,进而影响并购公告市场反应。在互联网信息时代背景下,一方面,投资者投入大量时间和精力来阅读网络信息(Antweiler and Frank,2004),但是专业知识储备、行业实践经验等信息"门槛"限制了投资者利用信息进行投资决策;另一方面,互联网信息难辨真伪且容易被内幕交易者操纵。重组问询函的公开一定程度上解决了这一问题，即向投资者发出监管层对于并购重组方案的专业判断信号，有利于投资者直接、高效地理解并购事项，理性决策。

在上市公司并购事件中，上市公司首次公告前须先办理停牌，然后向交易所报送并购重组方案材料，并向市场公告并购重组方案，停牌期间，上市公司可能会收到交易所一封或多封重组问询函，回复完毕并对相关材料修订完善后，上市公司公告交易所重组问询函的完整内容以及对并购重组方案的修订情况，然后复牌。基于此，本章将投资者基于前期社交媒体关注形成的关于公司并购价值的判断称为"投资者信念"，理性的投资者能够利用问询函中的增量信息来修正"信念"，进而改变其投资决策，接下来本章将基于洪剑峭和李志文（2004）的研究具体模型化这一过程。

设（1，2，…，S）为未来并购可能出现的价值状态集合，信念就是投资者对上述状态发生可能性的主观判断，并根据这种判断形成在问询函信号到达之前的先验信念和之后的后验信念，记（π_1，π_2，…，π_s）为先验信念，即基于信息关注的投资者认为状态 s 发生的可能性（概率）为 π_s（$s=1,2,\cdots,S$），满足 $\sum_{s=1}^{S}\pi_s = \pi_1 + \pi_2 + \cdots + \pi_s = 1$。

设（1，2，…，M）为重组问询函的信号集合，下面分析收到问询函信号之后，投资者对未来并购价值状态判断是如何修正的。为此，对 $s=1,2,\cdots,S$ 和 $m=1,2,\cdots,M$，引入以下变量：

q_m：收到信号 m 的概率；

j_m：同时发生状态 s 和收到信号 m 的联合概率；

$q_{m/s}$：状态 s 发生时收到信号 m 的条件概率；

$\pi_{s/m}$：收到信号 m 后，状态 s 发生的条件概率。

其中，$\pi_{s/m}$ 表示收到信号 m 后，投资者对并购价值状态判断可能产生新的主观判断，即收到信号 m 后，投资者认为并购价值状态（1，2，…，S）发生的相应概率为（$\pi_{1/m}$，$\pi_{2/m}$，…，$\pi_{s/m}$），称之为后验信念。下面将分析重组问询函信号是如何使投资者先验概率修正为后验概率的。

首先，联合概率矩阵 $J=[j_{sm}]_{S\times M}$ 分布如表 2-1 所示。

表 2-1　联合概率矩阵 $J = [j_{sm}]_{S \times M}$

	J	\multicolumn{4}{c}{信号 m}	先验信念
		1	2	...	M	
状态 s	1	j_{11}	j_{12}	...	j_{1M}	π_1
	2	j_{21}	j_{22}	...	j_{2M}	π_2
	...	...	...	...	...	...
	S	j_{s1}	j_{s2}	...	j_{SM}	π_s
收到问询函信号的概率		q_1	q_2	...	q_M	1.0

基于以上联合概率矩阵，可以得到以下两个基本关系式：

$$\sum_{s=1}^{S} j_{sm} = q_m \tag{2-1}$$

$$\sum_{m=1}^{M} j_{sm} = \pi_s \tag{2-2}$$

联合概率矩阵 J 导出似然率矩阵 $L = (q_{m/s})_{M \times S}$ 和后验概率矩阵 $\Pi = (\pi_{s/m})_{S \times M}$，如表 2-2 和表 2-3 所示：

表 2-2　似然率矩阵 $L = (q_{m/s})_{M \times S}$

	L	\multicolumn{4}{c}{信号 m}	
		1	2	...	M	
状态 s	1	$q_{1/1}$	$q_{2/1}$	...	$q_{M/1}$	1.0
	2	$q_{1/2}$	$q_{2/2}$	...	$q_{M/2}$	1.0
	...	...	...	...	...	
	S	$q_{1/S}$	$q_{2/S}$	...	$q_{M/S}$	1.0

表 2-3　后验概率矩阵 $\Pi = (\pi_{s/m})_{S \times M}$

	Π	\multicolumn{4}{c}{信号 m}
		1	2	...	M
状态 s	1	$\pi_{1/1}$	$\pi_{2/1}$	...	$\pi_{M/1}$
	2	$\pi_{1/2}$	$\pi_{2/2}$	...	$\pi_{M/2}$
	...	...	...	...	...
	S	$\pi_{1/S}$	$\pi_{2/S}$	...	$\pi_{M/S}$
	1.0	1.0	1.0	...	1.0

联合概率矩阵 J 导出式（2-3）和式（2-4），式（2-3）表明了似然率矩阵元素 $q_{m/s}$ 的含义，即状态 s 发生的条件下才收到了信号 m 的条件概率；式（2-4）表明了后验概率 $\pi_{s/m}$ 的含义，即收到信号 m 的条件下，状态 s 发生的条件概率，就是收到问询函信号后导致的投资者对不同并购价值状态可能性的重新估计，即后验信念。

$$q_{m/s} = \frac{j_{sm}}{\pi_s} \qquad (2-3)$$

$$\pi_{s/m} = \frac{j_{sm}}{q_m} \qquad (2-4)$$

面对上市公司并购事件，投资者首先基于前期的信息获取形成了自己对未来公司状态的判断——先验信念，而似然率矩阵代表问询函信号，投资者根据问询函信号在先验信念的基础上形成了后验信念。根据贝叶斯定理，投资者收到问询函信号后对投资决策的修正过程如下：

贝叶斯定理一：

$$\pi_{s/m} = \frac{j_{sm}}{q_m} = \frac{\pi_s q_{m/s}}{q_m} \qquad (2-5)$$

贝叶斯定理二：

$$\pi_{s/m} = \frac{j_{sm}}{q_m} = \frac{\pi_s q_{m/s}}{\sum_{s=1}^{s} \pi_s q_{m/s}} \qquad (2-6)$$

基于以上分析，得到以下两个直观的结论：

第一，在其他条件不变的情况下，投资者对未来并购价值发生的状态越有把握，问询函信号对先验信念的修正作用越小。例如，当投资者对未来状态 s_0 的发生越有把握，其他任何状态 $s \neq s_0$ 发生的可能性越小，即 π_s 越小，根据贝叶斯定理，其相应的后验概率 $\pi_{s/m}$ 越小。

第二，在其他条件不变的情况下，收到问询函的信号越极端，对投资者决策的后验信念影响越大。因为极端信号的概率 q_m 很小，根据式（2-6），即后验信念 $\pi_{s/m}$ 修正的程度越大。

决策是个体需要在不同可行方案中做出符合个体目标的最优选择，同理，面对上市公司并购交易，投资者需要根据自身盈利目标做出买入或者卖出选择，投资者面对的决策模型一般包含以下几要素：

$(1, \cdots, x, \cdots, X)$：可供选择的投资决策方案集合。

$(1, \cdots, s, \cdots, S)$：可能发生的并购状态集合。

C_{xs}：不同投资决策方案 x 和并购状态 s 组合下的结果。

$\pi(s)$：投资者对不同并购状态发生可能性的概率函数，介于 0 和 1 之间，且满足 $\sum_s \pi(s) = 1$。

$v(c)$：投资者对不同并购结果的基本效用函数。

$U(x)$：期望效用原则导出的效用函数。

在不确定的情形下，决策者选择某一方案 x，等价于选择一组结果 $C(x) = (C_{x1}, C_{x2}, \cdots, C_{xs})$，各结果发生的概率为 $\pi = (\pi_1, \pi_2, \cdots, \pi_s)$，这样可以将方案 x 等价于一组结果值上的概率分布：$x = (C_{x1}, C_{x2}, \cdots, C_{xs}; \pi_1, \pi_2, \cdots, \pi_s)$。根据期望效用原则，$U(x) = \pi_1 v(C_{x1}) + \pi_2 v(C_{x2}) + \cdots + \pi_s v(C_{xs})$。

投资者根据对未来并购状态发生可能性的主观判断选择期望效用最大化的决策方案，而问询函信号将修正投资者原先对未来状态发生可能性的主观判断，从而引起投资决策的调整，最终导致期望效用提高。

投资者按照期望效用最大化原则选择决策方案，在收到问询函信号前，投资者对并购状态的先验估计概率为 $\pi = (\pi_1, \pi_2, \cdots, \pi_s)$，相应的决策问题为：

$$\max_{x \in \{1,2,\cdots,x\}} v(x;\pi) = \max_{x \in \{1,2,\cdots,x\}} \sum_{s=1}^{S} \pi_s v(C_{xs}) \qquad (2-7)$$

记 x_0 为上述问题的最优方案。问询函信息产生的价值，是由该信号带来投资决策期望效用的提高。

设 μ 是问询函信息系统，产生信号 $m \in \{1, 2, \cdots, M\}$，信息系统由似然率矩阵 $L = (q_{m/s})_{M \times S}$ 刻画。

当收到一个信号 m 后，投资者将根据贝叶斯定理形成对并购状态的后验判断 $\pi_{s/m}$，这时相应的决策问题为：

$$\max_{x \in \{1,2,\cdots,x\}} v(x;m) = \max_{x \in \{1,2,\cdots,x\}} \sum_{s=1}^{S} \pi_{s/m} v(C_{xs}) \qquad (2-8)$$

记 x_m 为该问题的最优解，收到信号 m 后带来的期望效用的提高量为：

$$\omega_m = v(x_m;m) - v(x_0;m) \tag{2-9}$$

显然，ω_m 是非负的。问询函信息是监管层基于其专业能力和监管需求，对上市公司并购交易信息的进一步披露，不存在虚假信息或者误导投资者决策的信息，因此问询函信息不会使投资者决策的期望效用下降，因为至少可以坚持原来的方案。

投资者收到问询函信号前，不知道将会收到什么样的信号，所以问询函信号价值应该是各种信号产生的期望效用提高量 ω_m 按它们各自收到的概率加权平均而得到的预期量。具体地，对由先验信念和似然率矩阵 L 刻画的问询函信息系统 μ，以投资者决策效用表示的信息价值为：

$$\Omega(\mu) = E_m[\omega_m] = \sum_{m=1}^{M} q_m [v(x_m;m) - v(x_0;m)] \tag{2-10}$$

记 C_{sm}^* 为收到问询函信号 m 后最佳方案 x_m 在状态 s 下的产出，C_{s0}^* 为没有收到问询函信号时最佳方案 x_0 在状态 s 下的产出，那么问询函信息 μ 的价值为：

$$\begin{aligned}\Omega(\mu) &= \sum_{m=1}^{M} q_m \sum_{s=1}^{S} \pi_{s/m} v(C_{sm}^*) - \sum_{m=1}^{M} q_m \sum_{s=1}^{S} \pi_{s/m} v(C_{s0}^*) \\ &= \sum_{m=1}^{M} q_m \sum_{s=1}^{S} \pi_{s/m} v(C_{sm}^*) - \sum_{s=1}^{S} \pi_s v(C_{s0}^*) \end{aligned} \tag{2-11}$$

由式（2-11）可见，问询函信息的价值在于有和没有问询函信号时投资者决策带来的期望效用之间的差额。

同样，$\Omega(\mu) \geq 0$，即来自监管层的增量信息不会降低投资者决策的期望效用，根据问询函信号，投资者在原有信息获取的基础上，修正自己对并购价值未来状态的判断，并进一步调整投资决策从而提高期望效用。

基于以上分析，从关注到做出市场反应的过程中，投资者可能将重组问询函作为风险信号，从而修正了注意力效应引发的资本市场定价偏差。且当交易所重组问询函对标的相关情况提出怀疑、问询函语调比较负向时，问询函信号对非理性市场反应的修正作用更显著。

2.2.2 监管问询加强社交媒体负面讨论的理性治理作用

已有文献发现，相比积极信息，负面信息影响更大（Kanouse and

Hanson，1972；Baumeister et al.，2001；Tetlock，2007）。媒体作为一种外部治理机制，可以通过报道负面消息对公司价值产生影响，对公司内部人起到惩戒作用（Bednar，2012）。Li 等（2021）的研究也发现，中国证券监管部门对存在媒体负面报道的公司 IPO 申请更容易否决。因此，接下来将讨论监管问询如何加强社交媒体负面讨论的理性治理作用。

如图 2-4 所示，社交媒体的负面讨论通过信息效应、链接效应和舆论效应对企业并购市场反应和终止决策起到治理作用。

社交媒体的信息效应。并购作为资本市场热门题材，受到各路资本追捧。但是，由于存在代理问题，并购往往成为公司内部控制人掏空中小投资者口袋的一种手段。已有研究发现，媒体作为一种外部治理机制，可以通过报道负面消息对公司价值产生影响，对公司内部人起到惩戒作用（Bednar，2012）。社交媒体信息发布和传播的主体是中小投资者自身（杨晶等，2017），会更加关注可能影响切身利益的并购活动。且社交媒体提供的信息更多元化，能将供应商、客户、雇员、朋友、财务顾问、竞争者或并购标的企业等信息有效汇总，信息含量可能超过任何一家信息中介机构所提供的内容（Ang et al.，2021）。他们分别位于并购网络不同节点，利用社交媒体发表自身见解，相互交流碰撞，极有可能产生集体智慧（Surowiecki，2004），识别并购风险点。

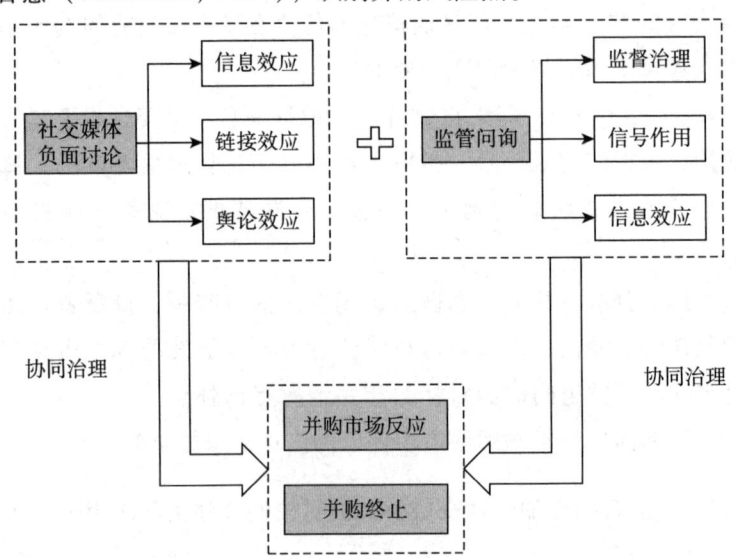

图 2-4　监管问询加强社交媒体负面讨论的理性治理作用框架

社交媒体的链接效应。在互联网社交媒体未普及之时，中小投资者在上市公司并购利益网络中之所以处于劣势地位，一个重要原因在于每位投资者持有股份数额少，彼此之间无法接触，难以统一行动，致使无法一致表决，因而被上市公司所忽视。社交媒体不但可以生产与传播信息，还可以使散户构成实际意义上的"一致行动人"，对公司决策产生实际影响。那么，利用群体智慧辨识上市公司并购风险后，中小投资者通过社交媒体采取集体行动，对可能导致公司价值毁损的并购交易表达反对声音。

社交媒体的舆论效应。社交媒体时代，越来越多的中小投资者在社交媒体中参与对上市公司并购决策的讨论，且传播范围广、成本低、信息交互及时且靶向性强，多数人的声音容易被放大。在此情形下，中小投资者对并购交易的负面评论容易形成网络舆论，被关注的公司大股东和管理层的任何举动都会被迅速捕捉和扩散，网络舆论会对其造成巨大的压力。大股东和管理层考虑到中小投资者这种"用嘴投票"的力量对其公司和个人可能产生的不利影响，会更加重视中小股东的权益（王丹等，2020）。已有研究也发现社交媒体关注可以减少大股东和管理层的机会主义行为，具体表现为抑制代理冲突（杨凡和张玉明，2021）、减少大股东掏空行为（岑维等，2016；罗劲博和熊艳，2021）。

综上所述，社交媒体通过聚合大量中小投资者，集体协作，剖析一项并购交易的价值，生产并传播信息，产生群体智慧。之后，中小投资者通过社交媒体链接成为"一致行动人"，可以对价值损毁的并购发出否定声音，集体抵制。最终，社交媒体形成的负面舆论压力让公司大股东和管理层意识到社交媒体"用嘴投票"的力量，抑制其机会主义行为，终止可能导致公司价值毁损的并购交易，并触发投资者"用脚投票"，导致并购公告市场反应为负。

交易所监管问询的协同治理。中小投资者聚集在社交媒体平台，可以彼此连接成网络，生产传播信息，结盟行动，维护自身利益。但是，在中国资本市场情境下，"一股独大"现象普遍存在，即便是散户拧成一股绳，其所持股份数额也不足以对抗大股东。已有研究表明，媒体监督职能的发挥需要在政府及行政主管部门介入的条件下才能实现（杨德明和赵璨，2012）。当前，中国证券交易所借助大数据、云计算、人工智能等新技术搭建了风险监测平台，通过文本挖掘、知识图谱、机器学习等先进技术，及时捕捉舆情信息，提升交易所一线监管效能。一系列文献研究显示，交易所监管问询函具有信息含量，可以发挥治理效能（陈运森等，2018；傅祥斐等，2020）。

我国并购市场信息不对称问题较为严重（李晓溪等，2019a），交易所监管问询函的治理作用尤为重要。2019年深交所和上交所陆续发布上市公司并购重组信息披露指引，提出上市公司公告重组方案后，交易所就信息披露不准确、内容不完善或者交易存疑等情况对上市公司发出重组问询函，要求公司及时书面回函并公开披露。交易所针对并购重组方案进行监管问询，向投资者发出监管层对于重组方案的专业判断信号，有利于投资者直接、高效地理解并购事项。首先，问询函迫使并购公司在回函和重组方案修订的过程中披露更多的内容，为投资者提供了更多的增量信息，有利于投资者进行投资决策并降低投资风险（李晓溪，2019a）；其次，重组问询函是监管层基于其丰富的专业知识和行业实践经验进行专业判断的结果，反映了交易所对于并购事项的专业意见，具有精准识别风险的功能（刘柏和卢家锐，2019）。面对不同严重程度、不同性质的并购问题时，交易所问询函的提问方式和措辞会有所不同，问询函语调能够反映出并购交易问题的严重程度（傅祥斐，2022），相比于并购重组报告书中的信息，重组问询函的语调信息能够帮助投资者更加高效地理解并购重组事项，有利于识别风险并做出决策。因此，对于既受到社交媒体负面的质疑，又收到交易所重组问询函的并购交易，投资者会更确信该并购交易有问题，从而导致更加负面的市场反应，也会促使上市公司终止相关并购。

3 中国上市公司并购信息和社交媒体讨论

3.1 上市公司并购监管机构

我国上市公司并购的相关监管机构主要是证监会和交易所。证监会依照法律、法规和国务院授权，统一监督管理全国证券期货市场，维护证券期货市场秩序，保障其合法运行。交易所相比证监会，更贴近市场，充当市场一线监管者的角色，并成为证券从业者与国家监管机构之间联系的桥梁。

证监会依法对上市公司及相关各方在证券市场的活动进行监督管理，具体包括以下方面。①规则制定权。根据证券监管法律的授权制定上市公司监管方面的规章、规则。②行政许可权。核准上市公司发行证券；批准上市公司收购、重大资产重组、相关股份权益变动、合并及分立；批准交易所制定的高于《证券法》规定的股票上市条件。③信息披露监管。对上市公司和相关信息披露义务人及其行为进行监督管理，规范募集资金说明书、年度报告、中期报告、季度报告、股份变动报告、股东持股变动报告和其他公告的编制与披露。④公司治理监管。对上市公司章程必备条款做出具体规定，规范上市公司章程的制定和修改；对上市公司董事任职实施备案管理并有权对上市公司董事候选人提出异议；建立监管诚信档案。⑤检查、调查与公开检查、调查结果。进入公司进行现场检查、专项核查和采取其他现场监管措施；在对上市公司的监督检查中，当发现严重侵害上市公司利益的行为，或者上市公司面临显著风险、重大损失和严重后果时，及时进行调查；在检查和调查过程中，可以根据上市公司的具体情况及违法违规行为的情节轻重，适时公开检查和调查结果。⑥处罚权。依法对上市公司及其控股股东、高管人员的违法行为进行处罚；涉及犯罪的，移交司法机关处理；有权要求交易所对上市公司进行处罚。

我国《证券法》第102条对证券交易所的定义是"依据国家的有关法律和行政法规、经国家主管机关批准而设立的、为证券集中竞价交易提供场所的、不以营利为目的的法人"。《证券交易所管理办法》第11条对证券交易所的职能进行了明确规定：①为证券交易提供场所和设施，使投资者得以借此通过证券商买卖证券，保证证券持续流通；②制定证券交易所的业务规则，组织、监督证券交易，促使证券交易公开、公平、公正进行；③接受上市申请、安排证券上市，通过集中、公开的竞价方式形成公平的交易价格；④组织、监督证券交易，管理和公布市场信息，引导投资流向，以利于提高社会资源的有效配置；⑤对所内挂牌交易的上市公司和参加交易的证券商进行监管，防止欺诈、内幕交易和操纵市场行为，保护投资者的利益；⑥设立证券登记结算机构，为证券商提供清算、交割、过户等相关服务，保证证券交易顺利完成；⑦管理和公布市场信息等。

并购交易尤其是重大资产重组是上市公司的重大经营事项，需要遵循证监会制定的交易规则，行政审批类的并购重组需要获得证监会的行政许可，按要求进行信息披露，并且有义务接受证监会的检查与监督，涉及违法违规交易时要接受处罚。除此之外，并购重组事项还要符合交易所的业务规则，以投资者利益为重进行交易和信息披露。

3.2 上市公司并购信息披露法律法规

自2009年8月以来，证监会围绕有效发挥资本市场功能、支持促进并购重组、更好地服务于国民经济的总体要求，组织开展了规范推进上市公司并购重组市场化改革的专项工作，拉开了我国上市公司并购重组市场化监管改革的序幕。2010年，国务院发布《关于促进企业兼并重组的意见》，明确提出充分发挥资本市场推动企业重组的作用，促进加快转变经济发展方式和调整经济结构。2014年，国务院发布《关于进一步优化企业兼并重组市场环境的意见》，明确提出营造良好的市场环境，充分发挥企业在兼并重组中的主体作用。

目前，我国上市公司监管的重心也逐步从行政审批过渡到强制信息披露监管，并坚持贯彻以强制信息披露制度为核心的监管理念，确立了以信息披露为核心的事前立规、依法披露和事后追究的责任机制。同时，中国证监会、证监会派出机构、证券交易所各司其职、协调监管的信息披露监管体系已初步建立，督促上市公司向投资者及时披露相关信息，并督促披露内容真实、准确、完整而没有虚假、严重误导性陈述或重大遗漏。

目前，我国立法机构和执法机构等颁布的并购信息披露相关规定主要包括四个层面：基本法律、行政法规规章、部门规章和行业自律规范性文件。一是由全国人大及其常委会颁布的关于公司并购的基本法律规范，包括《公司法》和《证券法》。二是国务院颁布的行政法规和国务院各部委制定的行政规章，主要为《上市公司监管条例》，目前尚处国务院审批程序之中。三是证监会制定的部门规章，主要有《上市公司重大资产重组管理办法》、《上市公司收购管理办法》、《上市公司并购重组财务顾问业务管理办法》、《上市公司回购社会公众股份管理办法（试行）》、《公开发行证券的公司信息披露内容与格式准则第26号——上市公司重大资产重组》（2018年修订）及其配套的披露准则，此外还有针对科创板重大资产重组的《科创板上市公司重大资产重组特别规定》。四是行业自律规范性文件，主要包括证券交易所和股权交易中心制定的规范性文件，例如深圳证券交易所的《上市公司信息披露指引第3号——重大资产重组》《上市公司信息披露指引第2号——停复牌业务》、上海证券交易所的《上市公司重大资产重组信息披露业务指引》《上市公司筹划重大事项停复牌业务指引》《科创板上市公司重大资产重组审核规则》。

3.3 上市公司并购信息披露流程

（1）申请停牌

按照深圳证券交易所《上市公司信息披露指引第2号——停复牌业务》和上海证券交易所《上市公司重大资产重组信息披露业务指引》的规定，上市公司筹划重大资产重组时应向交易所申请停牌，并且停牌时间一般不超过10天。

（2）向交易所报送材料

按照深圳证券交易所《上市公司信息披露指引第3号——重大资产

重组》和上海证券交易所《上市公司重大资产重组信息披露业务指引》的规定，上市公司应当在非交易时间向交易所提交重大资产重组相关的信息披露文件，包含重组预案（或草案）、董事会决议、独立董事意见、董事会法定程序法律文件、进程备忘录、独立财务顾问和律师出具的核查意见。

（3）首次公告重组方案

按照证监会《公开发行证券的公司信息披露内容与格式准则第26号——上市公司重大资产重组》（2018年修订）的规定，上市公司首次公开的重组方案可以是预案也可以是报告书。如果首次公告披露的是重组预案，应当包括以下内容：重大事项提示；重大风险提示；本次交易的背景和目的；本次交易的方案概况，方案介绍中应当披露本次交易是否构成《重组办法》第13条规定的交易情形及其判断依据；上市公司最近60个月的控制权变动情况；主要交易对方基本情况；交易标的基本情况；非现金支付方式情况（如涉及）；本次交易存在其他重大不确定性因素，包括尚需取得有关主管部门的批准等情况的，应当对相关风险做出充分说明和特别提示；上市公司的控股股东及其一致行动人对本次重组的原则性意见，及控股股东及其一致行动人、董事、监事、高级管理人员自本次重组复牌之日起至实施完毕期间的股份减持计划；相关证券服务机构对重组预案已披露内容发表的核查意见。

如果首次公告披露的是重组报告书，应当包括以下内容：重大事项提示；重大风险提示；本次交易概况，包括但不仅限于交易背景及目的、交易决策过程和批准情况、具体交易方案以及本次交易对上市公司的影响；交易各方具体情况；交易标的具体情况；交易标的的评估或估值；本次交易的主要合同；交易的合规性分析；管理层讨论与分析；财务会计信息；同业竞争和关联交易；风险因素；其他重要事项；重组上市；非现金支付方式；换股吸收合并；募集配套资金；重组报告书摘要。

（4）交易所问询

按照深圳证券交易所《上市公司信息披露指引第3号——重大资产重组》和上海证券交易所《上市公司重大资产重组信息披露业务指引》的规定，上市公司应当在非交易时间向交易所提交重大资产重组相关的信息披露文件。交易所对上市公司重大资产重组相关信息披露文件进行事后监管，根据相关规定及监管需要对重组方案实施问询。上市公司应当及时披露交易所问询函及回复，并披露修订后的信息披露文件。基于此，上市公司首日公告重组方案后，可能会收到交易所一封或多封重组问询函，回复完毕并对相关材料修订完善后才能复牌。

（5）复牌

按照深圳证券交易所《上市公司信息披露指引第 2 号——停复牌业务》和上海证券交易所《上市公司重大资产重组信息披露业务指引》的规定，上市公司应当在停牌期限届满前披露经董事会审议通过的重组预案，并申请复牌；未能按期披露重组预案的，应当终止筹划本次重组并申请复牌。但国家有关部门对相关事项的停复牌时间另有要求的，上市公司可以在充分披露筹划事项的进展、继续停牌的原因和预计复牌时间后向本所申请继续停牌，但连续停牌时间原则上不得超过 25 个交易日。

3.4 问询函监管制度

本小节包含两部分内容：国内外问询函监管制度比较和重组问询函数据统计。

3.4.1 国内外问询函监管制度比较

美国和澳大利亚也以向上市公司发放问询函的方式监管。安然事件之后，美国萨班斯法案 408 号正式规定，美国证券交易委员会（简称"SEC"）公司财务部每三年至少要对每家公司的文件审核一次，以确保其和 SEC、GAAP 的披露要求保持一致。从 2005 年 5 月 12 日起，在审核完成后，SEC 会公开披露意见函和公司相应的回函，但在发函日和回函日均不及时披露。2012 年 1 月 1 日之前，意见函相关内容在审核完成 45 日后才能公开披露；2012 年 1 月 1 日之后，意见函相关内容在审核完成 20 日后才能公开披露。SEC 的审核分为三个层次：一是对文件进行全面审核；二是对财务报告进行审核；三是对文件中的具体问题进行审核（Brown et al., 2014）。澳大利亚证券交易所在观察到股价异常波动时，会向上市公司发放问询函要求进一步解释（Gong, 2007），问询函发放时并不公开披露，只有当上市公司回函后才会披露，即澳大利亚证券交易所的问询和上市公司的回复同时披露（Drienko and Sault, 2013）。

相比之下，上海证券交易所和深圳证券交易所会针对财务报告、重组事项、关联交易、股票异常波动、媒体报道等对上市公司发出问询函，要求上市公司在规定时间内书面回函并公开披露。对于一些尚未解决或回复不清晰的事项，交易所还会进行再次问询。其中重组问询函是针对重组报告书的信息披露不准确、内容不完善或者交易存疑等情况对上市公司发出问询函，要求上市公司及时书面回函并公开披露，对于没有充分回答的问题还会再次发函，部分监管函件还会要求中介机构和独立董事发表专项核查意见。区别于美国 SEC 意见函和澳大利亚证券交易所的问询函，我国的问询函制度更具及时性；不同于年报问询函，重组问询函是针对具体交易的问询，更具有针对性，能够为投资者的买入卖出决策提供参考。

3.4.2 重组问询函数据统计

上海证券交易所和深圳证券交易所自 2014 年 12 月开始披露重组问询函。下文将从问询函的关注要点、行业分布、地域分布方面进行统计。

（1）关注要点统计

证监会上市公司监管部总结了我国监管机构 13 个并购关注要点：交易价格公允性、盈利能力与盈利预测、资产权属及完整性、同业竞争、关联交易、持续经营能力、债权债务处置、股权转让和权益变动、过渡期间损益安排、收购资金来源、挽救上市公司财务困难的重组方案可行性、矿业权的信息披露与评估、审计机构与评估机构独立性。由于"挽救上市公司财务困难的重组方案可行性"与"矿业权的信息披露与评估"分别适用于处于财务困难、涉及矿业权的上市公司，具有一定特殊性，因此本章保留了除此之外的 11 个关注要点进行统计（见表 3-1）。

借鉴刘柏和卢家锐（2019）的方法，第一，通过 Python 软件抓取每家上市公司的重组问询函，并将问询函内容转换成文本格式；第二，删除空格、换行符等没有实际意义的符号，计算总字符数；第三，按关键词统计每份重组问询函是否涉及关注要点以及涉及关注要点的问题个数。

3 中国上市公司并购信息和社交媒体讨论

表 3-1 重组问询函关注要点分布情况

审核要点	问询函数量合计（封）	问题数合计（个）
关联交易	1101	2113
股权转让和权益变动	665	1630
盈利能力与盈利预测	635	1169
收购资金来源	359	495
同业竞争	307	662
持续经营能力	153	180
资产权属及完整性	148	194
审计机构与评估机构独立性	144	186
交易价格公允性	134	151
过渡期间损益安排	20	28
债权债务处置	2	2

资料来源：国泰安数据库。

表 3-1 统计显示，关联交易最受关注，共有 1101 封重组问询函、2113 个问题涉及关联交易；其次是股权转让和权益变动、盈利能力与盈利预测，分别有 665 封和 635 封重组问询函关注。

（2）行业分布统计

按照证监会《上市公司行业分类指引》（2012 年修订）进行统计，表 3-2 结果显示，收到重组问询函最多的行业是计算机、通信和其他电子设备制造业（C39），共收到 163 封重组问询函，包含 1780 个问题；信息传输、软件和信息技术服务业（I）共收到 151 封重组问询函，包含 1624 个问题。

表 3-2 重组问询函行业分布情况

行业代码	行业名称	问询函数量（封）	问题总数（个）	平均问题数（个）
A	农、林、牧、渔业	22	244	11.09
B	采矿业	42	517	12.31
C13	农副食品加工业	17	175	10.29
C14	食品制造业	22	291	13.23
C15	酒、饮料和精制茶制造业	9	125	13.89

续表

行业代码	行业名称	问询函数量（封）	问题总数（个）	平均问题数（个）
C17	纺织业	23	302	13.13
C18	纺织服装、服饰业	15	176	11.73
C19	皮革、毛皮、羽毛及其制品和制鞋业	1	12	12
C20	木材加工及木、竹、藤、棕、草制品业	9	113	12.56
C21	家具制造业	4	49	12.25
C22	造纸及纸制品业	8	106	13.25
C23	印刷和记录媒介复制业	6	79	13.17
C24	文教、工美、体育和娱乐用品制造业	10	92	9.2
C25	石油加工、炼焦及核燃料加工业	8	105	13.13
C26	化学原料及化学制品制造业	112	1271	11.35
C27	医药制造业	61	644	10.56
C28	化学纤维制造业	11	170	15.46
C29	橡胶和塑料制品业	23	344	14.96
C30	非金属矿物制品业	45	618	13.73
C31	黑色金属冶炼及压延加工业	16	234	14.63
C32	有色金属冶炼及压延加工业	34	377	11.09
C33	金属制品业	21	216	10.29
C34	通用设备制造业	60	704	11.73
C35	专用设备制造业	71	834	11.75
C36	汽车制造业	36	363	10.08
C37	铁路、船舶、航空航天和其他运输设备制造业	22	311	14.14
C38	电气机械及器材制造业	97	1163	11.99
C39	计算机、通信和其他电子设备制造业	163	1780	10.92
C40	仪器仪表制造业	16	169	10.56
C41	其他制造业	15	204	13.6
C42	废弃资源综合利用业	1	4	4
D	电力、热力、燃气及水生产和供应业	35	436	12.46
E	建筑业	35	322	9.2
F	批发和零售业	83	1029	12.40
G	交通运输、仓储和邮政业	42	415	9.88
H	住宿和餐饮业	10	209	20.9

续表

行业代码	行业名称	问询函数量（封）	问题总数（个）	平均问题数（个）
I	信息传输、软件和信息技术服务业	151	1624	10.75
J	金融业	19	203	10.68
K	房地产业	66	918	13.91
L	租赁和商务服务业	34	370	10.88
M	科学研究和技术服务业	12	175	14.58
N	水利、环境和公共设施管理业	14	159	11.36
P	教育业	1	24	24
Q	卫生和社会工作	5	73	14.6
R	文化、体育和娱乐业	34	368	10.82
S	综合	22	270	12.27

资料来源：国泰安数据库。

（3）地域分布统计

表 3-3 统计显示，收到重组问询函数量较多的省份分别是广东、浙江、江苏、北京和上海，分别收到 237 封、174 封、161 封、135 封和 114 封重组问询函，这与我国上市公司地域分布、经济发展活力的分布基本一致。

表 3-3 重组问询函地域分布情况

省份	问询函数量（封）	问题总数（个）	平均问题数（个）
广东	237	2812	11.86
浙江	174	2024	11.63
江苏	161	1764	10.95
北京	135	1430	10.59
上海	114	1244	10.91
山东	85	1002	11.78
四川	65	812	12.49
安徽	52	614	11.80
福建	52	612	11.76
湖北	46	542	11.78
湖南	44	630	14.31

续表

省份	问询函数量（封）	问题总数（个）	平均问题数（个）
辽宁	41	497	12.12
海南	33	398	12.06
河南	30	347	11.56
新疆	28	361	12.89
天津	26	254	9.76
河北	25	288	11.52
内蒙古	23	283	12.30
重庆	23	302	13.13
吉林	21	283	13.47
陕西	21	300	14.28
广西	18	221	12.27
江西	18	188	10.44
云南	18	209	11.61
山西	17	256	15.05
甘肃	16	227	14.18
黑龙江	13	185	14.23
宁夏	13	142	10.92
青海	12	151	12.58
贵州	8	109	13.625
西藏	5	42	8.4

资料来源：国泰安数据库。

3.5 社交媒体

3.5.1 证监会对社交媒体的监管

证监会颁布的《上市公司信息披露管理办法》《证券发行与承销管理办法》《关于加强上市公司互联网信息内容管理的通知》《证券期货投资者适当性管理办法》等文件，均对上市公司信息披露做了相关规定，这些规定同样适用于上市公司在社交媒体上的信息披露。

（1）证监会相关监管政策

《上市公司信息披露管理办法》是证监会为了规范上市公司及其他信息披露义务人的信息披露行为专门出台的政策，其中有针对媒体的具体规定。①证券及其衍生品种发生异常交易或者在媒体中出现的消息可能对公司证券及其衍生品种的交易产生重大影响时，上市公司应当及时向相关各方了解真实情况，必要时应当以书面方式问询。②上市公司需建立对外发布信息的申请、审核、发布流程，与投资者、证券服务机构、媒体等的信息沟通制度。③董事会秘书负责组织和协调公司信息披露事务，汇集上市公司应予披露的信息并报告董事会，持续关注媒体对公司的报道并主动求证报道的真实情况。④应当披露的信息依法披露前，相关信息已在媒体上传播或者公司证券及其衍生品种出现交易异常情况的，股东或者实际控制人应当及时、准确地向上市公司作出书面报告，并配合上市公司及时、准确地公告。⑤媒体应当客观、真实地报道涉及上市公司的情况，发挥舆论监督作用。

《证券发行与承销管理办法》规定了上市公司信息披露的相关要求和程序，其中的相关内容对社交媒体信息同样具有约束力，具体表现在以下方面。①上市公司在使用社交媒体平台进行信息披露时，应确保信息真实、准确、完整，并遵守信息披露的原则和要求。②上市公司使用社交媒体平台发布的信息应当与其在其他信息披露渠道上发布的信息保持一致。如果信息有变动或补充，应及时进行更新和公告。③上市公司在社交媒体平台上发布的信息应当易于理解和识别，不得使用虚假宣传、误导性言论或其他违法违规的表述。④上市公司应建立健全内部信息披露制度，明确信息披露的责任部门和人员，确保社交媒体信息披露符合相关规定。

《关于加强上市公司互联网信息内容管理的通知》旨在规范上市公司在互联网信息发布中的行为，并明确了违法违规行为的处理办法，其中涉及以下几个方面。①上市公司在互联网信息发布中应遵守法律法规和相关规定，确保发布的信息真实、准确、完整，并防止虚假宣传、误导性言论等违法违规行为。②上市公司应建立健全内部信息披露制度，明确信息披露的责任部门和人员，并加强对互联网信息发布活动的管理和监督。③上市公司应加强对信息发布人员的培训，提高其对法律法规和信息披露要求的认知水平，增强风险意识，避免违法违规行为的发生。④对于上市公司发布的虚假宣传、误导性言论等违法违规行为，证监会将依法采取监管措施，包括警示、罚款、停牌、撤销资格等，并可能对相关责任人进行处罚。

《证券期货投资者适当性管理办法》旨在保护投资者利益，规范投资者的行为，其中涉及以下几个方面。①投资者适当性评估：证券公司、期货公司和基金管理人在向客户提供投资咨询、推介或服务前，应进行投资者适当性评估，以了解客户的风险承受能力、投资经验和投资目标等情况，确保所提供的产品或服务与投资者的适当性匹配。②投资者教育和风险揭示：证券公司、期货公司和基金管理人应加强投资者教育工作，提高投资者的投资知识和风险意识，引导投资者理性投资；同时，应向投资者充分揭示产品的风险特征、投资策略、收益可能性和损失风险等重要信息。③禁止虚假宣传和误导性言论：证券公司、期货公司和基金管理人不得在社交媒体平台上发布虚假宣传、误导性言论或其他违法违规的信息，以确保投资者获得真实、准确、完整的信息。④风险警示和风险揭示：在社交媒体平台上发布投资建议或推介时，应明确标识出信息的性质和风险，提醒投资者注意风险，并注明个别意见不构成投资建议。⑤投资者权益保护：证券公司、期货公司和基金管理人应加强对投资者权益的保护，及时回应投资者的咨询和投诉，确保投资者合法权益得到维护。

（2）证监会行政处罚

随着证监会监管力度的加大，与非行政处罚相比，行政处罚监管所涉及问题较为严重，通常是监管层予以上市公司罚款、警告或市场禁入等措施，不仅能帮助投资者识别风险，也能威慑其他上市公司机会主义行为，产生行业溢出效应。故对上市公司的行政处罚类型进行分组描述性统计，据以分析监管层的行政处罚力度。结果见表3-4，上市公司行政处罚类型主要以批评和谴责为主，其中2022年达到峰值，批评和谴责次数分别达到1075次和655次，这也表明近年来监管层加大行政处罚力度，识别公司违法违规行为。

表 3-4　上市公司行政处罚类型情况

单位：次

处罚类型	2015年	2016年	2017年	2018年	2019年	2020年	2021年	2022年	总计
市场禁入	0	0	0	0	30	49	34	61	174
没收非法所得	0	0	0	0	0	0	0	0	0
警告	2	0	0	0	0	0	0	1	3
罚款	1	4	0	0	0	0	0	1	6
批评	347	419	526	774	927	972	1064	1075	6104
谴责	158	174	231	412	443	453	429	655	2955

资料来源：国泰安数据库。

(3) 证监会监管函

①上市公司监管函。监管函是证监会对上市公司违规行为进行认定或警示，其认定违规主体不仅仅包括上市公司，还包括上市公司董监高、控股股东、实际控制人、直接关联方等；违规事项主要以信息披露为主，也包括占用资产、内部交易、违规买卖股票等行为。因此，以上市公司监管函违规主体及违规事项进行分组描述性统计，结果如表 3-5 和表 3-6 所示。

表 3-5 结果表明，2015~2022 年监管函向上市公司、上市公司高管及上市公司股东发函呈逐年上升趋势，其中上市公司高管违规最为严重，2022 年高达 1084 封，累计达 6021 封监管函；上市公司直接关联方也是高违规的主体。这表明监管函主要针对上市公司董监高违规行为发出。表 3-6 结果表明，主要违规事项为信息披露相关，如虚构（虚假）、遗漏、推迟披露等，其中推迟披露最为严重，累计高达 4739 次，虚构（虚假）次之；此外，有少数与内部交易、未缴或少缴税款相关的违规事项的监管函。以上结果表明，监管函督促公司改善信息披露质量的治理作用，能够精准预防公司违规事项恶化和损害投资者利益。

表 3-5　上市公司监管函违规主体分布情况

单位：封

违规主体	2015年	2016年	2017年	2018年	2019年	2020年	2021年	2022年	总计
上市公司	60	83	80	143	181	199	200	245	1191

续表

违规主体	2015年	2016年	2017年	2018年	2019年	2020年	2021年	2022年	总计
上市公司高管	359	389	519	884	942	913	931	1084	6021
上市公司股东	58	82	80	112	164	153	109	173	931
上市公司第三方	10	13	23	21	37	36	18	12	170
上市公司直接关联方	33	28	25	48	92	91	92	97	506
上市公司股东高管	1	6	7	12	4	4	5	2	41
上市公司直接关联方高管	1	1	1	3	10	1	7	7	31

资料来源：国泰安数据库。

表3-6 上市公司监管函违规事项分布情况

单位：次

违规事项	2015年	2016年	2017年	2018年	2019年	2020年	2021年	2022年	总计
虚构（虚假）	193	215	456	607	680	577	709	871	4308
遗漏	151	202	295	350	346	454	401	676	2875
会计处理不当	0	29	50	50	24	66	39	23	281
披露不实	31	39	1	10	20	51	30	10	192
推迟披露	256	339	374	831	781	731	671	756	4739
占用公司资产	40	125	93	178	361	416	539	519	2271
内部交易	0	0	0	4	1	0	1	0	6
擅自改变资金用途	13	16	7	34	42	32	64	47	255
违规担保	33	14	28	134	409	275	262	310	1465
未缴或少缴税款	0	4	0	0	0	0	4	0	8

资料来源：国泰安数据库。

②中介机构监管函。中介机构作为资本市场运行的"看门人"，对监督上市公司行为发挥重要作用。但近年来，中介机构往往难以发挥独立监督作用，监管层的介入能够有效强化中介机构发挥监督效果。表3-7结果显示，中介机构违规事项当事人职务中注册会计师和资产评估师占主体，其中注册会计师累计达626次，表明注册会计师作为独立中介机构在把关公司信息披露过程中发挥至关重要的作用。

表 3-7 中介机构监管函违规事项当事人职务

单位：次

当事人职务	2017年	2018年	2019年	2020年	2021年	2022年	总计
注册会计师	13	29	71	133	141	239	626
资产评估师	4	2	25	30	22	33	116
律师	0	0	2	4	8	15	29
保荐人	0	0	2	6	0	2	10
顾问	2	0	3	5	12	6	28
董事长	0	0	0	0	0	2	2
负责人	0	2	10	9	12	17	50

资料来源：国泰安数据库。

（4）地方监管局监管函

为加强地方监管局的事中事后监管，各地方政府出台了相关管理办法，针对地方上市公司违规事件发出监管函。表3-8和表3-9分别为地方监管函违规主体和违规事项分布情况。表3-8结果显示，地方监管局发出监管函主要针对上市公司及其高管和股东。表3-9结果显示，地方监管局主要针对上市公司虚构（虚假）、遗漏、会计处理不当、推迟披露等违规事项发出监管函。以上结果表明，地方监管局能够有效识别上市公司信息披露违规行为和市场异常交易事项，从而对其进行有效监管。

表 3-8 地方监管函违规主体分布情况

单位：封

违规主体	2015年	2016年	2017年	2018年	2019年	2020年	2021年	2022年	总计
上市公司	212	196	206	222	341	396	411	462	2446
上市公司高管	62	82	219	282	494	717	906	994	3756
上市公司股东	23	27	87	90	155	195	208	224	1009
上市公司第三方	4	0	18	35	176	312	323	353	1221
上市公司直接关联方	26	11	36	31	110	54	75	69	412
上市公司股东高管	4	0	3	1	12	4	6	11	41
上市公司直接关联方高管	5	1	6	2	12	20	19	11	76

资料来源：国泰安数据库。

表 3-9 地方监管函违规事项分布情况

单位：次

违规事项	2015年	2016年	2017年	2018年	2019年	2020年	2021年	2022年	总计
虚构（虚假）	91	49	119	257	376	444	665	736	2737
遗漏	117	92	171	168	409	521	656	616	2750
会计处理不当	57	56	80	85	222	308	313	234	1355
披露不实	33	43	40	14	16	28	19	0	193
推迟披露	63	101	170	216	438	638	713	747	3086
占用公司资产	13	12	18	22	139	167	247	82	700
内部交易	0	0	0	1	0	0	2	2	5
擅自改变资金用途	9	9	19	20	29	21	21	46	174
违规担保	7	7	11	27	107	148	131	39	477
违规买卖股票	35	31	70	53	113	130	250	293	975
未缴或少缴税款	1	0	1	0	2	0	5	0	9
偷税	0	0	0	0	0	0	0	0	0
虚开发票	0	1	0	0	1	0	0	0	2

资料来源：国泰安数据库。

3.5.2 交易所对社交媒体的监管

互联网社交媒体的迅猛发展，彻底颠覆了资本市场原有信息生态环境，也对监管层如何更好适应媒体发展提出新挑战。为更好地适应媒体舆情，交易所一线监管应逐步呈现多元化，切实关注媒体舆情监控，发挥监管的外部治理作用。根据《证券法》、《股票上市规则》及《上市公司信息披露管理办法》等相关规定，视情节的严重程度，监管层可根据实际情况发出问询函、关注函或监管函。其中，问询函是依据上市公司披露的相关问题进行提问，并要求其在规定期限内答复，作为补充信息披露的手段，提升上市公司信息披露质量；关注函则是常规的提醒手段，表示上市公司某些方面的问题被监管层关注；而监管函作为交易所的一种行政处罚措施，主要是针对上市公司违反相关信息披露规定而发出的，并给予不同程度的处罚，如罚款或禁止进入等。不同函件类型在发挥社交媒体外部治理作用时存在差异，故本章将分别从问询函和关注函两个方面探讨其治理作用。

(1) 问询函数据统计

上海证券交易所和深圳证券交易所针对上市公司披露的年度财务报告、并购重组方案、关联交易、股价异常波动等问题发出问询函,要求上市公司在规定时间内回函答复并进行充分说明。故下文将从年报问询函、重组问询函、其他问询函方面进行统计,据以深入掌握问询函分布情况和涉及问题分布情况。

① 年报问询函。已有研究表明所有函件类型中,年报问询函占36%左右(陈运森,2019)。主要是交易所对上市公司会计处理、企业经营、合法合规性及媒体报道等问题进行问询式提问,不同上市公司所涉及的问题内容和回函时间存在显著差异。因此,本章将对年报问询函的回复数量、回复天数、超期回复数量及问询函涉及关键问题进行描述性统计。

借鉴刘柏和卢家锐(2019)的方法,第一,通过 Python 软件抓取每家上市公司的年报问询函,并将年报问询函内容转换成文本格式;第二,删除空格、换行符等没有实际意义的符号,计算总字符数;第三,按关键词统计每封年报问询函是否涉及关键问题以及词频数量;第四,手工处理获得交易所问询日期及公司回函日期,加工得到回复天数和超期回复数量等字段。

年报问询函发函及回复情况的描述性统计结果见表3-10。结果表明,从2014年开通信息披露直通车后,2015年至2020年年报问询函发函数量呈现逐年上升趋势,2020年达到峰值,高达785次;平均问询字数由1188字增至3254字。以上数据说明近年来问询函总体发函数量较多,且问询函平均字数较多,表明监管层不断加大信息监管力度,发挥治理作用。与之相对应,年报问询函超期回复数量整体也呈上升趋势。

表3-10 年报问询函发函及回复情况

发函及回复情况	2015年	2016年	2017年	2018年	2019年	2020年	2021年	2022年	合计
发函数量(封)	139	271	374	520	717	785	587	552	3945
平均问询字数(字)	1188	1869	2224	3007	3022	3254	3213	3111	2888
平均回复天数(天)	19	11	15	17	20	18	25	20	18
超期回复数量(封)	65	78	145	302	312	254	380	306	1842

续表

发函及回复情况	2015年	2016年	2017年	2018年	2019年	2020年	2021年	2022年	合计
未超期回复数量(封)	31	83	74	148	118	263	177	186	1080

资料来源：国泰安数据库。

上海证券交易所监管部总结了我国年报问询函关注的几大热点问题，主要针对商誉、费用、收入、利润等问题进行问询。在问询函中提及次数较多的问题，体现了监管层关注的同时也反映了上市公司信息披露质量的核心。本章将按照年报问询函关键词进行统计，结果如表3-11所示，首先，媒体和网络问题被问询的次数整体呈现上升趋势，表明监管层适应社交媒体发展时代，逐渐重视媒体对上市公司的影响；其次，会计问题出现次数最多，2020年高达6938次，合计达32466次；此外，商誉、费用、利润与收入等问题也备受关注。上述问题同样也是中小投资者关注的热点，以上结果表明监管层根据中小投资者需求进行提问，回应中小投资者关切。

表3-11 年报问询函关键词分布情况

单位：次

关键词	2015年	2016年	2017年	2018年	2019年	2020年	2021年	2022年	合计
媒体	2	11	18	55	35	63	24	23	231
网络	7	34	44	121	188	176	122	142	834
商誉	24	105	256	793	1984	1969	1411	1090	7632
费用	201	482	935	1502	2276	2058	1497	1440	10391
管理层	7	30	36	91	88	114	58	65	489
损失	40	177	256	502	762	904	820	643	4104
公允	33	126	229	395	545	583	555	589	3055
真实	16	42	75	210	389	558	586	643	2519
利润	162	794	1578	2893	3484	3191	2572	2393	17067
准确	44	88	112	242	475	556	590	626	2733
财务顾问	6	19	47	78	73	40	19	24	306
合法	6	5	21	62	51	30	44	39	258
盈利	35	163	302	521	569	542	313	258	2703

续表

关键词	2015年	2016年	2017年	2018年	2019年	2020年	2021年	2022年	合计
收入	393	1475	2286	4129	5264	5528	5584	5114	29773
资产评估师	0	0	2	0	2	0	0	3	7
会计师	97	501	1218	2409	3556	4462	4167	3400	19810
审计	109	310	473	1171	1736	2273	2158	2478	10708
会计	355	1058	2301	4237	5864	6938	6350	5363	32466

资料来源：国泰安数据库。

② 重组问询函。不同于年报问询函，重组问询函是交易所针对重组报告书具体交易事项的提问，针对性更强，更能为投资者决策提供有效参考。按照上述处理年报问询函的方式，对重组问询函的发函及回复情况以及关键词分布情况进行描述性统计，结果如表3-12和表3-13所示。表3-12结果表明，2014~2022年重组问询函发函数量呈先上升后下降的趋势，其中2016年达到峰值，达530封，此后呈现下降趋势；超期回复数量也呈先上升后下降的趋势；2014~2020年重组问询函的平均问询字数由1421字增至4041字，这意味着监管层不断加大对重大资产重组事件的监管力度，发挥监管作用。

表3-12 重组问询函发函及回复情况

发函及回复情况	2014年	2015年	2016年	2017年	2018年	2019年	2020年	2021年	2022年	合计
发函数量（封）	5	382	530	362	325	236	203	149	116	2308
超期回复数量（封）	1	111	177	126	180	68	35	90	25	813
未超期回复数量（封）	1	142	149	70	57	35	32	30	27	543
平均问询字数（字）	1421	1865	2502	2623	2822	2765	4041	3602	3708	25350
平均回复天数（天）	8	6	13	15	17	14	14	49	13	16

资料来源：国泰安数据库。

重组问询函的关键词分布情况见表3-13。结果表明，重组问询函中提及媒体和网络等问题数量呈先上升后下降的状态，其中2016年涉及媒体和网络词频分别出现146次及352次，与年报问询函相似，表明重组问询函也逐步关注媒体舆情的发展。与之相对应，重组问询函中财务顾问、商誉、收入、利润、会计、网络等关键词出现频率较高。

表 3-13　重组问询函关键词分布情况

单位：次

关键词	2014年	2015年	2016年	2017年	2018年	2019年	2020年	2021年	2022年	合计
媒体	0	42	146	107	125	7	11	12	3	453
网络	0	139	352	197	154	41	86	30	12	1011
商誉	1	102	342	278	253	140	158	96	71	1441
费用	2	262	513	522	431	278	534	307	246	3095
管理层	3	64	140	96	64	30	34	28	15	474
损失	2	75	110	104	77	76	93	56	40	633
公允	2	176	303	199	188	141	202	133	132	1476
真实	1	40	102	104	100	61	108	56	71	643
利润	13	1162	2288	1698	1255	995	724	581	496	9212
准确	1	31	95	58	47	41	90	72	48	483
财务顾问	18	2268	4424	3143	2898	1588	1828	1336	907	18410
合法	0	64	84	90	121	75	55	59	48	596
盈利	1	471	814	454	459	293	275	195	165	3127
收入	14	998	1880	1608	1221	930	1195	819	698	9363
资产评估师	0	18	30	31	6	3	0	1	3	92
会计师	9	360	727	803	661	445	516	354	271	4146
审计	3	192	313	216	237	166	222	128	112	1589
会计	12	656	1296	1279	1010	688	813	568	422	6744

资料来源：国泰安数据库。

③ 其他问询函。其他问询函是除年报问询函与重组问询函外，监管层关于IPO、股票异常波动、其他事项的问询函。按照上述处理年报问询函的方式，对其他问询函的发函、回复以及关键词分布情况进行描述性统计，结果如表3-14和表3-15所示。其他问询函的发函数量呈先升后降趋势，2019年发函404封，随后三年有所下降；平均问询字数整体有所升高，超期回复现象较为严重，在2021年179封问询函中，超期回

复高达119封，占比约为66%；平均回复天数整体增加，2021年平均回复天数高达75天。

表 3-14　其他问询函发函及回复情况

发函及回复情况	2015年	2016年	2017年	2018年	2019年	2020年	2021年	2022年	合计
发函数量（封）	13	40	234	264	404	277	179	154	1565
超期回复数量（封）	3	8	77	96	144	44	119	22	513
未超期回复数量（封）	4	22	86	115	84	103	27	13	454
平均问询字数（字）	1024	996	925	1027	1186	1305	1338	1296	1163
平均回复天数（天）	7	12	8	7	13	18	75	16	21

资料来源：国泰安数据库。

其他问询函的关键词分布情况见表 3-15。结果表明，其他问询函涉及的媒体和网络相关问题呈先上升后下降趋势，其中 2017 年分别出现 127 次及 44 次，表明除年报问询函和重组问询函外，其他问询函也逐步开始关注媒体和网络问题，监管层逐步适应社交媒体时代更好地发挥监管治理功能。除此之外，其他问询函中利润、收入、会计师、会计、审计等关键词出现频率较高，其关键词分布情况与年报问询函、重组问询函一致。

表 3-15　其他问询函关键词分布情况

单位：次

关键词	2015年	2016年	2017年	2018年	2019年	2020年	2021年	2022年	合计
媒体	9	14	127	91	43	48	13	15	360
网络	18	1	44	43	85	25	12	7	235
商誉	0	2	5	45	173	111	110	40	486
费用	4	6	32	56	131	78	75	73	455
管理层	3	3	14	13	25	23	13	20	114
损失	0	2	4	15	67	56	29	41	214
公允	4	7	29	50	123	85	58	30	386

续表

关键词	2015年	2016年	2017年	2018年	2019年	2020年	2021年	2022年	合计
真实	1	5	35	37	87	74	60	54	353
利润	16	57	228	356	497	329	236	171	1890
准确	1	2	33	30	54	76	59	60	315
财务顾问	18	42	35	64	72	54	35	23	343
合法	0	6	15	16	38	38	18	47	178
盈利	4	13	50	76	129	92	44	34	442
收入	21	33	142	191	362	217	296	321	1583
资产评估师	0	0	0	0	0	1	0	1	2
会计师	4	18	56	94	199	250	175	162	958
审计	2	19	56	168	234	257	176	231	1143
会计	15	20	128	177	396	462	287	254	1739

资料来源：国泰安数据库。

(2) 关注函数据统计

关注函是交易所对上市公司参与资本市场活动过程中发现的问题表示关注，希望上市公司就相关问题作出答复。本章将继续对关注函的发函、回复情况以及关键词问题进行描述性统计。具体做法如下：第一，通过Python软件抓取每家上市公司的关注函，并将关注函内容转换成文本格式；第二，删除空格、换行符等没有实际意义的符号，计算总字符数；第三，按关键词统计每封关注函是否涉及关键问题以及词频数量；第四，手工处理获得交易所问询日期及上市公司回函日期，加工得到回复天数和超期回复数量等字段。

描述性统计结果如表3-16和表3-17所示。表3-16结果显示，2015年至2022年，关注函发函数量整体呈上升趋势，2021年达到峰值，发函达到1127封；关注函平均问询字数由790字增至1306字；超期回复数量由29封增至399封。以上结果表明，近年来关注函发函数量较多、涉及内容较为丰富，监管效果较好，但也出现了严重的超期回复现象。

表 3-16 关注函发函及回复情况

发函及回复情况	2015年	2016年	2017年	2018年	2019年	2020年	2021年	2022年	合计
发函数量（封）	88	460	408	804	706	1118	1127	918	5629
超期回复数量（封）	29	124	148	337	264	386	418	399	2105
未超期回复数量（封）	17	161	147	251	214	449	605	441	2285
平均问询字数（字）	790	876	1050	991	1121	1226	1181	1306	1135
平均回复天数（天）	5	7	9	10	11	8	9	9	9

资料来源：国泰安数据库。

表 3-17 结果显示，关注函从 2015 年开始也逐步涉及媒体和网络等问题，且近年来整体呈上升趋势，表明监管层逐步开始关注媒体和网络问题对公司带来的影响；此外，真实、利润、准确、收入、审计、会计出现频率较高，与其他函件关键词分布情况略有不同，"真实"一词累计频率高达 4451 次，表明监管层着力改善信息披露质量，确保信息披露的真实性。

表 3-17 关注函关键词分布情况

单位：次

关键词	2015年	2016年	2017年	2018年	2019年	2020年	2021年	2022年	合计
媒体	9	87	63	175	124	206	196	179	1039
网络	3	41	49	123	111	181	156	191	855
商誉	0	6	33	67	408	619	610	301	2044
费用	6	42	26	66	76	185	222	195	818
管理层	1	12	13	32	37	79	81	79	334
损失	5	11	35	57	101	140	170	193	712
公允	2	29	31	62	96	185	250	238	893
真实	68	278	329	512	426	713	1083	1042	4451
利润	37	447	350	570	734	1119	1275	1235	5767
准确	68	256	285	502	393	742	1101	1059	4406
财务顾问	10	96	194	183	85	131	87	106	892
合法	37	128	126	175	138	175	182	172	1133

续表

关键词	2015 年	2016 年	2017 年	2018 年	2019 年	2020 年	2021 年	2022 年	合计
盈利	7	90	80	98	124	180	203	161	943
收入	2	98	188	216	276	736	951	1342	3809
资产评估师	0	0	1	1	0	0	0	0	2
会计师	7	114	215	303	326	827	563	872	3227
审计	14	176	244	366	308	1172	916	1273	4469
会计	28	237	444	603	756	1520	1159	1485	6232

资料来源：国泰安数据库。

3.5.3 并购事件的社交媒体讨论统计

关于并购事件的社交媒体讨论，为消除其他事件的噪声影响，保留并购公告日前后 3 天的股吧讨论数据进行统计分析。按照证监会《上市公司行业分类指引》（2012 年修订）进行统计，表 3-18 结果显示，公司并购交易股吧讨论最多的行业是信息传输、软件和信息技术服务业（I），帖子总量高达 9373 条；第二是计算机、通信和其他电子设备制造业（C39），帖子总量高达 6896 条。

表 3-18　股吧并购相关帖子行业分布情况

单位：条

行业代码	行业名称	讨论总量	积极讨论数量	消极讨论数量
A	农、林、牧、渔业	549	253	64
B	采矿业	1937	712	268
C13	农副食品加工业	728	279	104
C14	食品制造业	1399	414	328
C15	酒、饮料和精制茶制造业	274	109	44
C17	纺织业	345	124	53
C18	纺织服装、服饰业	253	109	25
C19	皮革、毛皮、羽毛及其制品和制鞋业	7	2	0
C20	木材加工及木、竹、藤、棕、草制品业	124	49	11
C21	家具制造业	26	12	7

续表

行业代码	行业名称	讨论总量	积极讨论数量	消极讨论数量
C22	造纸及纸制品业	30	6	6
C23	印刷和记录媒介复制业	372	183	9
C24	文教、工美、体育和娱乐用品制造业	247	101	46
C25	石油加工、炼焦及核燃料加工业	31	19	0
C26	化学原料及化学制品制造业	2829	972	426
C27	医药制造业	3142	1014	539
C28	化学纤维制造业	329	116	51
C29	橡胶和塑料制品业	624	209	75
C30	非金属矿物制品业	1200	419	215
C31	黑色金属冶炼及压延加工业	521	199	62
C32	有色金属冶炼及压延加工业	1469	497	209
C33	金属制品业	201	83	17
C34	通用设备制造业	866	347	123
C35	专用设备制造业	3429	1319	438
C36	汽车制造业	2376	793	371
C37	铁路、船舶、航空航天和其他运输设备制造业	2510	906	478
C38	电气机械及器材制造业	3667	1390	535
C39	计算机、通信和其他电子设备制造业	6896	2513	993
C40	仪器仪表制造业	245	109	30
C41	其他制造业	68	22	11
C42	废弃资源综合利用业	145	44	46
D	电力、热力、燃气及水生产和供应业	2489	908	400
E	建筑业	1738	671	277
F	批发和零售业	3697	1403	520
G	交通运输、仓储和邮政业	2185	787	358
H	住宿和餐饮业	224	88	38
I	信息传输、软件和信息技术服务业	9373	3516	1278
J	金融业	2795	1055	365
K	房地产业	2765	1075	378
L	租赁和商务服务业	1689	770	190
M	科学研究和技术服务业	769	278	136

续表

行业代码	行业名称	讨论总量	积极讨论数量	消极讨论数量
N	水利、环境和公共设施管理业	696	262	81
P	教育	323	114	42
Q	卫生和社会工作	561	206	91
R	文化、体育和娱乐业	2383	883	330
S	综合	1002	317	254

资料来源：国泰安数据库。

表3-19统计显示，公司并购交易股吧讨论较多的省份分别是北京、广东、上海、浙江、江苏，这与我国上市公司地域分布、经济发展活力的分布基本相似。

表3-19 股吧并购相关帖子地域分布情况

单位：条

省份	讨论总量	积极讨论数量	消极讨论数量
安徽	1905	633	334
北京	11166	4116	1802
福建	2059	766	314
甘肃	457	151	75
广东	9086	3205	1341
广西	881	345	140
贵州	427	158	64
海南	832	291	134
河北	1208	452	191
河南	587	207	57
黑龙江	733	229	149
湖北	1442	567	197
湖南	2392	902	337
吉林	491	158	69
江苏	5351	2237	564
江西	400	157	55
辽宁	1427	548	201

续表

省份	讨论总量	积极讨论数量	消极讨论数量
内蒙古	609	250	96
宁夏	396	105	104
青海	988	295	214
山东	3566	1273	542
山西	472	159	85
陕西	1159	479	189
上海	6812	2495	1086
四川	4181	1472	645
天津	1257	491	118
西藏	172	62	21
新疆	835	345	109
云南	721	285	77
浙江	6673	2546	890
重庆	843	278	122

资料来源：国泰安数据库。

4 社交媒体关注与并购公告市场反应

并购是资本市场助力上市公司实施转型升级、践行供给侧结构性改革和发展实体经济的重要方式，但以重组之名、行掠夺之实等侵害中小投资者利益的行为大量存在。现有学者围绕并购公告市场反应的研究，主要从代理理论的财富效应（吴超鹏等，2008）和信息不对称理论（陈仕华等，2013）的信息效应出发，从信息提供者视角研究并购公告市场反应，鲜有从信息需求方和决策主体——投资者视角探讨其自身行为对并购公告市场反应的影响。

随着新一代信息技术和互联网运用的发展，资本市场已进入大数据时代，投资者获取信息的方式更加多样和便捷，依赖于社交媒体信息进行股票买卖决策成为投资者的选择。投资者在进行资产组合决策时需要面对海量的信息，在不同风险资产之间配置资本，这实际上也是投资者关注的配置过程。随着行为金融理论的发展，投资者社交媒体关注对市场定价的影响引起了学者的关注。投资者社交媒体关注的研究有以下两种理论：一是有限关注理论，由于人的注意力和处理信息能力有限，投资者只能选择性地关注和理解部分信息，这使得投资者关注成为一种稀缺的认知资源（Kahneman，1973），投资者更倾向于买入其关注多的公司（Lee，1992；Hirshleifer et al.，2008），从而对股票收益产生正向影响；二是信息传递理论，公开信息披露能够激励投资者关注并获取私有信息（McNichols and Trueman，1994；冯旭南，2014），并将获取到的信息融入市场定价，市场反应的方向取决于信息的内容，投资者社交媒体关注未必会对市场反应产生正向影响。

现有研究基于 IPO（Da et al.，2011）、盈余公告（Drake et al.，2012）、业绩预告（冯旭南，2014）等公司事件证实了投资者社交媒体关注的存在性及其对市场定价的作用，但这些研究不能简单推及至投资者社交媒体关注对并购公告市场反应的影响。一方面，并购公告市场反应不仅包含了市场定价，而且反映了投资者通过整合上市公司既有公告、交易方案等信息对并购未来价值创造的综合评估；另一方面，面对复杂的信息环境，投资者不单纯依赖公司公告中获得的信息，还会通过股吧论坛等社交媒体获取信息，进行综合判断。在互联网技术迅猛发展情景下，以股吧论坛的信息渠道作为投资者关注信号，从信息的需求方视角研究投资者社交媒体关注对并购公告市场反应的影响是通过注意力效应还是通过信息传递效应，更具理论意义和现实意义。

基于此，本章选取2015~2018年A股上市公司重大资产重组交易为研究样本，从并购事件角度验证了投资者社交媒体关注对资本市场定价的影响作用及机制。本章的理论贡献主要体现在以下两个方面。第一，从投资者行为切入，研究投资者社交媒体关注对并购公告市场反应的影响，拓展了行为金融领域的研究范畴。利用股吧论坛数据，在行为金融理论框架下，研究投资者社交媒体关注对并购公告市场反应的影响，基于我国资本市场背景和并购事件拓展了行为金融学在市场定价领域的研究范畴。第二，从信息需求方投资者视角研究并购公告市场反应，拓展了现有并购公告市场反应影响因素的研究框架。现有并购公告市场反应的相关研究，主要基于代理理论的财富效应和信息不对称理论的信息效应，从公司行为层面研究并购短期市场收益的影响因素，缺少从信息需求方和决策主体——投资者的视角探讨其行为对并购公告市场反应的影响，导致现有并购研究所得到的理论不够全面。正如Schijven和Hitt（2012）指出未来研究应关注资本市场反应中的投资者行为机制"黑箱"，本章对此进行了回应，揭示了从投资者社交媒体关注到市场反应的行为机制，为深入理解投资者对包括并购在内的复杂战略活动的市场反应提供理论参考。

4.1 理论分析与研究假设

4.1.1 注意力效应假说

关注是一种稀缺的认知资源（Kahneman，1973），人们对外界信息的输入会进行有意识的处理，个体存在决定各种认知资源分配和各个处理阶段的规则和策略，对一事物的注意必然以牺牲对另一事物的注意为代价。面对经济社会丰富的信息，大脑容量和信息处理能力有限，个体对于事物的注意力和处理能力愈加稀缺和重要（Simon，1971；Hirshleifer and Teoh，2003）。在资本市场中，由于人的注意力和处理能力有限，面对海量的资本市场信息，认知能力不能支撑投资者在短时间内完全认知和理解所有市场信息，不能考虑到所有投资的可能，投资者有选择性地获取和理解部分信息，同时忽略其他信息。投资者无法关注到证券市场上每一家上市公司的所有信息，而是倾向于搜集他们较为熟悉的上市公司的信息。

注意力引致价格上涨假说是 Barber 和 Odean 在 2008 年提出的。该假说认为，投资者在考虑买入哪些股票时可选择的股票众多，而难以对众多股票逐一进行研究，由此导致投资者买入决策受到注意力的支配。相比于买入决策，投资者进行卖出决策时通常只会卖出自己已经持有的股票，因而卖出决策不会受到注意力约束。投资者是引起关注的公司的净买方，即投资者注意力引致随后的价格上涨。很多学者对该假说推论进行了实证检验，Da 等（2011）提出以谷歌搜索量作为投资者关注的衡量指标，验证了投资者关注与异常换手率、媒体报道、分析师追踪等传统关注度指标具有显著正向关系，并证实了投资者关注与短期股价的正向关系。Vozlyublennaia（2014）以市场指数的谷歌搜索数量衡量投资者对于市场整体的关注度，运用 Granger 检验和 VAR 回归说明关注度对未来收益有短暂正向影响。Hou 等（2006）认为投资者关注与投资者认知偏差（外推预期和过于自信）共同作用导致股价过度反应，产生价格动量。张继德等（2014）研究发现普通投资者高关注度将伴随高市场流动性，注意力会驱动投资者进行交易，对信息的当期关注会对股票收益产生正向影响，但这一现象将在一段时间后发生反转。

基于注意力效应的逻辑，社交媒体关注会导致异常净买入的倾向（Lee，1992；Hirshleifer et al.，2008），社交媒体关注的增加将导致单边向上的并购公告市场反应，但股价会在事件后出现反转，据此提出以下假设。

H4-1a：投资者社交媒体关注对并购公告市场反应具有显著的正向影响，但在事件后出现短期反转。

4.1.2 信息传递假说

基于信息效应的逻辑，社交媒体关注的增加可能不会导致更正向的并购公告市场反应，市场反应的方向取决于信息的性质。由于公开信息披露能够激励投资者获取私有信息（McNichols and Trueman，1994；冯旭南，2014），在并购信息披露的刺激下，投资者去股吧寻找并讨论相关股票的信息。而投资者去股吧讨论交流有关股票的信息不仅反映了投资者的注意力，还可能表明投资者对该股票的信息需求。在公司事件的信息需求刺激下，投资者会花费精力从社交媒体中搜寻信息，从而促进信息融入市场定价（Drake et al.，2012），由此产生投资者关注的信息效应。基于信息效应的逻辑，在信息需求激励下，投资者社交媒体关注促进了信息融入并购公告市场定价，市场定价的方向取决于信息的性质。因此，投资者股吧讨论的增加可能不会导致更加正向的并购公告市场反应，据此提出以下假设：

H4-1b：投资者社交媒体关注对并购公告市场反应没有显著的正向影响，且在事件后未出现短期反转。

4.2 研究设计

4.2.1 样本与数据

本章选取 2015~2018 年 A 股上市公司重大资产重组交易为研究样本，重大资产重组数据来源于 Wind 数据库，在此基础上，从巨潮资讯网手工搜集了上市公司并购重组报告书，加工了并购溢价等字段。股吧讨论数据来自东方新财富股吧网（http://CAPV.eastmoney.com/），其他数据来源于 CSMAR 数据库。

选取重大资产重组是出于如下方面的考虑。第一，重大资产重组是资本市场理论与实践中需要关注的重点问题。近年来，中国上市公司重大资产重组事件数量逐渐增多，金额逐渐增大，而重大资产重组交易规模较大对上市公司经营与发展具有重大影响（陈泽艺等，2017）。第二，基于重大资产重组的研究具有一定的制度参考价值。重大资产重组因其影响力之大而受到专门的法律制度约束,因而与选取其他类型并购重组事件相比,选取重大资产重组为研究样本得到的结论更能够为并购重组领域的制度设计与执行提供参考价值。第三,重大资产重组的样本选取更适合本章的研究问题。与其他并购重组事件相比,重大资产重组市场影响力更大,对投资者关注刺激作用更明显,因而为研究投资者关注对资本市场反应的影响问题提供了机遇。第四,一般而言,重大资产重组事件涉及上市公司发布股票停牌公告、上市公司发布并购公告、监管层对存在并购风险的交易发出问询函、上市公司回函、上市公司发布股票复牌公告等一系列事件。其中,自上市公司发布股票停牌公告日至上市公司发布股票复牌公告日,市场对上市公司的股票不进行交易,而投资者却可以利用社交媒体获取信息。由于并购公告的发布以及交易所的监管问询均发生在上市公司股票停牌期间,投资者社交媒体关注、监管问询对并购公告市场反应的影响会被综合体现在上市公司股票复牌首日的股价变动中。综上所述,这一特殊的制度设计能够将投资者社交媒体关注从市场交易因素中分离出来以便于因果推论。

为避免异常值的影响,本章进行了如下数据处理:①以公司代码、交易时间和标的名称为标准,将2015~2018年的重组问询函和重大资产重组交易进行匹配,并下载对应的并购重组报告书,共得到1413个样本;②剔除金融类上市公司的样本;③删除ST上市公司;④删除变量缺失的样本;⑤对所有连续型变量进行前后端1%水平的极值处理。经过上述处理后,共得到987个样本。

4.2.2 模型与变量

为检验H4-1a和H4-1b,探究投资者社交媒体关注对并购公告市场反应的影响,本章构建模型(4-1)进行多元回归分析。

$$CAR_{i,t} = \alpha_0 + \alpha_1 CAPV_{i,t} + \alpha_2 Cash_{i,t} + \alpha_3 Stock_{i,t} + \alpha_4 Premium_{i,t}$$
$$+ \alpha_5 Diversifying_{i,t} + \alpha_6 Relative_{i,t} + \alpha_7 Size_{i,t-1} + \alpha_8 Lev_{i,t-1} + \alpha_9 ROA_{i,t-1} \quad (4-1)$$
$$+ \alpha_{10} Growth_{i,t-1} + \alpha_{11} State_{i,t-1} + \sum Year + \sum Ind + \varepsilon_{i,t}$$

其中,α_0为截距项,$\varepsilon_{i,t}$为误差项。CAR、CAPV与并购交易特征变量的观测时点处于并购公告当年,即在第t年,而公司特征变量则取并购公告日前最近一个会计年度，即第 $t-1$ 年数据。

(1) 被解释变量

并购首次公告市场反应（CAR）。将股票复牌交易首日设定为并购首次公告市场反应的事件日，即第 0 日。参照 Goodman 等（2014）的研究，采用并购首次公告日 [0，2]、[0，5] 窗口期计算超额累计收益率（CAR）。

借鉴 Goodman 等（2014）、潘红波等（2008）、陈仕华等（2013）的研究，本章使用常规的市场模型法计算超额累计收益率，具体计算过程如下：

$$R_{i,t} = \alpha_i + \beta_i R_{m,t} + \varepsilon_{i,t} \quad (4-2)$$

首先，根据市场模型（4-2）来估算 i 公司的 beta 值（β_i），其中 $R_{m,t}$ 为考虑现金红利再投资的日市场收益率，$R_{i,t}$ 为日个股收益率。借鉴 Goodman 等（2014）的普遍做法，将市场模型（4-2）参数计算的估计期选择为并购事件首次公告日前 270 个交易日至前 21 个交易日，得到 α_i 和 β_i 的 OLS 估计量（$\hat{\alpha}_i$、$\hat{\beta}_i$），通过 $\hat{\alpha}_i$、$\hat{\beta}_i$ 能够计算出个股的估计收益率（$\hat{\alpha}_i + \hat{\beta}_i R_{m,t}$），即假定没有该并购事件发生情况下股价的预期收益。

$$AR_{i,t} = R_{i,t} - (\hat{\alpha}_i + \hat{\beta}_i R_{m,t}) \quad (4-3)$$

如模型（4-3）所示，日个股收益率（$R_{i,t}$）与基于 OLS 估计量的估计收益率（$\hat{\alpha}_i + \hat{\beta}_i R_{m,t}$）的差值即为个股超额收益率（$AR$）。如模型（4-4）所示，将事件窗口期 [$m$，$n$] 内的个股超额收益率（$AR$）进行累加后即得到事件窗口期内的超额累计收益率（$CAR$）。为最大程度上消除其他事项的影响，本章采用并购首次公告日 [0，2]、[0，5] 窗口期计算超额累计收益率（CAR）。

$$CAR_{i,t}[m,n] = \sum_{m}^{n} AR_{i,t} \quad (4-4)$$

(2) 解释变量

投资者股吧讨论（$CAPV$）。参照施荣盛（2012）的研究，本章选取 [-1，1] 时间窗口的超额累计发帖量（$CAPV$）进行度量，具体计算方法如下：

$$APV_{i,t} = \ln[PV_{i,t} - \text{Med}(PV_{i,t-60}, PV_{i,t-59}, \cdots, PV_{i,t-1})] \quad (4-5)$$

如模型（4-5）所示，用股票 i 在第 t 日的发帖量减去前 60 日发帖量的中位数，然后取自然对数得到股票 i 在第 t 日的超额发帖量（$APV_{i,t}$）。之后将事件窗口期 $[m,n]$ 内的超额发帖量（$APV_{i,t}$）进行累加得到超额累计发帖量（$CAPV$），见模型 4-6。

$$CAPV_{i,t}[m,n] = \sum_{m}^{n} APV_{i,t} \quad (4-6)$$

（3）控制变量

参考 Schijven 和 Hitt（2012）、Goodman 等（2014）以及王艳和李善民（2017）有关并购公告市场反应的研究，控制了现金对价并购（Cash）、股权对价并购（Stock）、并购溢价（Premium）、多元化并购（Diversifying）、并购相对规模（Relative）、公司规模（Size）、资产负债率（Lev）、总资产收益率（ROA）、成长性（Growth）、产权性质（State）。另外，本章还纳入了年度（Year）与行业（Ind）虚拟变量。具体变量定义见表 4-1。

表 4-1 变量定义

变量名称	变量符号	变量定义
并购首次公告市场反应	CAR	并购首日公告日窗口期内超额累计收益率
投资者股吧讨论	CAPV	事件 [-1, 1] 窗口期的超额累计发帖量
现金对价并购	Cash	仅以现金作为支付对价取 1，否则取 0
股权对价并购	Stock	仅以股权作为支付对价取 1，否则取 0
并购溢价	Premium	并购交易金额/标的净资产账面价值-1
多元化并购	Diversifying	多元化并购取 1，否则取 0
并购相对规模	Relative	并购交易金额/总资产
公司规模	Size	总资产的自然对数
资产负债率	Lev	总负债与总资产的比值
总资产收益率	ROA	净利润与总资产的比值
成长性	Growth	营业收入增长率
产权性质	State	国有取 1，非国有取 0
年度	Year	年度虚拟变量
行业	Ind	行业虚拟变量

4.3 描述性统计分析

表4-2描述性统计结果显示，$CAR[0,2]$、$CAR[0,5]$ 的均值分别为0.046和0.062，说明在我国并购公告普遍具有较为正向的市场反应。$CAPV$ 的均值为1.568，标准差为0.898，说明投资者股吧讨论情况差异较大。

表4-2 描述性统计

变量	样本量	均值	标准差	中位数	最小值	最大值
$CAR[0,2]$	987	0.046	0.191	0.037	−0.341	0.355
$CAR[0,5]$	987	0.062	0.281	0.02	−0.566	0.637
$CAPV$	987	1.568	0.898	1.679	−1	3
$Cash$	987	0.299	0.458	0	0	1
$Stock$	987	0.221	0.415	0	0	1
$Premium$	987	7.251	17.439	2.702	−1	150.209
$Diversifying$	987	0.197	0.398	0	0	1
$Relative$	987	1.31	2.867	0.509	0.005	22.246
$Size$	987	21.793	1.203	21.657	19.118	25.389
Lev	987	0.442	0.225	0.416	0.052	0.984
ROA	987	0.016	0.074	0.016	−0.246	0.267
$Growth$	987	0.197	0.618	0.079	−0.72	4.33
$State$	987	0.243	0.429	0	0	1

按照 $CAPV$ 中位数进行分组，将样本分为低 $CAPV$ 组和高 $CAPV$ 组进行描述性统计，并对两组样本的均值和中位数分别进行组间差异检验。表4-3结果显示，高 $CAPV$ 组 $CAR[0,2]$ 和 $CAR[0,5]$ 的均值分别为0.065和0.090，低 $CAPV$ 组 $CAR[0,2]$ 和 $CAR[0,5]$ 的均值分别为0.026和0.034，高 $CAPV$ 组的并购公告市场反应高于低 $CAPV$ 组，两组的均值差异T检验在1%水平上显著。中值差异T检验中，高 $CAPV$ 组的 CAR 中位数在1%水平上显著高于低 $CAPV$ 组的 CAR 中位数。这初步说明投资者社交媒体关注多的公司，并购公告市场反应更好，与本章假

设 H4-1a 一致。

表 4-3 分组差异检验

变量	低 CAPV 组 样本量	均值	中位数	高 CAPV 组 样本量	均值	中位数	均值差异 T 检验	中值差异 T 检验
CAR [0, 2]	493	0.026	0.007	494	0.065	0.092	-0.039***	25.615***
CAR [0, 5]	493	0.034	0.006	494	0.090	0.065	-0.056***	18.466***
Cash	493	0.345	0.000	494	0.253	0.000	0.092***	9.921***
Stock	493	0.193	0.000	494	0.249	0.000	-0.056**	4.543**
Premium	493	5.681	2.066	494	8.817	3.517	-3.137***	17.922***
Diversifying	493	0.187	0.000	494	0.206	0.000	-0.020	0.617
Relative	493	1.233	0.479	494	1.388	0.557	-0.155	3.292*
Size	493	21.895	21.782	494	21.690	21.554	0.204***	9.144***
Lev	493	0.457	0.419	494	0.426	0.413	0.031**	0.228
ROA	493	0.007	0.013	494	0.025	0.019	-0.018***	4.281***
Growth	493	0.199	0.072	494	0.195	0.083	0.003	0.293
State	493	0.276	0.000	494	0.211	0.000	0.065**	5.723**

注：*、**、*** 分别表示在 10%、5%、1%水平上显著。

如图 4-1 所示，投资者股吧讨论（CAPV）偏低的区域内，并购公告市场反应（CAR）较低的情况居多，而投资者股吧讨论（CAPV）偏高的区域内，并购公告市场反应（CAR）较高的情况居多。结合以上结果可知，投资者社交媒体关注的增加可能导致更正向的并购公告市场反应。

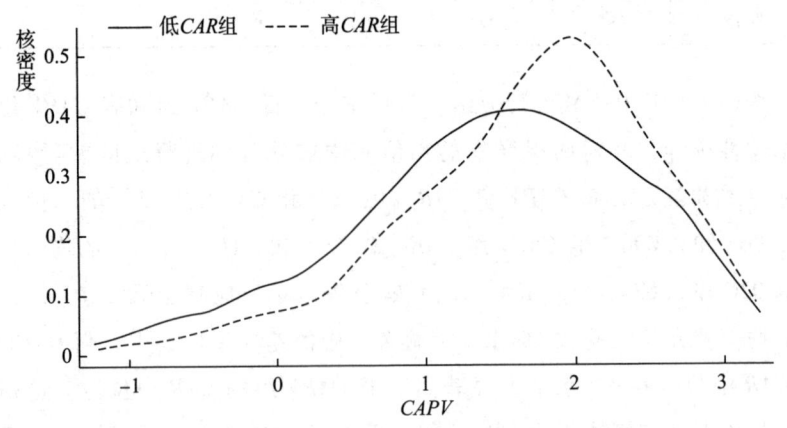

图 4-1 不同并购公告市场反应分组下投资者股吧讨论的核密度分布

4.4 实证结果

表4-4的基本回归结果显示，解释变量 $CAPV$ 的系数为0.017和0.020，分别在1%和5%水平上显著为正，表明投资者股吧讨论与并购公告市场反应显著正相关。这表明，投资者社交媒体关注与并购公告市场反应显著正相关。

表4-4 基本回归结果

变量	$CAR[0,2]$	$CAR[0,5]$
$CAPV$	0.017***	0.020**
	(2.771)	(2.288)
$Cash$	-0.024*	-0.038*
	(-1.759)	(-1.936)
$Stock$	0.025*	0.045**
	(1.777)	(2.158)
$Premium$	0.000	0.001*
	(1.237)	(1.648)
$Diversifying$	0.022	0.028
	(1.542)	(1.332)
$Relative$	0.008***	0.013***
	(3.458)	(3.472)
$Size$	-0.003	-0.005
	(-0.544)	(-0.594)
Lev	-0.046	-0.095**
	(-1.417)	(-1.982)
ROA	-0.092	-0.139
	(-1.010)	(-1.077)
$Growth$	-0.018*	-0.028**
	(-1.768)	(-2.031)
$State$	0.033**	0.036*
	(2.326)	(1.795)

续表

变量	CAR [0, 2]	CAR [0, 5]
常数项	0.100	0.146
	(0.709)	(0.755)
年度	控制	控制
行业	控制	控制
N	987	987
Adj. R^2	0.182	0.210
F 值	8.239	8.312

注：表中列示为稳健标准误的回归结果，*、**、*** 分别表示在10%、5%、1%水平上显著。

本章参考 Da 等（2011）的方法排除信息效应的影响，如果由投资者社交媒体关注导致的单边为正的市场反应确实为定价偏差，那么研究将观测到后期市场定价的逆转。如果市场反应理性地反映了公司并购信息，将不太可能出现后期的逆转。表4-5结果显示，在与后期市场反应的回归中，变量 CAPV 的系数在10%水平上显著为负，表明后期社交媒体关注导致的市场定价发生逆转，更符合社交媒体关注导致非理性资本市场反应的解释，假设 H4-1a 成立。实证结果与 Barber 和 Odean（2008）、Da 等（2011）的关注效应引致股票价格上涨的结论一致。

表4-5 排除信息效应替代性解释的回归结果

变量	CAR [6, 11]	CAR [7, 13]
CAPV	-0.008*	-0.007*
	(-1.942)	(-1.882)
Cash	-0.015	-0.010
	(-1.640)	(-0.977)
Stock	-0.000	0.004
	(-0.004)	(0.372)
Premium	0.000*	0.000
	(1.875)	(1.589)
Diversifying	0.004	-0.003
	(0.332)	(-0.263)

续表

变量	CAR [6, 11]	CAR [7, 13]
Relative	0.006**	0.003
	(2.257)	(1.372)
Size	−0.010**	−0.006
	(−2.443)	(−1.469)
Lev	0.045*	0.037
	(1.807)	(1.449)
ROA	0.066	0.023
	(1.029)	(0.324)
Growth	−0.003	−0.003
	(−0.407)	(−0.527)
State	0.003	0.001
	(0.318)	(0.113)
常数项	0.231***	0.131
	(2.584)	(1.456)
年度	控制	控制
行业	控制	控制
N	987	987
Adj. R^2	0.098	0.056
F 值	2.746	1.752

注：表中列示为稳健标准误的回归结果，*、**、*** 分别表示在 10%、5%、1% 水平上显著。

4.5 稳健性检验

4.5.1 排除群体智慧的替代性解释

社交媒体关注对并购公告市场反应的影响可能仍存在群体智慧的替代性解释，即投资者社交媒体关注导致的单边为正的市场反应可能是投资者群体智慧发现的结果，而不是定价偏差。如果群体智慧的替代性解释成立，那么预期投资者社交媒体关注意味着更好的长期并购绩效；反之，排除这一替代性解释。

长期并购绩效使用三种方法度量：一是借鉴 Cai 和 Sevilir（2012）的研究，按并购完成后三年经行业中位数调整的 ROA 减去并购前三年经行业中位数调整的 ROA，得到 ΔROA 来度量并购长期绩效；二是借鉴 Gregory（1997）、李善民和朱滔（2006）的研究，选用公司股票收益率超过市场组合或对应组合收益率的大小来度量长期并购绩效（BHAR）；三是借鉴胡凡和李科（2019）的研究，采用并购完成后是否发生商誉减值（Goodwill）来度量长期并购绩效，将并购完成后每个年度的财务报告进行了手工加工，确定并购标的是否发生了商誉减值。由于当前最新财务报告年度为 2018 年，因此本章对上市公司商誉减值的界定为从并购完成当年到 2018 年是否发生了商誉减值。涉及商誉减值的检验时，需要对研究样本进行以下处理：①保留并购完成的样本；②保留并购双方是非同一控制的交易。经过上述处理后，共得到 440 个样本。

表 4-6 结果显示，投资者社交媒体关注并不预示着更好的长期并购绩效，甚至能预测更高的商誉减值风险，因此在一定程度上排除了群体智慧的替代性解释。

表 4-6 排除群体智慧替代性解释后的回归结果

变量	ROA	BHAR	Goodwill
CAPV	0.004	−0.030	0.505***
	(0.467)	(−1.202)	(4.151)
Cash	−0.030*	−0.032	−0.375
	(−1.692)	(−0.469)	(−1.402)
Stock	0.001	0.093	0.070
	(0.107)	(1.363)	(0.223)
Premium	0.000	−0.001	0.007
	(0.173)	(−1.305)	(1.261)
Diversifying	−0.043*	0.040	0.739**
	(−1.705)	(0.646)	(2.470)
Relative	0.005***	0.038	−0.084*
	(3.010)	(1.583)	(−1.838)
Size	0.020***	0.055*	−0.219*
	(3.274)	(1.942)	(−1.695)

续表

变量	ROA	BHAR	Goodwill
Lev	-0.006 (-0.142)	-0.154 (-0.968)	0.441 (0.620)
ROA	-0.293** (-1.987)	0.082 (0.157)	-1.432 (-0.695)
Growth	-0.004 (-0.349)	0.018 (0.460)	0.342* (1.908)
State	0.024** (2.101)	-0.023 (-0.319)	-0.014 (-0.039)
常数项	-0.465*** (-3.240)	-1.211** (-2.141)	4.943* (1.768)
年度	控制	控制	控制
行业	控制	控制	控制
N	360	343	440
Adj. R^2	0.110	0.175	0.149

注：表中列示为稳健标准误的回归结果，*、**、*** 分别表示在10%、5%、1%水平上显著。

4.5.2 排除市场交易因素带来的内生性干扰

观测期间市场可能仍存在交易，而市场交易因素可能同时影响投资者社交媒体关注与并购公告市场反应，不利于因果推论。因此，借助重大资产重组事件停牌的准自然场景设定，将投资者社交媒体关注从市场交易因素中分离出来。具体地，剔除投资者股吧讨论观测期间市场仍在交易的样本（并购首次公告前7天仍在交易的样本），保证观测期间市场不进行交易而投资者仍进行股吧讨论。表4-7结果显示，排除市场交易因素带来的内生性干扰后的回归结果仍然与基本回归结果保持一致。

表4-7 排除市场交易因素带来的内生性干扰后的回归结果

变量	CAR [0, 2]	CAR [0, 5]
CAPV	0.017** (2.113)	0.020* (1.772)

续表

变量	$CAR[0,2]$	$CAR[0,5]$
Cash	-0.031**	-0.047**
	(-2.001)	(-2.131)
Stock	0.026	0.046*
	(1.621)	(1.888)
Premium	0.000	0.001*
	(1.233)	(1.753)
Diversifying	0.030*	0.041*
	(1.904)	(1.790)
Relative	0.008***	0.014***
	(3.074)	(3.353)
Size	-0.005	-0.004
	(-0.633)	(-0.359)
Lev	-0.049	-0.111**
	(-1.352)	(-2.071)
ROA	-0.033	-0.100
	(-0.315)	(-0.654)
Growth	-0.023**	-0.033**
	(-2.046)	(-2.195)
State	0.036**	0.041*
	(2.195)	(1.753)
常数项	0.134	0.125
	(0.792)	(0.537)
年度	控制	控制
行业	控制	控制
N	846	846
Adj. R^2	0.207	0.234
F 值	8.734	8.727

注：表中列示为稳健标准误的回归结果，*、**、*** 分别表示在 10%、5%、1% 水平上显著。

4.5.3 排除媒体报道因素带来的内生性干扰

Reyes（2018）基于美国上市公司并购公告研究发现，媒体报道会影响投资者社交媒体关注与股票超额收益之间的关系，为解决这一遗漏变量导致的内生性问题，本章在原模型中增加了并购前一年的媒体报道数量（$Media$）作为控制变量。表4-8实证结果显示，$CAPV$系数分别在1%和5%水平上显著为正，与基本回归结果保持一致。

表4-8 排除媒体报道因素带来的内生性干扰后的回归结果

变量	$CAR\,[0,2]$	$CAR\,[0,5]$
$CAPV$	0.016***	0.020**
	(2.702)	(2.341)
$Media$	-0.024**	-0.036**
	(-2.069)	(-2.391)
$Cash$	-0.023	-0.036*
	(-1.606)	(-1.823)
$Stock$	0.028**	0.049**
	(1.988)	(2.341)
$Premium$	0.000	0.001
	(1.245)	(1.556)
$Diversifying$	0.022	0.030
	(1.560)	(1.482)
$Relative$	0.008***	0.013***
	(3.522)	(3.341)
$Size$	-0.002	-0.003
	(-0.262)	(-0.344)
Lev	-0.053	-0.100**
	(-1.616)	(-2.083)
ROA	-0.128	-0.180
	(-1.358)	(-1.355)
$Growth$	-0.016	-0.025*
	(-1.520)	(-1.827)

续表

变量	CAR [0, 2]	CAR [0, 5]
State	0.030**	0.036*
	(2.088)	(1.773)
常数项	0.170	0.255
	(1.185)	(1.307)
年度	控制	控制
行业	控制	控制
N	987	987
Adj. R^2	0.176	0.200
F 值	7.801	7.756

注：表中列示为稳健标准误的回归结果，*、**、*** 分别表示在 10%、5%、1% 水平上显著。

4.5.4 解释变量度量方式的改变

为增加实证结果的可靠性，避免不同计量方式对实证结果的影响，本章采用并购公告当天的超额股吧讨论（*CAPV*）来度量投资者社交媒体关注。表 4-9 实证结果与基本回归结果保持一致，说明其具有稳健性，不会受解释变量度量方式的改变而变化。

表 4-9 解释变量度量方式改变后的回归结果

变量	CAR [0, 2]	CAR [0, 5]
CAPV	0.050***	0.063***
	(3.728)	(3.170)
Cash	-0.023*	-0.037*
	(-1.679)	(-1.864)
Stock	0.025*	0.045**
	(1.795)	(2.168)
Premium	0.000	0.001
	(1.091)	(1.517)
Diversifying	0.022	0.028
	(1.592)	(1.375)

续表

变量	CAR [0, 2]	CAR [0, 5]
Relative	0.008***	0.013***
	(3.414)	(3.457)
Size	-0.004	-0.005
	(-0.597)	(-0.639)
Lev	-0.048	-0.097**
	(-1.463)	(-2.023)
ROA	-0.094	-0.142
	(-1.041)	(-1.106)
Growth	-0.018*	-0.028**
	(-1.777)	(-2.049)
State	0.033**	0.035*
	(2.272)	(1.751)
常数项	0.113	0.160
	(0.803)	(0.834)
年度	控制	控制
行业	控制	控制
N	987	987
Adj. R^2	0.187	0.213
F 值	8.429	8.488

注：表中列示为稳健标准误的回归结果，*、**、*** 分别表示在 10%、5%、1%水平上显著。

4.5.5 被解释变量度量方式的改变

基于测量的可靠性，参照潘红波等（2008）、陈仕华等（2013）以及王艳和阚铄（2014）的研究，本章在计算超额累计收益率（CAR）时，一是增加了 [-1, 1]、[0, 1]、[0, 3]、[0, 6] 多个窗口期进行计算；二是将市场模型参数计算的估计期选择为并购事件首次公告日前 240 个交易日至前 30 个交易日，计算 [0, 2]、[0, 5] 窗口期的 CAR，并与投资者股吧讨论（CAPV）进行回归分析。回归结果如表 4-10 所示，CAPV 系数在 1% 和 5% 水平上显著为正，与基本回归结果保持一致。

表 4-10 被解释变量度量方式改变后的回归结果

变量	CAR [-1, 1]	CAR [0, 1]	CAR [0, 3]	CAR [0, 6]	CAR [0, 2]	CAR [0, 5]
CAPV	0.012***	0.012***	0.021***	0.018**	0.016***	0.021**
	(2.702)	(2.592)	(2.911)	(1.985)	(2.745)	(2.392)
Cash	-0.014	-0.010	-0.029*	-0.041**	-0.024*	-0.039*
	(-1.302)	(-1.005)	(-1.788)	(-1.964)	(-1.723)	(-1.948)
Stock	0.021**	0.019*	0.031*	0.046**	0.029**	0.049**
	(1.996)	(1.812)	(1.813)	(2.068)	(2.033)	(2.386)
Premium	0.000	0.000	0.001	0.001*	0.000	0.001
	(0.993)	(1.313)	(1.472)	(1.686)	(1.259)	(1.574)
Diversifying	0.026**	0.024**	0.026	0.031	0.021	0.029
	(2.409)	(2.261)	(1.597)	(1.442)	(1.509)	(1.427)
Relative	0.006***	0.006***	0.009***	0.015***	0.008***	0.012***
	(3.015)	(3.406)	(3.022)	(3.660)	(3.482)	(3.301)
Size	-0.005	-0.003	-0.005	-0.006	-0.004	-0.006
	(-1.005)	(-0.709)	(-0.727)	(-0.708)	(-0.611)	(-0.725)
Lev	-0.025	-0.028	-0.069*	-0.093*	-0.050	-0.095**
	(-1.037)	(-1.121)	(-1.749)	(-1.850)	(-1.514)	(-1.979)
ROA	-0.017	-0.040	-0.103	-0.124	-0.106	-0.145
	(-0.249)	(-0.596)	(-0.961)	(-0.922)	(-1.144)	(-1.119)
Growth	-0.020**	-0.018**	-0.022*	-0.030**	-0.017	-0.027*
	(-2.468)	(-2.460)	(-1.824)	(-2.022)	(-1.608)	(-1.911)
State	0.031***	0.027**	0.039**	0.034	0.032**	0.039*
	(2.874)	(2.498)	(2.290)	(1.596)	(2.226)	(1.919)
常数项	0.154	0.083	0.122	0.182	0.113	0.169
	(1.480)	(0.772)	(0.727)	(0.893)	(0.789)	(0.863)
年度	控制	控制	控制	控制	控制	控制
行业	控制	控制	控制	控制	控制	控制
N	987	987	987	987	987	987
Adj. R²	0.180	0.163	0.203	0.217	0.174	0.197
F 值	9.441	7.533	8.770	8.253	7.962	7.945

注：表中列示为稳健标准误的回归结果，*、**、*** 分别表示在10%、5%、1%水平上显著。

4.5.6 样本年度向前扩大的稳健性检验

问询函数据始于 2015 年，使得本章样本期间限定在 2015~2018 年，而股吧讨论数据始于 2011 年，因此本章在针对基本回归结果的稳健性检验中将样本期间向前扩充到 2011 年，如表 4-11 所示，其回归结果与基本回归结果一致。

表 4-11 样本年度向前扩大的稳健性检验

变量	CAR [0, 2]	CAR [0, 5]
CAPV	0.030***	0.039***
	(5.867)	(5.268)
Cash	-0.031***	-0.049***
	(-2.613)	(-2.909)
Stock	0.015	0.026
	(1.399)	(1.636)
Premium	0.001	0.001*
	(1.002)	(1.758)
Diversifying	0.018	0.022
	(1.646)	(1.326)
Relative	0.009***	0.016***
	(4.138)	(4.674)
Size	-0.008	-0.007
	(-1.533)	(-0.912)
Lev	-0.040	-0.088**
	(-1.508)	(-2.204)
ROA	-0.171**	-0.304***
	(-2.170)	(-2.646)
Growth	-0.008	-0.012
	(-0.964)	(-1.093)
State	0.036***	0.038**
	(3.243)	(2.411)
常数项	0.110	0.086
	(0.924)	(0.518)

续表

变量	CAR [0, 2]	CAR [0, 5]
年度	控制	控制
行业	控制	控制
N	1426	1426
Adj. R²	0.228	0.235

注：表中列示为稳健标准误的回归结果，*、**、***分别表示在10%、5%、1%水平上显著。

4.5.7 消除行业股价差异对实证结果的影响

不同行业的股票收益率存在显著差异（王立荣等，2018），为消除不同行业股价的差异，本章使用经行业中位数调整后的超额收益率（IndCAR）进行回归，具体计算方法如下：

$$AR_{i,t} = R_{i,t} - R_{m,t} \qquad (4-7)$$

如公式（4-7）所示，采用市场调整法计算超额收益率（AR），即用个股收益率减去该行业所有个股收益率的中位数得到AR，并对事件窗口内的AR进行累加得到$IndCAR$。表4-12结果显示，$CAPV$的系数依然在1%水平上显著为正，与基本回归结果一致。

表 4-12 消除行业股价差异对实证结果的影响

变量	IndCAR [0, 2]	IndCAR [0, 5]
CAPV	0.023***	0.029***
	(3.315)	(2.839)
Cash	−0.025	−0.036
	(−1.614)	(−1.618)
Stock	0.019	0.030
	(1.092)	(1.150)
Premium	0.000	0.001
	(0.517)	(1.222)
Diversifying	0.011	0.017
	(0.665)	(0.666)

续表

变量	IndCAR [0, 2]	IndCAR [0, 5]
Relative	0.007***	0.013***
	(2.616)	(3.204)
Size	-0.005	-0.007
	(-0.679)	(-0.683)
Lev	-0.066*	-0.140**
	(-1.801)	(-2.538)
ROA	-0.108	-0.218
	(-1.080)	(-1.538)
Growth	-0.014	-0.021
	(-1.246)	(-1.346)
State	0.043***	0.048**
	(2.594)	(1.987)
常数项	0.109	0.159
	(0.695)	(0.724)
年度	控制	控制
行业	控制	控制
N	767	767
Adj. R²	0.170	0.173
F 值	6.176	5.832

注：表中列示为稳健标准误的回归结果，*、**、*** 分别表示在 10%、5%、1% 水平上显著。

4.5.8 样本区间向后扩展的稳健性检验

本章将样本区间定义在 2015~2018 年，为避免样本区间对本章结果的影响，将样本区间向后扩展至 2021 年，如表 4-13 所示，其回归结果与基本回归结果一致，表明结论具有稳健性。

表 4-13 样本区间向后扩展的稳健性检验

变量	CAR [0, 2]	CAR [0, 5]
CAPV	0.008***	0.013***
	(2.285)	(2.294)

续表

变量	CAR [0, 2]	CAR [0, 5]
Cash	-0.020**	-0.011
	(-1.98)	(-0.74)
Stock	0.002	0.001
	(0.19)	(0.08)
Premium	-0.002***	-0.005***
	(-9.80)	(-12.06)
Diversifying	0.026	0.031
	(1.546)	(1.342)
Size	-0.014***	-0.020***
	(-4.38)	(-4.37)
Lev	-0.010	-0.031
	(-0.55)	(-1.09)
ROA	-0.006	-0.033
	(-0.08)	(-0.31)
Growth	-0.001	-0.001
	(-0.82)	(-1.19)
State	-0.015	-0.026*
	(-1.58)	(-1.95)
常数项	0.416***	0.555***
	(5.12)	(4.87)
年度	控制	控制
行业	控制	控制
N	1753	1753
Adj. R^2	0.114	0.118

注：表中列示为稳健标准误的回归结果，*、**、*** 分别表示在10%、5%、1%水平上显著。

4.6 进一步检验

4.6.1 业绩承诺分组检验

业绩承诺是对并购方相关利益者的一种保护机制，是对标的资产未来预期盈余的担保，一定程度上可降低并购重组中的资产定价风险。投资者认为业绩承诺具有"兜底"作用，即使标的盈利状况不好，上市公司依然会得到补偿。现有研究普遍认为并购业绩承诺短期内可以为并购方创造价值（李旎等，2019；吕长江和韩慧博，2014），即投资者对有业绩承诺的并购公告市场反应更好。因此，有业绩承诺的并购交易更受投资者的青睐和关注，更需要利用社交媒体途径获取信息，从而导致更为正向的并购公告市场反应。

表 4-14 结果表明，有业绩承诺的样本组，$CAPV$ 与 CAR 在 5% 水平上显著正相关；没有业绩承诺的样本组，$CAPV$ 与 CAR 没有显著相关关系。以上结果表明，有业绩承诺的并购交易，投资者社交媒体关注会导致更为正向的并购公告市场反应。

表 4-14 业绩承诺分组检验

变量	$CAR\,[0,2]$ 有业绩承诺	$CAR\,[0,2]$ 无业绩承诺	$CAR\,[0,5]$ 有业绩承诺	$CAR\,[0,5]$ 无业绩承诺
$CAPV$	0.018** (2.235)	0.013 (1.331)	0.027** (2.253)	0.008 (0.545)
$Cash$	−0.035 (−1.578)	−0.003 (−0.130)	−0.066** (−2.115)	0.007 (0.193)
$Stock$	0.032* (1.925)	0.010 (0.309)	0.054** (2.153)	0.035 (0.775)
$Premium$	0.000 (0.641)	0.000 (0.433)	0.001 (1.165)	0.000 (0.486)
$Diversifying$	0.028* (1.804)	−0.017 (−0.533)	0.036 (1.579)	−0.020 (−0.437)
$Relative$	0.007*** (2.598)	0.009* (1.659)	0.011*** (2.606)	0.017* (1.961)
$Size$	−0.005 (−0.524)	−0.005 (−0.552)	−0.007 (−0.552)	−0.006 (−0.458)
Lev	−0.074* (−1.784)	0.007 (0.132)	−0.120** (−1.978)	−0.039 (−0.493)
ROA	−0.184 (−1.498)	0.176 (1.317)	−0.238 (−1.438)	0.214 (1.073)

续表

变量	CAR [0, 2] 有业绩承诺	CAR [0, 2] 无业绩承诺	CAR [0, 5] 有业绩承诺	CAR [0, 5] 无业绩承诺
Growth	-0.011 (-0.892)	-0.033** (-2.086)	-0.018 (-1.122)	-0.053** (-2.331)
State	0.036* (1.905)	0.045* (1.876)	0.033 (1.258)	0.062* (1.790)
常数项	0.151 (0.685)	0.036 (0.182)	0.147 (0.504)	0.066 (0.230)
年度	控制	控制	控制	控制
行业	控制	控制	控制	控制
N	654	333	654	333
Adj. R²	0.197	0.180	0.226	0.204
F 值	6.403	—	6.474	—

注：表中列示为稳健标准误的回归结果，*、**、*** 分别表示在 10%、5%、1% 水平上显著。

4.6.2 信息披露质量分组检验

上市公司的并购交易必须遵循证监会和交易所的信息披露规则，以便于投资者及时、详细地了解公司并购情况。高质量的信息披露使得上市公司的股价预期相对合理（蒋弘和刘星，2012）。在并购交易中，信息披露质量高的公司，因为其信息披露为市场提供了比较充分的公开信息，投资者决策前掌握了较多的并购交易信息，因此投资者决策受社交媒体信息的影响较小；而信息披露质量低的公司，自发性信息披露不足，信息不对称程度高，投资者更依赖社交媒体信息进行决策，从而产生更加正向的并购公告市场反应。

基于以上分析，本章借鉴任宏达和王琨（2019）的研究，采用深交所上市公司信息披露考评①结果测算信息披露质量，其中 A、B 为信息披露质量高的组，C、D 为信息披露质量低的组。表 4-15 实证结果表明，信息披露质量低的样本组，CAPV 与 CAR 在 5% 水平上显著正相关，而信

---

① http://www.szse.cn/disclosure/supervision/check/index.html。

息披露质量高的样本组，CAPV 与 CAR 无显著相关关系。以上结果表明，信息披露质量的提高能够纠正投资者社交媒体关注导致的并购公告市场定价偏差，帮助投资者决策回归理性。

表 4-15 信息披露质量分组检验

变量	CAR [0, 2] 高信息披露	CAR [0, 2] 低信息披露	CAR [0, 5] 高信息披露	CAR [0, 5] 低信息披露
$CAPV$	-0.013	0.018**	-0.041	0.017**
	(-0.694)	(2.328)	(-1.365)	(2.523)
$Cash$	-0.113*	-0.008	-0.094	-0.036
	(-1.981)	(-0.416)	(-1.180)	(-1.263)
$Stock$	-0.030	0.039**	0.006	0.061**
	(-0.418)	(2.116)	(0.058)	(2.211)
$Premium$	0.004	0.001	0.007**	0.001*
	(1.517)	(1.616)	(2.202)	(1.961)
$Diversifying$	0.037	0.046**	0.051	0.065**
	(0.674)	(2.529)	(0.668)	(2.460)
$Relative$	0.010	0.012***	0.015	0.023***
	(0.846)	(2.931)	(0.835)	(3.515)
$Size$	0.046	0.000	0.088**	-0.004
	(1.513)	(0.052)	(2.031)	(-0.276)
Lev	0.061	-0.044	-0.031	-0.081
	(0.597)	(-0.894)	(-0.219)	(-1.137)
ROA	-0.242	-0.301**	-0.235	-0.418**
	(-0.781)	(-2.316)	(-0.559)	(-2.182)
$Growth$	-0.045	0.003	-0.008	-0.009
	(-0.642)	(0.216)	(-0.070)	(-0.569)
$State$	-0.077	-0.001	-0.088	-0.022
	(-0.989)	(-0.058)	(-0.917)	(-0.625)
常数项	-0.901	-0.028	-1.809*	0.092
	(-1.302)	(-0.131)	(-1.866)	(0.315)
年度	控制	控制	控制	控制
行业	控制	控制	控制	控制

续表

变量	CAR [0, 2]		CAR [0, 5]	
	高信息披露	低信息披露	高信息披露	低信息披露
N	109	523	109	523
Adj. R^2	0.285	0.208	0.332	0.255

注：表中列示为稳健标准误的回归结果，*、**、*** 分别表示在10%、5%、1%水平上显著。

4.6.3 产权性质分组检验

在独特制度背景下，我国政府对国有企业并购交易决策有很大影响。一方面，国企管理层和政府官员受到政策导向和个人政治晋升的双重压力（潘红波等，2008），在涉及控制权转移的并购交易中，政府会出于地方保护等利益动机进行干预；另一方面，部分国企并购交易需要报国资委审批，并购能否顺利实施直接受到政府行政审批的影响。因此投资者更加关注民营企业的并购（Fishman，1989），投资者社交媒体关注更可能影响非国有企业的并购公告市场反应。

表 4-16 为基于产权性质分组，对投资者股吧讨论与并购公告市场反应之间关系检验的实证结果，相对于国有企业样本组，非国有企业样本组中 CAPV 与 CAR 的正向关系更显著。以上结果表明，投资者社交媒体关注对并购公告市场反应的正向影响在非国有企业中更显著。

表 4-16 产权性质分组检验

变量	CAR [0, 2]		CAR [0, 5]	
	国有	非国有	国有	非国有
CAPV	0.013 (1.563)	0.027** (2.445)	0.025 (1.581)	0.017* (1.668)
Cash	−0.011 (−0.387)	−0.027* (−1.723)	−0.009 (−0.226)	−0.048** (−2.099)
Stock	0.010 (0.353)	0.027 (1.599)	0.039 (1.121)	0.042 (1.583)
Premium	0.001 (1.545)	0.000 (0.491)	0.002 (1.599)	0.000 (0.835)

续表

变量	CAR [0, 2]		CAR [0, 5]	
	国有	非国有	国有	非国有
Diversifying	0.019	0.027*	0.025	0.036
	(0.619)	(1.739)	(0.610)	(1.561)
Relative	0.006	0.009***	0.012**	0.014***
	(1.483)	(3.127)	(2.460)	(3.071)
Size	−0.028***	0.010	−0.038***	0.014
	(−2.781)	(1.370)	(−2.899)	(1.352)
Lev	0.045	−0.089**	0.049	−0.166***
	(0.740)	(−2.308)	(0.594)	(−2.909)
ROA	0.172	−0.180*	0.179	−0.249*
	(0.773)	(−1.791)	(0.654)	(−1.738)
Growth	−0.031	−0.017	−0.047	−0.026*
	(−0.989)	(−1.640)	(−1.318)	(−1.868)
常数项	0.604**	−0.162	0.802**	−0.234
	(2.497)	(−0.933)	(2.571)	(−0.978)
年度	控制	控制	控制	控制
行业	控制	控制	控制	控制
N	240	747	240	747
Adj. R²	0.257	0.207	0.300	0.245
F 值	4.331	7.283	4.392	8.025

注：表中列示为稳健标准误的回归结果，*、**、*** 分别表示在 10%、5%、1% 水平上显著。

4.6.4 市场化程度分组检验

市场化程度高的地区，法治环境较好，信息环境较好，投资者保护机制健全；而市场化程度低的地区，信息环境较差，投资者与公司间的信息不对称程度更高，投资者决策更依赖于互联网信息。市场化程度会影响投资者社交媒体关注与公告股价间的关系，当市场化程度低时，投资者社交媒体关注更容易导致正向的并购公告市场反应。

基于以上分析，本章参照王小鲁等（2017）的市场化指数，按照行业和年度中位数将市场化程度分为高低两组进行分组检验。表 4-17 实证结果表明，市场化程度低的样本组，$CAPV$ 与 CAR 的正向关系更显著。以上结果均表明，市场化程度越低，信息不对称相对严重，投资者社交媒体关注更容易导致股票市场定价偏差。

表 4-17 市场化程度分组检验

变量	CAR [0, 2] 市场化程度高	CAR [0, 2] 市场化程度低	CAR [0, 5] 市场化程度高	CAR [0, 5] 市场化程度低
$CAPV$	0.005 (0.572)	0.023*** (2.686)	0.003 (0.210)	0.029** (2.345)
$Cash$	−0.013 (−0.581)	−0.029 (−1.610)	−0.034 (−1.040)	−0.036 (−1.399)
$Stock$	0.053** (2.128)	0.010 (0.523)	0.077** (2.169)	0.026 (0.956)
$Premium$	0.000 (0.827)	0.000 (1.078)	0.001 (1.156)	0.001 (1.151)
$Diversifying$	0.025 (1.027)	0.020 (1.119)	0.042 (1.238)	0.014 (0.499)
$Relative$	0.006 (1.260)	0.009*** (3.877)	0.010 (1.321)	0.014*** (3.529)
$Size$	−0.024** (−2.298)	0.006 (0.833)	−0.030** (−2.094)	0.007 (0.653)
Lev	0.008 (0.130)	−0.059 (−1.380)	−0.040 (−0.446)	−0.101 (−1.621)
ROA	−0.067 (−0.481)	−0.088 (−0.708)	−0.182 (−0.838)	−0.093 (−0.551)
$Growth$	−0.017 (−0.812)	−0.021* (−1.733)	−0.021 (−0.747)	−0.031* (−1.913)
$State$	0.058** (2.195)	0.022 (1.205)	0.078** (2.134)	0.015 (0.575)
常数项	0.508** (2.101)	−0.080 (−0.429)	0.652* (1.950)	−0.087 (−0.354)
年度	控制	控制	控制	控制
行业	控制	控制	控制	控制

续表

变量	CAR [0, 2]		CAR [0, 5]	
	市场化程度高	市场化程度低	市场化程度高	市场化程度低
N	369	606	369	606
Adj. R^2	0.208	0.215	0.241	0.228
F 值	7.948	7.128	4.876	6.494

注：表中列示为稳健标准误的回归结果，*、**、*** 分别表示在10%、5%、1%水平上显著。

4.7 小结

本章采用2015~2018年A股上市公司重大资产重组交易为研究样本，检验了投资者社交媒体关注对并购公告市场反应的影响作用，揭示了投资者从关注到决策的行为机制，研究结论主要包含以下四点。

第一，在注意力效应、羊群效应和投资者过度自信的驱动下，投资者社交媒体关注的增加导致更为正向的并购公告市场反应，且市场反应在后期出现逆转，表明投资者社交媒体关注行为导致了并购公告市场定价的偏差。

第二，有业绩承诺的并购交易中，投资者社交媒体关注程度更高，投资者需要利用社交媒体途径获取信息，从而导致了更为正向的并购公告市场反应。

第三，信息披露质量低、市场化程度低的上市公司，投资者社交媒体关注导致的市场定价偏差更为显著，即信息披露质量和市场化程度的提高能够纠正投资者社交媒体关注导致的并购公告市场定价偏差，帮助投资者决策回归理性。

第四，产权性质影响了投资者社交媒体关注行为导致的市场定价偏差，非国有企业的投资者社交媒体关注更容易导致正向的并购公告市场反应。

5 监管问询与并购公告市场反应

并购重组是资本市场助力上市公司实施转型升级、践行供给侧结构性改革和发展实体经济的重要方式,但其中也不乏"以重组之名、行掠夺之实"等机会主义行为,使得并购重组沦为交易主体套利的工具。深交所官网的"投资者教育"栏目指出:"为避免成为公司重组高位股价的接盘侠,投资者需练就火眼金睛识别重组陷阱。"① 但由于专业知识储备、行业实践经验等"门槛"的限制,中小投资者难以理解纷繁复杂的并购重组方案等信息,无法据此进行有效决策。在此背景下,自 2015 年以来,监管层对并购重组从严监管、全面监管。交易所更加强调并购重组信息披露,通过强化问询函制度切实加大一线监管力度、净化市场环境、保护投资者利益。

问询函主要关注上市公司信息披露不准确、内容不完善或者交易存疑等需要上市公司进一步补充说明的问题。在上市公司并购重组中,上市公司发布并购公告前需向交易所报送重组方案资料,交易所根据具体情况以问询函的方式进行事中和事后监管,上市公司根据问询函内容进行回复并对重组方案做出修订。上交所和深交所自 2015 年开始披露重组问询函。

现有研究主要关注交易所年报问询函的监管有效性(陈运森等,2018、2019),关于并购重组问询函的研究较少,目前仅有李晓溪等(2019a)研究表明并购重组问询函能够降低信息不对称程度,具有监管作用,但其对中小投资者决策是否具有预警信号作用仍有待检验。一方面,上市公司在并购重组信息披露中可能会刻意隐瞒部分信息,以确保交易顺利进行,交易所的问询函直接向上市公司提问,并要求上市公司在规定时间内补充回复,投资者可以获得更多交易信息,其中可能包含管理层刻意隐瞒的风险信息,以此达到为中小投资者决策预警的作用;另一方面,并购重组问询函针对的是上市公司信息披露行为,未必能够揭露并购重组交易实质,可能无法对并购重组风险进行预警。因此,在我国防控金融重

---

① http://investor.szse.cn/warning/activities/risk/t20170830_553342.html。

大风险、深化金融改革的新形势下，实证考察并购重组专项问询能否发挥预警作用、保护中小投资者利益，具有十分重要的实践意义。

并购首次公告的市场反应是投资者对公司未来业绩和现金流的预期，如果投资者没有充分认识到并购重组的风险，则可能会因追捧并购热点而蒙受损失；此外，一旦上市公司并购重组失败或者计提大额商誉减值，股价可能断崖式下跌，给投资者造成巨额损失。基于此，本章手工搜集了 2015~2018 年沪深交易所公布的并购重组问询函，从并购首次公告市场反应、并购成败以及商誉减值风险三个方面检验重组问询函的预警信号作用。研究发现：收到问询函的并购重组交易，首次公告市场反应更差，失败的风险更高，未来发生商誉减值的风险更高。进一步地，本章对重组问询函样本特征、上市公司内部控制治理特征以及并购交易特征进行分组检验，发现涉及标的情况的重组问询函对首次公告市场反应和商誉减值的风险预警作用更强；内控质量高以及做了业绩承诺的并购交易收到重组问询函时，预警信号作用更强。

本章可能的创新如下：第一，从监管信息有用性的视角扩展了问询函相关研究，基于重组方案披露—交易所问询—上市公司复牌的监管过程，首次验证了重组问询函对并购首次公告市场反应、并购成败以及商誉减值的事前信号作用与预警价值；第二，将经典的信息含量观视角下对财务报告的讨论扩展到了对重组问询函信息的探讨，验证了并购重组监管信息透明化的政策"红利"，帮助并启示投资者认知重组问询函的价值，引导其直接或间接利用问询函中的信息进行投资决策，以期可以排雷避险；第三，将监管层行为纳入并购研究范围，不同于目前研究聚焦于并购方、标的方、交易特征等，将重组问询函对企业并购风险的预警作用纳入研究体系。

5.1 理论分析与研究假设

有限理性理论认为，人们实际决策过程中的行为受限于信息、知识与能力（Simon，1955）。对于并购重组事项，一方面，投资者无法获取详尽的信息预判其经济价值；另一方面，即使是并购重组预案与重组报告书草案等文件公开披露，投资者受限于信息处理能力，往往只会处理部分信息

(Simon, 1978; Merton, 1987; Bloomfield, 2002; Hirshleifer and Teoh, 2003; Blankespoor et al., 2014)。在互联网信息时代背景下,虽然投资者投入大量时间和精力来阅读网络信息(Antweiler and Frank, 2004),但是专业知识储备、行业实践经验等信息"门槛"限制了投资者利用信息规避风险,导致投资者对公司信息理解错误,并购重组问询函的公开一定程度上缓解了这一问题。首先,问询函使得投资者获得了关于并购重组交易的增量信息,迫使上市公司在回函和重组方案修订的过程中披露更多内容,有利于投资者看清楚并购实质,从而规避投资风险。其次,问询函反映了交易所对于并购重组事项的意见,是监管层专家基于其丰富的专业知识和行业实践经验进行专业判断的结果,具有精准识别风险的功能(刘柏和卢家锐,2019)。相比于分析并购重组方案中纷繁复杂的信息,投资者通过阅读重组问询函能够看到监管层对具体交易问题的质疑与观点,能够更加高效地理解并购重组事项,识别风险并做出投资决策。

并购首次公告的市场反应是投资者对并购公司未来业绩和现金流的预期,对公司股东财富影响的无偏估计(Moeller et al., 2004),是投资者决策的直接体现。并购重组方案和交易所问询函均在证券停牌期间公告,复牌后的市场反应是投资者综合并购重组交易信息和监管层问询函信号的综合表现。

综上所述,作为并购重组信息披露过程中的重要监管信息,问询函缓解了并购重组过程中的信息不对称,并向投资者传递了存疑信号,因而投资者可以将其作为决策的风险预警信号,反映在股价上即为并购首次公告日市场反应较差。基于以上分析,本章提出以下假设。

H5-1:收到问询函的并购重组交易,并购首次公告市场反应更差。

上市公司并购重组中的信息披露从内容上来看包含交易双方的公司信息、交易结构、支付方式、融资方式以及关联情况等,是投资者了解并购重组交易的重要途径。但并购重组交易结构复杂且涉及多主体,信息不对称问题广泛存在(Diekens,1991)。上市公司在并购重组信息披露中会刻意隐瞒部分信息,以确保交易顺利进行;更有甚者利用虚假并购重组公告借机拉高股价,从中套利。在此情况下,交易所重组问询函对上市公司信息披露进行发问并要求短时间内回复,可能会导致公司无法回复并直接宣告交易终止,例如中科云网收购四川鼎成、大洋电机收购重塑集团、广安爱众收购宣燃股份等均因无法回复交易所问询函而终止交易。

此外，上市公司公告并购重组方案前，上市公司及其中介机构会向交易所报送材料并进行沟通，若是并购重组方案存在比较小的瑕疵，监管层会通过直接沟通的方式解决，而不采用问询手段；若是通过发函与上市公司沟通，则传递出并购重组方案存在问题较多，或者上市公司与监管层沟通不力的信号。在此情况下，收到问询函的并购重组交易日后无法通过监管层审核的风险较大。

最后，并购重组方案是以并购财务顾问为主起草人，律师事务所、会计师事务所和资产评估事务所共同配合完成的，收到问询函的并购重组交易，能够传递出并购中介机构能力不足的信号，并购重组交易的内容和重点没有被清晰阐述和说明。在此情况下，收到问询函的并购重组交易可能会由于中介机构的能力不足而无法顺利完成。

综上，并购重组问询函具有两方面的作用：一方面是能够缓解信息不对称，迫使上市公司披露其刻意隐瞒的信息甚至导致其交易终止；另一方面是能够传递出并购重组交易问题较多、上市公司与监管层沟通不力以及并购中介机构能力不足的信号。因此，收到问询函的并购重组交易失败的风险更高，基于以上分析，本章提出以下假设。

H5-2：收到问询函的并购重组交易，失败的风险更高。

《企业会计准则第8号——资产减值》规定，对企业合并所形成的商誉[①]，公司应当至少在每年年度终了进行减值测试，若存在商誉减值迹象[②]，

[①] 按照《企业会计准则第20号——企业合并》的规定，在非同一控制下企业合并中，购买方对合并成本大于合并中取得的被购买方可辨认净资产公允价值份额的差额，应当确认为商誉，即并购溢价产生了商誉。

[②] 《会计监管风险提示第8号——商誉减值》中提到，与商誉减值相关的前述特定减值迹象包括但不限于：(1) 现金流或经营利润持续恶化或明显低于形成商誉时的预期，特别是被收购方未实现承诺的业绩；(2) 所处行业产能过剩，相关产业政策、产品与服务的市场状况或市场竞争程度发生明显不利变化；(3) 相关业务技术壁垒较低或技术快速进步，产品与服务易被模仿或已升级换代，盈利现状难以维持；(4) 核心团队发生明显不利变化，且短期内难以恢复；(5) 与特定行政许可、特许经营资格、特定合同项目等资质存在密切关联的商誉，相关资质的市场惯例已发生变化，如放开经营资质的行政许可、特许经营或特定合同到期无法接续等；(6) 客观环境的变化导致市场投资报酬率在当期已明显提高，且没有证据表明短期内会下降；(7) 经营所处国家或地区的风险突出，如面临外汇管制、恶性通货膨胀、宏观经济恶化等。参见 http://www.csrc.gov.cn/pub/newsite/kjb/kjbzcgf/xsjzj/sjpgjggz/201811/t20181116_346845.html。

上市公司需计提商誉减值，最终直接导致公司当年业绩大降或亏损。商誉减值实际上是当协同效应收益低于并购溢价所形成的商誉时发生的（胡凡和李科，2019）。现有研究表明，商誉减值的影响因素包括并购特征因素和管理层盈余操纵（Elliott and Hanna，1996）。并购特征因素方面，并购溢价高、支付方式（Hayn and Hughes，2006）、多元化并购（Li et al.，2011）以及并购时股价高估（Gu and Lev，2011）会导致商誉减值；管理层盈余操纵主要体现在公司业绩超过预期的时候平滑利润，公司业绩差的时候进行"财务大洗澡"。

此外，上市公司在并购重组信息披露中刻意隐瞒部分信息是导致收到重组问询函的重要原因。管理层隐藏信息有以下两种原因：一是信息操纵，夸大公司好消息而不注重披露公司的负面消息，将反映并购重组交易实质的风险信息进行隐藏；二是代理冲突，管理层出于自身利益进行高溢价或者是产业不相关的并购，导致溢价过高，并且代理冲突下管理层进行盈余操纵的动机更强。综上所述，收到问询函的并购重组交易，向市场和投资者传递出并购重组风险信息被隐藏、并购溢价可能过高以及存在代理问题的信号，未来并购协同效应可能会低于预期而导致并购商誉减值。基于以上分析，本章提出以下假设。

H5-3：收到问询函的并购重组交易，未来发生商誉减值的风险更大。

5.2 研究设计

5.2.1 样本与数据

本章选取 2015~2018 年 A 股上市公司重大资产重组交易为研究样本，沪深交易所从 2014 年 12 月开始披露并购重组问询函，因此本章选取完整会计年度 2015 年作为研究起始点。从沪深交易所官网的"监管信息公开"栏目[①]手工搜集了重组问询函；从巨潮资讯网手工收集了上市

---

① http://www.szse.cn/disclosure/supervision/inquire/index.html；http://www.sse.com.cn/disclosure/credibility/supervision/inquiries/。

公司并购重组报告书,并手工加工交易是否失败、是否非同一控制等字段;重大资产重组数据来源于 Wind 数据库,其他数据来源于 CSMAR 数据库。

为避免异常值的影响,本章进行了如下数据处理:①以公司代码、交易时间和标的名称为标准,将 2015~2018 年的重组问询函和重大资产重组交易进行匹配,并下载对应的并购重组报告书,共得到 1413 个样本;②剔除金融类上市公司的样本;③删除 ST 上市公司;④删除变量缺失的样本;⑤对所有连续型变量进行前后端 1% 水平的极值处理。经过上述处理后,共得到 913 个样本,其中被问询的样本为 707 个,没被问询的样本为 206 个。

其中需要特别说明的是,本章在涉及商誉减值的检验时,需要在以上基础上进行以下处理:①保留并购完成的样本;②保留并购双方是非同一控制的交易。经过上述处理后,共得到 381 个样本。

5.2.2 模型与变量

为检验研究假设,本章构建了如下三个主要模型:

$$CAR_{i,t} = \alpha_0 + \alpha_1 Inquiry_{i,t} + \alpha_2 Paymethod_{i,t} + \alpha_3 Premium_{i,t} + \alpha_4 Diversity_{i,t} + \alpha_5 Relative_{i,t} + \alpha_6 Size_{i,t-1} + \alpha_7 Lev_{i,t-1} + \alpha_8 ROA_{i,t-1} + \alpha_9 BM_{i,t-1} + \alpha_{10} Growth_{i,t-1} + \alpha_{11} Analystcov_{i,t-1} + \alpha_{12} State_{i,t-1} + \alpha_{13} Letter_{i,t-1} + \sum Ind + \sum Year + \varepsilon \quad (5-1)$$

$$Result_{i,t} = \alpha_0 + \alpha_1 Inquiry_{i,t} + \alpha_2 Paymethod_{i,t} + \alpha_3 Premium_{i,t} + \alpha_4 Diversity_{i,t} + \alpha_5 Relative_{i,t} + \alpha_6 Size_{i,t-1} + \alpha_7 Lev_{i,t-1} + \alpha_8 ROA_{i,t-1} + \alpha_9 BM_{i,t-1} + \alpha_{10} Growth_{i,t-1} + \alpha_{11} Analystcov_{i,t-1} + \alpha_{12} State_{i,t-1} + \alpha_{13} Letter_{i,t-1} + \sum Ind + \sum Year + \varepsilon \quad (5-2)$$

$$GW_{i,t} = \alpha_0 + \alpha_1 Inquiry_{i,t} + \alpha_2 Paymethod_{i,t} + \alpha_3 Premium_{i,t} + \alpha_4 Diversity_{i,t} + \alpha_5 Relative_{i,t} + \alpha_6 Size_{i,t-1} + \alpha_7 Lev_{i,t-1} + \alpha_8 ROA_{i,t-1} + \alpha_9 BM_{i,t-1} + \alpha_{10} Growth_{i,t-1} + \alpha_{11} Analystcov_{i,t-1} + \alpha_{12} State_{i,t-1} + \alpha_{13} Letter_{i,t-1} + \sum Ind + \sum Year + \varepsilon \quad (5-3)$$

其中 $CAR_{i,t}$、$Result_{i,t}$、$GW_{i,t}$、$Inquiry_{i,t}$、$Paymethod_{i,t}$、$Premium_{i,t}$、

$Diversity_{i,t}$、$Relative_{i,t}$ 分别代表第 t 年 i 公司并购交易的首次公告市场反应、并购成败、商誉减值、监管问询、并购支付方式、并购溢价、多元化并购以及相对规模，$Size_{i,t-1}$、$Lev_{i,t-1}$、$ROA_{i,t-1}$、$BM_{i,t-1}$、$Growth_{i,t-1}$、$Analystcov_{i,t-1}$、$State_{i,t-1}$、$Letter_{i,t-1}$ 分别代表第 $t-1$ 年 i 公司的规模、财务杠杆、总资产收益率、账面市值比、成长性、分析师关注、经济性质以及其他监管函件特征。

(1) 被解释变量

并购首次公告市场反应（CAR）。将股票复牌交易首日设定为并购首次公告市场反应的事件日，即第 0 日。参照 Goodman（2014）等的研究，采用并购首次公告日 [0, 1] 窗口期计算超额累计收益率（CAR）。

借鉴 Goodman（2014）、潘红波等（2008）、陈仕华等（2013）的研究，本章使用常规的市场模型法计算超额累计收益率，具体计算过程如下：

$$R_{i,t} = \alpha_i + \beta_i R_{m,t} + \varepsilon_{i,t} \tag{5-4}$$

首先，根据市场模型（5-4）来估算 i 公司的 beta 值（β_i），其中 $R_{m,t}$ 为考虑现金红利再投资的日市场收益率，$R_{i,t}$ 为日个股收益率。借鉴 Goodman（2014）等的普遍做法，将市场模型（5-4）参数计算的估计期选择为并购事件首次公告日前 270 个交易日至前 21 个交易日，得到 α_i 和 β_i 的 OLS 估计量（$\hat{\alpha}_i$、$\hat{\beta}_i$），通过 $\hat{\alpha}_i$、$\hat{\beta}_i$ 能够计算出个股的估计收益率（$\hat{\alpha}_i + \hat{\beta}_i R_{m,t}$），即假定没有该并购事件发生情况下股价的预期收益。

$$AR_{i,t} = R_{i,t} - (\hat{\alpha}_i + \hat{\beta}_i R_{m,t}) \tag{5-5}$$

如模型（5-5）所示，日个股收益率（$R_{i,t}$）与基于 OLS 估计量的估计收益率（$\hat{\alpha}_i + \hat{\beta}_i R_{m,t}$）的差值即为个股超额收益率（AR）。如模型（5-6）所示，将事件窗口期 [m, n] 内的个股超额收益率（AR）进行累加后即得到事件窗口期内的超额累计收益率（CAR）。为最大程度上消除其他事项的影响，本章采用并购首次公告日 [0, 1] 窗口期计算超额累计收益率（CAR），即将并购首次公告第 0 日及后一交易日的 AR 进行累加，并以 [0, 3]、[0, 6] 窗口期计算超额累计收益率进行稳健性检验。

$$CAR_{i,t}[m,n] = \sum_{m}^{n} AR_{i,t} \qquad (5-6)$$

并购成败（Result）。本章的并购成败是指并购是否顺利完成，完成的交易即为并购成功，终止进行的交易即为并购失败。

商誉减值（GW）。根据会计准则要求，并购产生商誉后，上市公司需要每年进行减值测试，因此并购完成后的年度都有可能发生商誉减值情形。基于此，本章将并购完成后每个年度的财务报告进行了手工加工，确定并购标的是否发生了商誉减值。由于当前研究样本中最新财务报告年度为 2018 年，因此本章对上市公司商誉减值的界定为从并购完成当年到 2018 年是否发生了商誉减值。

（2）解释变量

监管问询（Inquiry）。借鉴陈运森等（2019）关于监管问询情况的测度方式，选用是否收到重组问询函（Inquiry）变量，用以研究监管问询函的预警作用。

（3）控制变量

参考 Schijven 和 Hitt（2012）、Goodman 等（2014）以及王艳和李善民（2017）的有关研究，控制了并购支付方式（Paymethod）、并购溢价（Premium）、多元化并购（Diversity）、相对规模（Relative）、公司规模（Size）、财务杠杆（Lev）、总资产收益率（ROA）、账面市值比（BM）、成长性（Growth）、分析师关注（Analystcov）、经济性质（State）、其他监管函件（Letter）。另外，本研究还纳入了年度（Year）与行业（Ind）虚拟变量。具体变量定义见表 5-1。

表 5-1 变量定义

变量类型	变量名称	变量符号	变量定义
被解释变量	并购首次公告市场反应	CAR	并购首次公告日 [0, 1] 窗口期超额累计收益率
	并购成败	Result	并购失败为 1，否则为 0
	商誉减值	GW	商誉减值为 1，否则为 0
解释变量	监管问询	Inquiry	收到重组问询函为 1，否则为 0

续表

变量类型	变量名称	变量符号	变量定义
控制变量	并购支付方式	Paymethod	现金支付为1，否则为0
	并购溢价	Premium	（交易金额-标的净资产账面价值份额）/标的净资产账面价值份额
	多元化并购	Diversity	多元化并购为1，否则为0
	相对规模	Relative	交易金额/并购方总资产
	公司规模	Size	ln（并购方期末总资产）
	财务杠杆	Lev	并购方总负债/并购方总资产
	总资产收益率	ROA	并购方净利润/并购方总资产
	账面市值比	BM	并购方股东权益/并购方总市值
	成长性	Growth	（并购方本期主营业务收入-上期主营业务收入）/并购方上期主营业务收入
	分析师关注	Analystcov	ln（1+并购方分析师关注人数）
	经济性质	State	并购方是国企为1，否则为0
	其他监管函件	Letter	并购方是否收到年报问询函、关注函以及其他问询函
	行业	Ind	行业虚拟变量
	年份	Year	年度虚拟变量

5.3 描述性统计分析

表5-2的描述性统计结果显示：总样本超额累计收益率（CAR）的均值为0.029，说明并购重组交易事项平均能够为公司带来2.9%的超额收益率；并购成败（Result）和商誉减值（GW）的均值分别为0.251和0.288，说明并购重组交易事项失败和未来发生商誉减值的风险分别为25.1%和28.8%；监管问询（Inquiry）的均值为0.774，即约77.4%的并购重组交易会收到交易所问询函。

按照是否收到重组问询函进行组间差异检验，结果显示未被问询样本的CAR均值为0.058，被问询样本的均值为0.020，两组的均值差异T检验在1%水平上显著，表明未被问询样本的CAR显著高于被问询样本；

未被问询样本的 *Result* 和 *GW* 均值低于被问询样本，这说明相较于收到重组问询函的并购交易，未被问询的并购交易市场反应更好，且交易失败和商誉减值的风险更低。

表 5-2 描述性统计及分组均值差异检验

变量	均值	标准差	最小值	最大值	未被问询样本均值	被问询样本均值	均值差异 T 检验
CAR	0.029	0.135	-0.237	0.252	0.058	0.020	0.038***
Result	0.251	0.434	0	1	0.199	0.266	-0.067*
GW	0.288	0.453	0	1	0.230	0.306	-0.077
Inquiry	0.774	0.418	0	1	0	1	
Paymethod	0.320	0.467	0	1	0.252	0.339	-0.087**
Premium	6.484	13.542	-1	101.628	7.021	6.327	0.694
Diversity	0.187	0.390	0	1	0.228	0.175	0.053*
Relative	1.226	2.524	0	19.303	1.310	1.201	0.109
Size	21.765	1.220	19.118	25.389	21.889	21.729	0.161*
Lev	0.437	0.227	0.052	0.982	0.426	0.441	-0.015
ROA	0.017	0.075	-0.025	0.240	0.026	0.014	0.011*
BM	0.382	0.223	0.042	1.035	0.389	0.379	0.010
Growth	0.221	0.788	-0.720	5.988	0.219	0.222	-0.003
Analystcov	1.289	1.044	0	3.401	1.470	1.236	0.234**
State	0.235	0.425	0	1	0.218	0.240	-0.022
Letter	0.186	0.389	0	1	0.160	0.194	-0.034

注：*、**、*** 分别表示在 10%、5%、1% 水平上显著。

图 5-1 展示了不同样本的并购首次公告日附近的市场反应均值，如图所示，我国并购存在公告效应，即首次公告日前后上市公司股价出现短期上涨现象，这与张继德等（2015）的研究结果一致。在并购事件窗口期内，收到问询函样本的超额收益率（*AR*）显著小于未收到问询函样本，这初步说明被问询的并购交易风险更高，交易所的重组问询函具有预警作用。

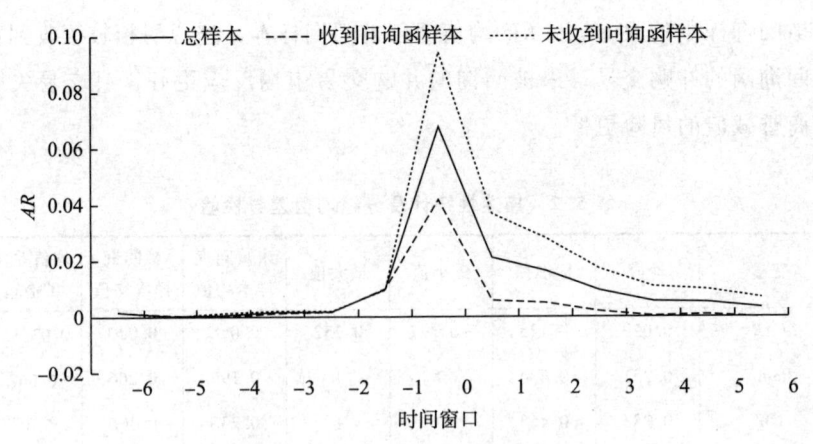

图 5-1 并购首次公告日附近的 AR

5.4 实证结果

对模型（5-1）采用 OLS 方法进行了 Robust 多元回归分析，表 5-3 列（1）结果显示，监管问询（Inquiry）与并购首次公告市场反应（CAR）在 1%水平上显著负相关，假设 H5-1 得到验证。对模型（5-2）和模型（5-3）采用 Logit 进行了 Robust 多元回归分析，表 5-3 列（2）结果显示，监管问询（Inquiry）与并购成败（Result）在 5%水平上显著正相关，说明收到重组问询函的并购交易失败的风险更大；表 5-3 列（3）结果显示，监管问询（Inquiry）与商誉减值（GW）在 1%水平上显著正相关，表明收到重组问询函的并购交易未来发生商誉减值的风险更大。以上实证结果表明，重组问询函具有风险预警作用。

表 5-3 重组问询函预警作用回归结果

变量	(1) CAR	(2) Result	(3) GW
Inquiry	-0.028***	0.441**	0.954***
	(-2.91)	(2.02)	(2.94)
Paymethod	-0.005	-1.178***	-0.352
	(-0.50)	(-5.63)	(-1.25)

续表

变量	(1) CAR	(2) Result	(3) GW
$Premium$	0.000	0.004	0.010
	(0.76)	(0.77)	(1.25)
$Diversity$	0.011	0.746***	0.396
	(1.04)	(3.78)	(1.10)
$Relative$	0.005***	-0.050	-0.058
	(2.77)	(-1.11)	(-1.11)
$Size$	-0.014*	0.303**	-0.302
	(-1.94)	(1.97)	(-1.18)
Lev	-0.033	0.036	0.535
	(-1.33)	(0.07)	(0.71)
ROA	0.034	-2.619*	-1.453
	(0.47)	(-1.87)	(-0.63)
BM	0.053	-1.981**	0.597
	(1.39)	(-2.41)	(0.44)
$Growth$	-0.009	0.171*	0.315**
	(-1.56)	(1.72)	(2.00)
$Analystcov$	0.001	-0.117	0.037
	(0.14)	(-1.12)	(0.23)
$State$	0.024**	-0.606***	-0.269
	(2.08)	(-2.64)	(-0.64)
$Letter$	-0.003	-0.182	0.116
	(-0.26)	(-0.84)	(0.32)
常数项	0.336**	-7.063**	6.544
	(2.26)	(-2.33)	(1.32)
年度	控制	控制	控制
行业	控制	控制	控制
N	913	913	381
Adj./Pseudo R^2	0.129	0.106	0.112

注：表中列示为稳健标准误的回归结果，*、**、*** 分别表示在10%、5%、1%水平上显著。

5.5 稳健性检验

5.5.1 基于 PSM 的检验

表 5-4 基于 PSM 匹配后的描述性统计结果显示，两组的超额累计收益率（CAR）均值差异 T 检验在 1% 水平上显著，并购成败（Result）均值差异 T 检验在 5% 水平上显著，其他并购特征和公司特征变量的均值差异 T 检验均不显著，说明在基于 PSM 匹配后所得的未被问询样本与被问询样本的控制变量特征接近的情况下，CAR 和 Result 仍存在显著差异，与本章主检验结论一致。

表 5-5 报告了基于 PSM 匹配样本的回归结果，模型（1）中 Inquiry 的系数在 1% 水平上显著为负，模型（2）、模型（3）中 Inquiry 的系数分别在 5% 和 1% 水平上显著为正，这说明控制了被问询样本以及未被问询样本之间的性质差异后，重组问询函依然具有风险预警作用，与本章主检验结论一致。

表 5-4　基于 PSM 匹配后样本描述性统计

变量	未被问询样本（$N=648$）		被问询样本（$N=150$）		均值差异 T 检验
	均值	标准差	均值	标准差	
CAR	0.020	0.144	0.056	0.106	0.036***
Result	0.267	0.443	0.173	0.380	-0.093**
GW	0.147	0.354	0.127	0.334	-0.020
Paymethod	0.340	0.474	0.273	0.447	-0.066
Premium	6.391	12.838	7.002	15.393	0.611
Diversity	0.177	0.382	0.200	0.401	0.023
Relative	1.170	2.264	1.360	2.989	0.190
Size	21.769	1.186	21.776	1.280	0.007
Lev	0.442	0.224	0.423	0.236	-0.019
ROA	0.015	0.072	0.023	0.084	0.007
BM	0.383	0.224	0.382	0.232	-0.001
Growth	0.231	0.811	0.267	0.808	0.036

续表

变量	未被问询样本（N=648）		被问询样本（N=150）		均值差异 T检验
	均值	标准差	均值	标准差	
Analystcov	1.296	1.008	1.353	1.062	0.057
State	0.242	0.429	0.200	0.401	-0.042
Letter	0.182	0.386	0.140	0.348	-0.042

注：*、**、***分别表示在10%、5%、1%水平上显著。

表5-5 基于PSM的稳健性检验

变量	（1）CAR	（2）Result	（3）GW
Inquiry	-0.028***	0.618**	0.940***
	(-2.61)	(2.40)	(2.58)
Paymethod	-0.006	-1.128***	-0.470
	(-0.57)	(-5.05)	(-1.55)
Premium	0.000	0.006	0.011
	(0.49)	(0.98)	(1.30)
Diversity	0.009	0.776***	0.636
	(0.78)	(3.64)	(1.58)
Relative	0.006**	-0.070	-0.045
	(2.46)	(-1.22)	(-0.72)
Size	-0.014*	0.178	-0.206
	(-1.72)	(1.06)	(-0.74)
Lev	-0.028	-0.124	0.371
	(-0.99)	(-0.24)	(0.47)
ROA	0.022	-2.539*	-3.124
	(0.27)	(-1.66)	(-1.23)
BM	0.057	-1.486*	0.287
	(1.37)	(-1.71)	(0.19)
Growth	-0.009	0.169*	0.310*
	(-1.43)	(1.65)	(1.90)
Analystcov	0.003	-0.130	0.070
	(0.43)	(-1.13)	(0.41)
State	0.025**	-0.680***	-0.150
	(2.03)	(-2.74)	(-0.35)

续表

变量	(1) CAR	(2) Result	(3) GW
Letter	-0.003	-0.174	0.126
	(-0.20)	(-0.71)	(0.32)
常数项	0.329**	-4.680	4.551
	(2.01)	(-1.41)	(0.84)
年度	控制	控制	控制
行业	控制	控制	控制
N	798	798	335
Adj./Pseudo R^2	0.132	0.108	0.108

注：表中列示为稳健标准误的回归结果，*、**、***分别表示在10%、5%、1%水平上显著。

5.5.2 基于重组问询函不同度量方法的检验

为增加实证结果的可靠性，避免不同计量方式对实证结果的影响，本章参照陈运森等（2019）、李晓溪等（2019b）、郭飞和周泳彤（2018）的做法，以第一封重组问询函的问题数（$Inquiry1$）、文本数（$Inquiry2$）以及收到问询函的个数（$Inquiry3$）代替是否收到问询函进行实证检验。表5-6实证结果与主检验一致，说明收到重组问询函的并购交易首次公告市场反应差、失败概率高且发生商誉减值的风险更大，并且结果不受问询函计量方式的影响。

5.5.3 基于被解释变量不同度量方法的检验

基于测量可靠性，参照潘红波等（2008）、陈仕华等（2013）以及王艳和阚铄（2014）的研究，本章在计算超额累计收益率（CAR）时，一是采用[0, 3]、[0, 6]窗口期进行计算；二是将市场模型参数计算的估计期选为并购事件首次公告日前150个交易日至前30个交易日，计算[0, 1]、[0, 3]、[0, 6]窗口期的CAR，回归结果如表5-7所示。此外，本章在计算并购成败（Result）时，将并购中的样本剔除进行回归。最后，用商誉爆雷来测度商誉减值（GW），并进行回归检验。表5-7结果显示，改变被解释变量度量方法的检验结果均与主检验保持一致。

5 监管问询与并购公告市场反应

表 5-6 基于重组问询函不同度量方法的稳健性检验

变量	(1) CAR			(2) Result			(3) GW		
Inquiry1	-0.009** (-2.38)			0.203** (2.49)			0.366*** (2.95)		
Inquiry2		-0.003*** (-2.74)			0.060** (2.12)			0.134*** (3.07)	
Inquiry3			-0.022** (-2.560)			0.571*** (3.22)			0.630** (2.27)
Paymethod	-0.006 (-0.61)	-0.005 (-0.56)	-0.004 (-0.449)	-1.166*** (-5.59)	-1.170*** (-5.61)	-1.207*** (-5.73)	-0.362 (-1.29)	-0.358 (-1.28)	-0.356 (-1.23)
Premium	0.000 (0.79)	0.000 (0.77)	0.000 (0.794)	0.004 (0.72)	0.004 (0.76)	0.004 (0.70)	0.009 (1.16)	0.010 (1.19)	0.009 (1.13)
Diversity	0.012 (1.10)	0.012 (1.07)	0.012 (1.071)	0.747*** (3.78)	0.746*** (3.78)	0.761*** (3.83)	0.354 (0.99)	0.390 (1.08)	0.335 (0.91)
Relative	0.005*** (2.82)	0.005*** (2.80)	0.005*** (2.785)	-0.052 (-1.13)	-0.051 (-1.12)	-0.050 (-1.08)	-0.058 (-1.10)	-0.059 (-1.12)	-0.059 (-1.18)
Size	-0.014* (-1.90)	-0.014* (-1.90)	-0.014* (-1.870)	0.312** (2.02)	0.302* (1.96)	0.310** (2.01)	-0.282 (-1.12)	-0.298 (-1.17)	-0.363 (-1.43)
Lev	-0.030 (-1.23)	-0.032 (-1.30)	-0.033 (-1.343)	-0.035 (-0.07)	0.016 (0.03)	0.037 (0.08)	0.359 (0.48)	0.462 (0.610)	0.533 (0.70)

续表

变量	(1) CAR		(2) Result		(3) GW	
ROA	0.036 (0.49)	0.035 (0.48)	0.023 (0.308)	−2.674* (−1.91)	−2.648* (−1.89)	−2.286 (−1.62)	−1.707 (−0.74)	−1.578 (−0.69)	−1.026 (−0.44)
BM	0.052 (1.37)	0.052 (1.36)	0.052 (1.378)	−2.016** (−2.46)	−1.974** (−2.40)	−2.043** (−2.50)	0.482 (0.35)	0.543 (0.39)	0.901 (0.67)
Growth	−0.009 (−1.54)	−0.009 (−1.55)	−0.009 (−1.570)	0.170* (1.69)	0.171* (1.71)	0.171* (1.70)	0.300* (1.91)	0.310** (1.97)	0.335** (2.12)
Analystcov	0.001 (0.12)	0.001 (0.11)	0.001 (0.155)	−0.108 (−1.02)	−0.113 (−1.07)	−0.117 (−1.11)	0.052 (0.33)	0.046 (0.29)	0.034 (0.21)
State	0.023** (2.03)	0.023** (2.05)	0.022* (1.915)	−0.606*** (−2.64)	−0.604*** (−2.63)	−0.570** (−2.48)	−0.286 (−0.67)	−0.274 (−0.65)	−0.268 (−0.64)
Letter	−0.003 (−0.29)	−0.003 (−0.25)	−0.004 (−0.344)	−0.177 (−0.82)	−0.185 (−0.85)	−0.162 (−0.74)	0.146 (0.41)	0.127 (0.35)	0.128 (0.36)
常数项	0.325** (2.18)	0.328** (2.21)	0.326** (2.186)	−7.251** (−2.38)	−7.034** (−2.31)	−7.451** (−2.46)	6.250 (1.28)	6.493 (1.31)	7.789 (1.58)
年度	控制	控制	控制	控制	控制	控制	控制	控制	控制
行业	控制	控制	控制	控制	控制	控制	控制	控制	控制
N	913	913	913	913	913	913	381	381	381
Adj./Pseudo R²	0.129	0.129	0.123	0.109	0.107	0.113	0.111	0.114	0.103

注：表中列示为稳健标准误的回归结果，*、**、***分别表示在10%、5%、1%水平上显著。

表 5-7　基于被解释变量不同度量方法的稳健性检验

变量	(1) 估计期 [-270, -21] CAR [0, 3]	(1) 估计期 [-270, -21] CAR [0, 6]	(1) 估计期 [-150, -30] CAR [0, 1]	(1) 估计期 [-150, -30] CAR [0, 3]	(1) 估计期 [-150, -30] CAR [0, 6]	(2) Result	(3) GW
Inquiry	-0.045*** (-2.93)	-0.075*** (-3.62)	-0.019* (-1.86)	-0.038** (-2.36)	-0.071*** (-3.27)	1.053*** (2.96)	0.880** (2.33)
Paymethod	-0.020 (-1.30)	-0.022 (-1.19)	-0.011 (-1.08)	-0.025 (-1.64)	-0.028 (-1.43)	-1.086*** (-4.11)	-0.696** (-2.01)
Premium	0.001 (1.46)	0.001** (2.11)	0.000 (0.54)	0.001 (1.13)	0.001* (1.69)	-0.003 (-0.47)	0.004 (0.45)
Diversity	0.010 (0.600)	0.014 (0.62)	0.017 (1.46)	0.018 (1.00)	0.02 (0.84)	0.757*** (3.35)	0.157 (0.37)
Relative	0.009*** (2.70)	0.016*** (3.58)	0.005** (2.28)	0.009*** (2.61)	0.017*** (3.37)	-0.204** (-2.37)	-0.125** (-2.03)
Size	-0.030*** (-2.65)	-0.040*** (-2.78)	-0.016** (-2.08)	-0.033*** (-2.82)	-0.044*** (-2.95)	0.096 (0.52)	-0.499 (-1.62)
Lev	-0.081** (-2.08)	-0.114** (-2.32)	-0.034 (-1.33)	-0.082** (-2.04)	-0.107** (-2.11)	0.260 (0.43)	1.722* (1.83)
ROA	-0.031 (-0.29)	-0.048 (-0.36)	-0.049 (-0.64)	-0.02 (-0.18)	-0.028 (-0.20)	-5.762*** (-3.08)	-0.910 (-0.33)
BM	0.121** (2.06)	0.182** (2.41)	0.072* (1.81)	0.151** (2.47)	0.219*** (2.79)	-1.644* (-1.69)	0.721 (0.42)
Growth	-0.013 (-1.38)	-0.018 (-1.50)	-0.007 (-1.26)	-0.011 (-1.17)	-0.016 (-1.40)	0.224** (2.00)	0.209 (1.26)
Analystcov	0.011 (1.34)	0.015 (1.39)	0.001 (0.19)	0.012 (1.39)	0.016 (1.49)	-0.161 (-1.32)	0.033 (0.18)
State	0.040** (2.22)	0.043* (1.88)	0.024** (2.04)	0.039** (2.07)	0.038 (1.56)	-0.363 (-1.31)	-1.140** (-1.99)
Letter	-0.001 (-0.06)	-0.002 (-0.08)	0.001 (0.04)	0.004 (0.23)	0.006 (0.27)	-0.213 (-0.78)	0.060 (0.15)
常数项	0.679*** (2.94)	0.916*** (3.16)	0.354** (2.31)	0.719*** (3.02)	0.986*** (3.27)	-3.152 (-0.86)	11.198* (1.89)
年度	控制	控制	控制	控制	控制	控制	控制

续表

变量	(1) 估计期 [-270, -21]		(1) 估计期 [-150, -30]			(2) Result	(3) GW
	CAR [0, 3]	CAR [0, 6]	CAR [0, 1]	CAR [0, 3]	CAR [0, 6]		
行业	控制	控制	控制	控制	控制	控制	控制
N	913	913	913	913	913	629	371
Adj./Pseudo R^2	0.159	0.182	0.141	0.175	0.188	0.131	0.146

注：表中列示为稳健标准误的回归结果，*、**、***分别表示在10%、5%、1%水平上显著。

5.5.4 对替代性解释"不同证券交易所的问询制度存在差异"的稳健性检验

刘柏和卢家锐（2019）的研究表明，深交所上市公司样本中，问询函对盈余管理的识别效果更加明显，不同交易所的问询制度可能存在差异。为解决这一遗漏变量导致的内生性问题，本章参照郭飞和周泳彤（2018）的做法，在原模型中增加了证券交易所变量（$Exchange$），当上市公司在深交所上市时，$Exchange$ 为1，在上交所上市为0，表5-8实证结果与主检验保持一致。

表5-8 对替代性解释"不同证券交易所的问询制度存在差异"的稳健性检验

变量	(1) CAR	(2) Result	(3) GW
$Inquiry$	-0.028***	0.443**	0.947***
	(-2.90)	(2.03)	(2.91)
$Exchange$	0.011	0.122	-0.190
	(1.06)	(0.61)	(-0.62)
$Paymethod$	-0.004	-1.166***	-0.380
	(-0.39)	(-5.59)	(-1.33)
$Premium$	0.000	0.004	0.010
	(0.69)	(0.74)	(1.28)
$Diversity$	0.012	0.748***	0.404
	(1.07)	(3.79)	(1.12)

续表

变量	（1）CAR	（2）Result	（3）GW
Relative	0.005***	-0.050	-0.056
	(2.78)	(-1.10)	(-1.07)
Size	-0.013*	0.313**	-0.324
	(-1.81)	(1.99)	(-1.26)
Lev	-0.031	0.056	0.518
	(-1.28)	(0.11)	(0.68)
ROA	0.037	-2.578*	-1.425
	(0.51)	(-1.85)	(-0.62)
BM	0.050	-2.010**	0.671
	(1.31)	(-2.45)	(0.49)
Growth	-0.009	0.171*	0.316**
	(-1.59)	(1.71)	(2.00)
Analystcov	0.000	-0.126	0.051
	(0.03)	(-1.18)	(0.32)
State	0.027**	-0.573**	-0.336
	(2.28)	(-2.43)	(-0.80)
Letter	-0.002	-0.175	0.116
	(-0.21)	(-0.81)	(0.33)
常数项	0.309**	-7.372**	7.123
	(2.04)	(-2.35)	(1.42)
年度	控制	控制	控制
行业	控制	控制	控制
N	913	913	381
Adj./Pseudo R^2	0.125	0.107	0.112

注：表中列示为稳健标准误的回归结果，*、**、*** 分别表示在10%、5%、1%水平上显著。

5.5.5 样本区间扩大的稳健性检验

为增强本章研究结果的可靠性，将样本区间由2015~2018年向后扩充至2015~2021年，再次进行回归，表5-9回归结果与前文保持一致，表明本章研究结果不会随着样本区间的改变而改变，再次验证了重组问询函具有风险警示作用。

表 5-9　样本区间扩大的稳健性检验

变量	(1) CAR	(2) Result	(3) GW
Inquiry	-0.016***	0.352***	0.248**
	(2.89)	(0.74)	(0.23)
Paymethod	-0.018**	-0.742***	1.677**
	(-2.45)	(-5.00)	(1.98)
Premium	-0.000***	-0.000	-0.029
	(-17.16)	(-0.94)	(-0.20)
Diversity	0.004	0.675***	0.316
	(0.55)	(4.89)	(0.49)
Relative	0.007***	-0.032	-0.067
	(2.71)	(-1.45)	(-1.331)
Size	-0.010***	0.004	-1.329***
	(-4.00)	(0.09)	(-4.51)
Lev	-0.010	-0.337	1.014
	(-0.69)	(-1.21)	(0.68)
ROA	-0.031	-0.298	19.874***
	(-0.55)	(-0.27)	(2.87)
BM	-0.004	0.022	4.214**
	(-0.95)	(0.45)	(2.43)
Growth	-0.000	-0.009	-0.066*
	(-0.78)	(-0.81)	(-1.79)
Analystcov	0.003	-0.118	0.035
	(0.15)	(-1.13)	(0.22)
State	-0.008	-0.137	-0.737
	(-1.12)	(-1.02)	(-0.73)
Letter	-0.014	-0.292	0.316
	(-0.36)	(-0.94)	(0.53)
常数项	0.304***	-0.118	15.393***
	(4.92)	(-0.10)	(2.63)
年度	控制	控制	控制

续表

变量	(1) CAR	(2) Result	(3) GW
行业	控制	控制	控制
N	1753	1753	399
Adj./Pseudo R^2	0.088	0.062	0.346

注：表中列示为稳健标准误的回归结果，*、**、***分别表示在10%、5%、1%水平上显著。

5.6 进一步检验

5.6.1 问询函文本特征检验

在主检验和稳健性检验中，本章已经考察了是否收到重组问询函、问询函问题数量以及问询函数量整体层面的问询函特征对并购风险警示的信号作用，在进一步分析中，将检验问询函文本特征的风险预警作用，即将涉及标的盈利、标的产权等有关标的特征的问询函识别出来，当问询函涉及标的特征（Inquiry-Target）时为1，否则为0。

表5-10回归结果显示，当问询函涉及标的特征时，并购首次公告市场反应会更加负面，且未来发生商誉减值的可能性更大，这主要是因为标的情况是并购交易的核心影响因素，直接影响到投资者对公司的未来预期，也决定了标的未来的可持续盈利性。而对并购成败的影响作用不大，这主要是因为并购成败的影响因素更为复杂，除了标的本身的特征，还包括上市公司合规性的履行情况、与监管层沟通情况以及监管的严格程度。

表5-10 问询函文本特征检验

变量	(1) CAR	(2) Result	(3) GW
Inquiry-Target	-0.028***	0.110	0.606*
	(-2.85)	(0.53)	(1.95)
Paymethod	-0.004	-1.167***	-0.310
	(-0.44)	(-5.58)	(-1.10)

续表

变量	(1) CAR	(2) Result	(3) GW
Premium	0.000	0.004	0.009
	(0.82)	(0.76)	(1.10)
Diversity	0.011	0.722***	0.351
	(1.04)	(3.65)	(0.98)
Relative	0.005***	-0.052	-0.055
	(2.81)	(-1.17)	(-1.13)
Size	-0.013*	0.274*	-0.345
	(-1.86)	(1.79)	(-1.37)
Lev	-0.032	0.041	0.421
	(-1.31)	(0.08)	(0.57)
ROA	0.033	-2.613*	-1.085
	(0.44)	(-1.87)	(-0.47)
BM	0.052	-1.881**	0.856
	(1.36)	(-2.29)	(0.64)
Growth	-0.009	0.175*	0.307*
	(-1.55)	(1.75)	(1.94)
Analystcov	0.000	-0.122	0.045
	(0.07)	(-1.16)	(0.28)
State	0.023**	-0.592***	-0.260
	(2.02)	(-2.58)	(-0.63)
Letter	-0.004	-0.183	0.107
	(-0.30)	(-0.84)	(0.31)
常数项	0.320**	-6.215**	7.547
	(2.16)	(-2.07)	(1.55)
年度	控制	控制	控制
行业	控制	控制	控制
N	913	913	381
Adj./Pseudo R^2	0.125	0.102	0.100

注：表中列示为稳健标准误的回归结果，*、**、*** 分别表示在10%、5%、1%水平上显著。

5.6.2 内部控制分组检验

Ashbaugh-Skaife 等（2009）研究发现，内部控制不足的公司具有更高的特质风险和系统风险，上市公司信息披露质量不高、盈余操纵等财务报告披露问题可能是由于公司内部控制存在缺陷（Anantharaman and He，2017）。聂萍和潘再珍（2019）研究表明，上市公司内部控制水平会影响交易所问询函的治理作用，那问询函的预警作用是否会受到内部控制质量的影响？基于此，本章按照上市公司内部控制质量对样本进行分组检验，采用迪博数据库的内部控制指数度量内部控制质量，内部控制指数越大，内部控制质量越好。参照聂萍和潘再珍（2019）的研究，本章以内部控制指数的中位数区分内部控制质量高组（内部控制指数中位数以上）和内部控制质量低组（内部控制指数中位数以下），分组进行多元回归检验。

表 5-11 列示了不同内部控制质量下重组问询函预警作用的实证结果。模型（1）结果显示，内部控制质量高的上市公司收到问询函，其首次公告市场反应更差。这主要是因为高质量的内部控制能够有效提升公司并购绩效（孙自愿和李影，2016），投资者对内部控制质量高的公司预期更高。如果内部控制质量高的公司并购收到了重组问询函，对投资者来说是一个相对意外的信号，会更大程度上改变投资者决策，进而影响并购首次公告日的市场反应（CAR）。因此，内部控制质量高的公司收到了重组问询函，会受到投资者更多的关注并引发较大市场反应，风险预警信号作用更强；内部控制质量低的公司收到重组问询函，是在投资者意料之中的，投资者市场反应相对较小，风险预警信号作用更弱。

模型（2）、模型（3）结果表明，内部控制质量高的上市公司收到重组问询函，其并购失败的风险更高，且未来发生商誉减值的可能性更大。这是因为问询函制度主要是针对上市公司信息披露不准确、内容不完善或者交易存疑等情况，要求上市公司进一步补充说明的问题。内部控制质量高的公司管理流程更加规范，信息披露质量高、信息不对称程度低（方红星和金玉娜，2011），并购交易信息披露不准确、内容不完善的情况较少发生。如果内部控制质量高的公司收到了重组问询函，则更可能是因为交易存疑，即公司刻意隐瞒了并购交易的实质风险，且被交易所识别了出来，因此其交易失败和未来发生商誉减值的风险更高，预警信号作用更强。而内部控制质量低的公司收到重组问询函，可能是因为其信息披露不准确或者内容不完善，反映出的交易实质性风险相对较少，因而预警信号作用相对较弱。

表 5-11 内部控制质量分组检验

变量	(1) CAR 内部控制质量高组	(1) CAR 内部控制质量低组	(2) Result 内部控制质量高组	(2) Result 内部控制质量低组	(3) GW 内部控制质量高组	(3) GW 内部控制质量低组
Inquiry	-0.025* (-1.91)	-0.022 (-1.461)	0.612** (2.01)	0.291 (0.88)	1.079** (2.17)	0.735 (1.40)
Paymethod	0.003 (0.24)	-0.011 (-0.749)	-1.310*** (-3.89)	-1.045*** (-3.60)	-0.403 (-0.95)	-0.044 (-0.11)
Premium	0.001* (1.80)	-0.000 (-0.823)	0.006 (0.84)	0.006 (0.65)	0.016 (1.17)	0.012 (0.79)
Diversity	0.006 (0.39)	0.027* (1.703)	0.934*** (3.30)	0.511* (1.70)	0.334 (0.56)	0.686 (1.38)
Relative	0.007*** (3.06)	0.005 (1.295)	-0.090 (-1.26)	-0.001 (-0.02)	-0.114* (-1.74)	0.052 (0.39)
Size	-0.021** (-2.19)	0.005 (0.440)	0.366* (1.77)	0.351 (1.33)	-0.474 (-1.20)	-0.168 (-0.44)
Lev	-0.032 (-0.83)	-0.035 (-0.980)	-0.034 (-0.05)	0.694 (0.95)	1.546 (1.16)	-0.284 (-0.23)
ROA	-0.002 (-0.02)	-0.013 (-0.120)	-5.053** (-2.01)	1.160 (0.53)	-8.603** (-2.12)	2.267 (0.74)
BM	0.084 (1.61)	0.014 (0.241)	-2.381** (-2.10)	-2.606* (-1.82)	0.363 (0.18)	1.335 (0.62)
Growth	-0.009 (-1.25)	-0.010 (-1.145)	0.308** (2.53)	-0.052 (-0.26)	0.323 (1.28)	0.499* (1.89)
Analystcov	0.010 (1.31)	-0.015* (-1.808)	-0.127 (-0.93)	-0.077 (-0.44)	0.274 (1.17)	-0.012 (-0.05)
State	0.032** (2.03)	0.002 (0.124)	-0.577* (-1.86)	-0.847** (-2.15)	-0.359 (-0.59)	-0.534 (-0.79)

续表

变量	(1) CAR		(2) Result		(3) GW	
	内部控制高组	内部控制低组	内部控制高组	内部控制低组	内部控制高组	内部控制低组
Letter	-0.007	0.007	-0.641*	0.048	0.851	-0.280
	(-0.41)	(0.429)	(-1.93)	(0.17)	(1.43)	(-0.55)
常数项	0.452**	-0.060	-7.740*	-8.661	9.520	2.995
	(2.38)	(-0.233)	(-1.94)	(-1.63)	(1.27)	(0.42)
年度	控制	控制	控制	控制	控制	控制
行业	控制	控制	控制	控制	控制	控制
N	469	422	469	414	179	167
Adj./Pseudo R^2	0.159	0.163	0.132	0.138	0.138	0.140

注：表中列示为稳健标准误的回归结果，*、**、*** 分别表示在10%、5%、1%水平上显著。

5.6.3 业绩承诺分组检验

表5-12列示了不同业绩承诺分组下重组问询函预警作用的实证结果。模型（1）结果显示，有业绩承诺的并购交易收到重组问询函，其市场反应更差。这主要是因为业绩承诺具有"兜底"作用，即使标的盈利状况不好，上市公司依然会得到补偿。签订业绩承诺协议的并购，上市公司并购绩效显著更好（杨超等，2018），且监管层一直鼓励上市公司并购签订业绩承诺协议。因此投资者认为有业绩承诺的并购交易风险更低，更受监管层青睐，收到重组问询函的可能性相对更小。若是有业绩承诺的并购重组收到了问询函，会引发投资者对投资风险的更多猜想，导致更差的市场反应。

模型（2）、模型（3）结果表明，有业绩承诺的并购交易收到重组问询函，其并购失败的可能性更大，且未来发生商誉减值的风险更高。这主要是因为业绩承诺一直是监管层为保护投资者利益、降低并购风险而鼓励上市公司在重组方案中明确规定的条款，可以说有业绩承诺的并购交易更符合监管要求。但如果并购交易方案中做了业绩承诺，但是监管层依然对其发送了重组问询函，那意味着并购重组交易可能存在标的持续盈利性之外的更大风险，因此其预警作用更强。

表 5-12　业绩承诺分组检验

变量	(1) CAR 有业绩承诺	(1) CAR 无业绩承诺	(2) Result 有业绩承诺	(2) Result 无业绩承诺	(3) GW 有业绩承诺	(3) GW 无业绩承诺
Inquiry	-0.030**	-0.018	0.742***	0.010	0.913**	1.835*
	(-2.40)	(-1.16)	(2.58)	(0.03)	(2.49)	(1.72)
Paymethod	-0.007	0.008	-0.993***	-1.498***	0.491	-1.516
	(-0.39)	(0.52)	(-3.14)	(-4.08)	(1.34)	(-1.41)
Premium	-0.000	0.000	0.002	0.001	0.009	0.034
	(-0.17)	(1.19)	(0.15)	(0.12)	(0.62)	(1.49)
Diversity	0.013	0.004	0.673***	1.384***	0.123	1.785
	(1.00)	(0.20)	(2.83)	(2.76)	(0.33)	(1.11)
Relative	0.004	0.008**	-0.041	-0.064	-0.111*	0.900***
	(1.63)	(2.50)	(-0.77)	(-0.47)	(-1.92)	(3.50)
Size	-0.018*	-0.013	0.401**	0.081	0.006	0.459
	(-1.70)	(-1.41)	(1.96)	(0.32)	(0.02)	(0.67)
Lev	-0.040	-0.012	0.180	0.433	1.015	-7.201***
	(-1.23)	(-0.30)	(0.29)	(0.42)	(1.15)	(-3.00)
ROA	-0.012	0.117	-5.099***	0.509	-2.648	-25.064**
	(-0.12)	(1.10)	(-2.67)	(0.18)	(-0.83)	(-2.07)
BM	0.053	0.042	-2.403**	-0.683	-1.413	4.995
	(0.93)	(0.85)	(-2.27)	(-0.51)	(-0.84)	(1.29)
Growth	-0.003	-0.021***	0.300**	0.003	0.252	1.268
	(-0.37)	(-2.74)	(2.22)	(0.02)	(1.23)	(1.53)
Analystcov	-0.001	0.011	-0.183	0.065	0.028	-0.176
	(-0.20)	(1.35)	(-1.37)	(0.32)	(0.16)	(-0.21)
State	0.029*	0.032*	-0.740**	-1.191***	-0.590	1.096
	(1.76)	(1.89)	(-2.29)	(-2.79)	(-1.17)	(0.75)
Letter	-0.001	-0.008	-0.099	-0.262	0.177	-0.430
	(-0.08)	(-0.44)	(-0.37)	(-0.61)	(0.44)	(-0.32)
常数项	0.485**	0.208	-9.009**	-1.545	0.797	-7.464
	(2.17)	(1.05)	(-2.21)	(-0.29)	(0.14)	(-0.55)
年度	控制	控制	控制	控制	控制	控制
行业	控制	控制	控制	控制	控制	控制

续表

变量	(1) CAR		(2) Result		(3) GW	
	有业绩承诺	无业绩承诺	有业绩承诺	无业绩承诺	有业绩承诺	无业绩承诺
N	589	324	582	297	272	94
Adj./Pseudo R^2	0.138	0.184	0.120	0.179	0.103	0.407

注：表中列示为稳健标准误的回归结果，*、**、*** 分别表示在10%、5%、1%水平上显著。

5.7 小结

本章从信号理论出发，实证考察重组问询函对并购交易风险的预警作用。同时，考虑了重组问询函文本特征，并对上市公司内部控制治理特征和并购交易类型进行了分组检验，研究发现，重组问询函具有揭示并购风险的预警作用，即收到重组问询函的并购交易，并购首次公告市场反应更差，交易失败的风险更高，且未来发生商誉减值的风险更高。进一步分析表明，涉及标的情况的重组问询函对并购首次公告市场反应和商誉减值的预警作用更强；内部控制质量高以及做了业绩承诺的并购交易的上市公司收到重组问询函的风险预警信号作用更强。

在研究结论的基础上，本章提出如下政策建议：一是监管层应进一步完善上市公司并购重组的信息披露方式，为投资者提供更多信息渠道；二是进一步发挥监管层的信息价值作用，加强市场监督机制。

6 社交媒体关注、监管问询与并购公告市场反应

并购作为企业发展最为重要的战略活动之一，引起了学术界的广泛关注，尤其是引起了研究者对于并购绩效影响因素的探讨。尽管已有研究在衡量并购绩效时遵循了截然不同的方法，但是基于事件研究法的并购公告市场反应仍是使用最广泛的方法，原因在于其能够将其他混淆因素的"噪声"最小化，且相比于其他方法错误设定风险更小。基于此，已有研究聚焦于揭示并购公告市场反应的驱动因素，产生了关于并购方与并购交易特定因素对并购公告市场反应影响的研究成果。并购公告市场反应本质上是投资者从信息搜索到决策做出的行为结果，然而，对投资者实际如何做出决策的探讨并不是已有研究的焦点。正如Schijven和Hitt（2012）所指出的，基于事件研究法将投资者对并购公告市场反应的总体结果直接作为客观的绩效测度方法来使用，导致已有研究很少去探究支配投资者对并购公告市场反应的行为机制。同时，基于行为金融与投资者决策导向的并购问题研究是金融经济学的重要方向。因此，本章有必要打开潜藏在并购公告市场反应中的投资者行为"黑箱"。

在当前注册制改革下，"以信息披露为中心"的监管理念意在为投资者营造信息充分的决策环境。投资者也需要主动借助社交媒体信息判断企业价值并通过市场为股票定价。因此，在注册制改革推行背景下，基于我国市场研究投资者社交媒体讨论与市场定价问题更具时代紧迫性与必要性。同时，在信息网络时代背景下，基于公司或是交易层面的研究将更加难以解释并购公告市场反应潜在的投资者行为机制。信息技术的改进改变了市场中信息产生和传播的方式，使投资者能够以更低的成本搜寻到大量的公司信息，而其中的一个重要渠道便是通过社交媒体。

鉴于此，本章基于股吧社交媒体平台大数据，研究投资者社交媒体讨论对并购公告市场反应的影响。研究发现：①在注意力引致价格上涨的效应驱动下，投资者社交媒体关注增加导致更为正向的并购公告市场

反应,且股价后期出现逆转,表明投资者社交媒体的"注意力效应"导致了并购公告事件股票市场定价的偏差;②监管问询削弱了投资者社交媒体关注对并购公告市场反应单向为正的定价偏差效应,表明以监管问询为代表的交易所一线监管向投资者充分揭示风险,引导市场定价回归理性,在一定程度上纠正了投资者行为偏差引致的市场失灵。

本章的主要贡献在于:①揭示了并购公告市场反应中潜藏的投资者行为机制,回应了 Schijven 和 Hitt(2012)关于打开投资者反应行为机制"黑箱"的呼吁,基于投资者行为视角拓展了并购绩效以及代理理论关注的并购财富效应研究,同时,揭示了从投资者社交媒体讨论到决策做出的行为机制,为深入理解投资者对包括并购在内的复杂战略活动的反应提供经验参考;②揭示了以监管问询为代表的交易所一线监管在引导市场定价回归理性中发挥的独特作用,回应了以 Leuz 和 Wysocki(2016)为代表的关于监管必要性的理论争议,为注册制改革背景下"以关键制度创新促进资本市场健康发展"的方向提供理论支持;③区别于已有研究聚焦于并购公告信息供给侧对市场的影响,本章将关注点转移到投资者这一重要的信息需求方,为信息不对称的研究提供来自信息需求方行为机制的见解。

6.1 理论分析与研究假设

投资者社交媒体讨论形成了对上市公司并购价值的主观认知,进而比照市场价格做出高估卖出或是低估买入的决策,即投资者社交媒体讨论影响投资者价值判断,进而影响并购公告市场反应。在互联网信息时代背景下,一方面,投资者投入大量时间和精力来阅读社交媒体信息(Antweiler and Frank,2004),但是专业知识储备、行业实践经验等信息"门槛"限制了投资者利用信息进行投资决策;另一方面,社交媒体信息难辨真伪且容易被内幕交易者操纵,加剧了投资者的羊群效应。重组问询函的公开一定程度上解决了这一问题,即向投资者发出监管层对于并购重组方案的专业判断信号,有利于投资者直接、高效地理解并购事项,进而做出理性决策。

在并购事件中上市公司首次公告前须先办理停牌,然后向交易所报送并购重组方案材料,并向市场公告并购重组方案,停牌期间,上市公司可能会收到交易所一封或多封重组问询函,回答完毕并对相关材料修订完善后,上市公司公告交易所重组问询函的完整内容以及对并购重组方案的修订情况,然后复牌。基于此,本章将基于前期投资者社交媒体关注形成的关于上市公司并购价值的判断称为"投资者信念",理性的投资者能够利用问询函中的增量信息来修正"信念",进而改变其投资决策。基于以上分析,从关注到做出市场反应的过程中,投资者可能将重组问询函作为风险信号,从而修正了注意力效应、羊群效应和过度自信引发的资本市场定价偏差。且当交易所重组问询函对标的相关情况提出怀疑、问询函语调比较负向时,问询函信号对非理性市场反应的修正作用更显著。据此提出以下假设。

H6-1:收到重组问询函的并购事件,社交媒体关注对并购公告市场反应的正向影响会减小。

H6-2:收到涉及标的内容的重组问询函,社交媒体关注对并购公告市场反应的正向影响会减小。

H6-3:收到语调为负的重组问询函,社交媒体关注对并购公告市场反应的正向影响会减小。

6.2 研究设计

6.2.1 样本与数据

本章选取 2015~2018 年 A 股上市公司重大资产重组交易为研究样本,重大资产重组数据来源于 Wind 数据库,在此基础上,从巨潮资讯网手工搜集了上市公司并购重组报告书,加工了并购溢价等字段。研究投资者关注所需的百度搜索指数取自百度指数官方网站(http://index.baidu.com),研究投资者关注所需的股吧讨论数据来自东方新财富股吧网(http://CAPV.eastmoney.com/),其他数据来源于 CSMAR 数据库。

为避免异常值的影响,本章进行了如下数据处理:①以公司代码、交易时间和标的名称为标准,将 2015~2018 年的重组问询函和重大资产重组交易进行匹配,并下载对应的并购重组报告书,共得到 1413 个样本；②剔除金融类上市公司的样本；③删除 ST 上市公司；④删除变量缺失的样本；⑤对所有连续型变量进行前后端 1% 水平的极值处理。经过上述处理后，共得到 987 个样本。

6.2.2 模型与变量

为检验 H6-1、H6-2 和 H6-3，探究交易所重组问询函对投资者社交媒体关注和并购公告市场反应的信号调节作用，本章构建如下模型进行多元回归分析。

$$CAR_{i,t} = \alpha_0 + \alpha_1 CAPV_{i,t} + \alpha_2 Inquiry_{i,t} + \alpha_3 Inquiry \times CAPV_{i,t} + \alpha_4 Cash_{i,t} + \alpha_5 Stock_{i,t} + \alpha_6 Premium_{i,t} + \alpha_7 Diversifying_{i,t} + \alpha_8 Relative_{i,t} + \alpha_9 Size_{i,t-1} + \alpha_{10} Lev_{i,t-1} + \alpha_{11} ROA_{i,t-1} + \alpha_{12} Growth_{i,t-1} + \alpha_{13} State_{i,t-1} + \sum Year + \sum Ind + \varepsilon_{i,t}$$

(6-1)

$$CAR_{i,t} = \alpha_0 + \alpha_1 CAPV_{i,t} + \alpha_2 Target_{i,t} + \alpha_3 Target \times CAPV_{i,t} + \alpha_4 Cash_{i,t} + \alpha_5 Stock_{i,t} + \alpha_6 Premium_{i,t} + \alpha_7 Diversifying_{i,t} + \alpha_8 Relative_{i,t} + \alpha_9 Size_{i,t-1} + \alpha_{10} Lev_{i,t-1} + \alpha_{11} ROA_{i,t-1} + \alpha_{12} Growth_{i,t-1} + \alpha_{13} State_{i,t-1} + \sum Year + \sum Ind + \varepsilon_{i,t}$$

(6-2)

$$CAR_{i,t} = \alpha_0 + \alpha_1 CAPV_{i,t} + \alpha_2 NTone_{i,t} + \alpha_3 NTone \times CAPV_{i,t} + \alpha_4 Cash_{i,t} + \alpha_5 Stock_{i,t} + \alpha_6 Premium_{i,t} + \alpha_7 Diversifying_{i,t} + \alpha_8 Relative_{i,t} + \alpha_9 Size_{i,t-1} + \alpha_{10} Lev_{i,t-1} + \alpha_{11} ROA_{i,t-1} + \alpha_{12} Growth_{i,t-1} + \alpha_{13} State_{i,t-1} + \sum Year + \sum Ind + \varepsilon_{i,t}$$

(6-3)

其中，α_0 为截距项，$\varepsilon_{i,t}$ 为误差项。CAR、CAPV、Inquiry、Target、NTone 与并购交易特征变量的观测时点处于并购公告当年，即在第 t 年。而公司特征变量则取并购公告日前最近一个会计年度，即第 $t-1$ 年。

（1）被解释变量

并购首次公告市场反应（CAR）。参照 Goodman 等（2014）的研究，采用并购首次公告日 [0, 2]、[0, 5] 窗口期计算超额累计收益率（CAR）。

借鉴 Goodman 等（2014）、潘红波等（2008）、陈仕华等（2013）的研究，本章使用常规的市场模型法计算超额累计收益率，具体计算过程如下：

$$R_{i,t} = \alpha_i + \beta_i R_{m,t} + \varepsilon_{i,t} \qquad (6-4)$$

首先,根据市场模型(6-4)来估算 i 公司的 beta 值(β_i),其中 $R_{m,t}$ 为考虑现金红利再投资的日市场收益率,$R_{i,t}$ 为日个股收益率,借鉴 Goodman 等(2014)等的普遍做法,将市场模型(6-4)参数计算的估计期选择为并购事件首次公告日前 270 个交易日至前 21 个交易日,得到 α_i 和 β_i 的 OLS 估计量($\hat{\alpha}_i$、$\hat{\beta}_i$),通过 $\hat{\alpha}_i$、$\hat{\beta}_i$ 能够计算出个股的估计收益率($\hat{\alpha}_i + \hat{\beta}_i R_{m,t}$),即假定没有该并购事件发生情况下股价的预期收益。

$$AR_{i,t} = R_{i,t} - (\hat{\alpha}_i + \hat{\beta}_i R_{m,t}) \qquad (6-5)$$

如模型(6-5)所示,日个股收益率($R_{i,t}$)与基于 OLS 估计量的估计收益率($\hat{\alpha}_i + \hat{\beta}_i R_{m,t}$)的差值即为个股超额收益率($AR$)。如模型(6-6)所示,将事件窗口期 $[m, n]$ 内的个股超额收益率(AR)进行累加后,即得到事件窗口期内的超额累计收益率(CAR)。为最大程度上消除其他事项的影响,本章采用并购首次公告日 $[0, 2]$、$[0, 5]$ 窗口期计算超额累计收益率(CAR)。

$$CAR_{i,t}[m, n] = \sum_{m}^{n} AR_{i,t} \qquad (6-6)$$

(2)解释变量

投资者股吧讨论($CAPV$)。参照施荣盛(2012)的研究,本章选取 $[-1, 1]$ 时间窗口的超额累计发帖量($CAPV$)进行度量,具体计算方法如下:

$$APV_{i,t} = \ln[PV_{i,t} - \text{Med}(PV_{i,t-60}, PV_{i,t-59}, \cdots, PV_{i,t-1})] \qquad (6-7)$$

如模型(6-7)所示,用股票 i 在第 t 日的发帖量减去前 60 日发帖量的中位数,然后取自然对数得到股票 i 在第 t 日的超额发帖量($APV_{i,t}$)。之后将事件窗口期 $[m, n]$ 内的超额发帖量($APV_{i,t}$)进行累加得到超额累计发帖量($CAPV$)。

$$CAPV_{i,t}[m, n] = \sum_{m}^{n} APV_{i,t} \qquad (6-8)$$

(3)调节变量

监管问询($Inquiry$)。借鉴陈运森等(2019)关于监管问询情况的测度方式，选用是否收到重组问询函（Inquiry）来度量，并在稳健性检验中采用问询函问题个数、文本数和问询函数量进行替代检验。

问询函涉及标的问题（Target）。借鉴刘柏和卢家锐（2019）的方法，第一，通过 Python 软件抓取每家上市公司的重组问询函，并将问询函内容转换成文本格式；第二，删除空格、换行符等没有实际意义的符号，计算总字符数；第三，统计每份重组问询函涉及标的情况的问题个数，然后对问题个数加 1 取自然对数，得到变量 Target。

问询函语调（NTone）。借鉴谢德仁和林乐（2015）的研究，本章利用 Python 软件的"结巴"中文分词模块对重组问询函文本进行自动分词，然后进行词频统计。由于国内还缺乏公认的适合财经领域的情感分析词库，本章参照 Loughran 和 McDonald（2011）、Henry（2008）的单词列表，根据汉语用词习惯和可能的用语语境进行翻译，得到本章的情感词库，其中正面词 1076 个、负面词 3758 个。

然后，参照 Henry（2008）、林乐和谢德仁（2016）、Brockman 等（2013）的做法，构建问询函文本语调（NTone）：

$$NTone = \frac{Negative - Positive}{Negative + Positive} \qquad (6-9)$$

其中，Positive 是重组问询函中包含的正面词的频率，Negative 是重组问询函中包含的负面词的频率，NTone 越大，说明问询函语调越负面。同时，本章以台大 NTUSD 情感词典为基础构建计算 Tone 作为稳健性检验。

（4）控制变量

参考 Schijven 和 Hitt（2012）、Goodman 等（2014）以及王艳和李善民（2017）有关并购公告市场反应的研究，控制了现金对价并购（Cash）、股权对价并购（Stock）、并购溢价（Premium）、多元化并购（Diversifying）、并购相对规模（Relative）、公司规模（Size）、资产负债率（Lev）、总资产收益率（ROA）、成长性（Growth）、产权性质（State）。另外，本章还纳入了年度（Year）与行业（Ind）虚拟变量。具体变量定义见表 6-1。

表 6-1 变量定义

变量名称	变量符号	变量定义
并购首次公告市场反应	CAR	并购首次公告日窗口期内超额累计收益率
投资者股吧讨论	CAPV	事件 [-1, 1] 窗口期的超额累计发帖量
监管问询	Inquiry	收到重组问询函为1,否则为0
问询函涉及标的问题	Target	ln (1+问询函涉及标的问题数量)
问询函语调	NTone	(负面词频率-正面词频率) / (负面词频率+正面词频率)
现金对价并购	Cash	仅以现金作为支付对价取1,否则取0
股权对价并购	Stock	仅以股权作为支付对价取1,否则取0
并购溢价	Premium	并购交易金额/标的净资产账面价值-1
多元化并购	Diversifying	多元化并购取1,否则取0
并购相对规模	Relative	并购交易金额/总资产
公司规模	Size	总资产的自然对数
资产负债率	Lev	总负债与总资产的比值
总资产收益率	ROA	净利润与总资产的比值
成长性	Growth	营业收入增长率
产权性质	State	国有取1,非国有取0
年度	Year	年度虚拟变量
行业	Ind	行业虚拟变量

6.3 描述性统计分析

表 6-2 列示的描述性统计结果显示,CAR [0, 2] 和 CAR [0, 5] 的均值分别为 0.046 和 0.062,说明并购交易事项能够为公司带来超额收益;Inquiry 的均值为 0.753,即约 75.3%的并购交易会收到交易所重组问询函;NTone 的均值为 0.442,说明重组问询函的语调更偏负向;CAPV 的均值为 1.568,标准差为 0.898,说明投资者股吧讨论情况差异较大。

表 6-2 描述性统计

变量	样本量	均值	标准差	中位数	最小值	最大值
CAR [0, 2]	987	0.046	0.191	0.037	-0.341	0.355
CAR [0, 5]	987	0.062	0.281	0.020	-0.566	0.637
CAPV	987	1.568	0.898	1.679	-1	3
Inquiry	987	0.753	0.432	1	0	1
Target	987	1.821	1.295	2.079	0	4.094
NTone	987	0.442	0.242	0.547	0	0.724
Cash	987	0.299	0.458	0	0	1
Stock	987	0.221	0.415	0	0	1
Premium	987	7.251	17.439	2.702	-1	150.209
Diversifying	987	0.197	0.398	0	0	1
Relative	987	1.310	2.867	0.509	0.005	22.246
Size	987	21.793	1.203	21.657	19.118	25.389
Lev	987	0.442	0.225	0.416	0.052	0.984
ROA	987	0.016	0.074	0.016	-0.246	0.267
Growth	987	0.197	0.618	0.079	-0.72	4.330
State	987	0.243	0.429	0	0	1

按照是否收到重组问询函进行组间差异检验，表 6-3 结果显示，未收到问询函样本的 CAR [0, 2] 和 CAR [0, 5] 的均值分别为 0.099 和 0.153，收到问询函样本的 CAR [0, 2] 和 CAR [0, 5] 的均值分别为 0.028 和 0.033，两组的均值差异 T 检验在 1% 水平上显著，表明未收到问询函样本的 CAR 显著高于收到问询函样本；中位数差异检验中，未收到问询函样本的 CAR 中位数显著高于收到问询函样本的 CAR 中位数。

表 6-3 分组差异检验

变量	未收到问询函组 样本量	均值	中位数	收到问询函组 样本量	均值	中位数	均值差异	中位数差异
CAR [0, 2]	244	0.099	0.050	743	0.028	0.027	0.071***	2.816*
CAR [0, 5]	244	0.153	0.065	743	0.033	0.008	0.121***	5.836**
CAPV	244	1.074	1.122	743	1.730	1.818	-0.656***	63.211***
Cash	244	0.217	0.000	743	0.326	0.000	-0.108***	10.318***

续表

变量	未收到问询函组 样本量	未收到问询函组 均值	未收到问询函组 中位数	收到问询函组 样本量	收到问询函组 均值	收到问询函组 中位数	均值差异	中位数差异
Stock	244	0.266	0.000	743	0.206	0.000	0.060**	3.903**
Premium	244	6.812	2.268	743	7.395	2.837	-0.582	1.716
Diversifying	244	0.225	0.000	743	0.187	0.000	0.038	1.709
Relative	244	1.305	0.498	743	1.312	0.510	-0.007	0.017
Size	244	21.819	21.680	743	21.784	21.655	0.035	0.027
Lev	244	0.430	0.412	743	0.446	0.421	-0.016	0.752
ROA	244	0.026	0.021	743	0.013	0.015	0.013**	2.232
Growth	244	0.211	0.094	743	0.192	0.071	0.019	0.572
State	244	0.238	0.000	743	0.245	0.000	-0.007	0.052

注：*、**、***分别表示在10%、5%、1%水平上显著。

6.4 实证结果

对于模型（6-1）、模型（6-2）、模型（6-3）分别采用OLS方法进行Robust多元回归分析。表6-4列（1）回归结果显示，变量 *Inquiry× CAPV* 的系数在1%的水平上显著为负，说明收到重组问询函能削弱投资者关注对并购公告市场反应单边向上的影响，纠正了投资者社交媒体关注导致的股市定价偏差，假设H6-1得以验证。表6-4列（2）回归结果显示，变量 *Target×CAPV* 的系数在1%的水平上显著为负，说明重组问询函涉及标的问题越多，风险揭示更为充分，越能减少投资者社交媒体关注导致并购公告市场反应单边向上的定价偏差，假设H6-2得以验证。表6-4列（3）回归结果显示，*NTone×CAPV* 的系数在1%的水平上显著为负，说明重组问询函语调越负面，越能够降低投资者关注导致的正向并购公告市场反应，假设H6-3得以验证。

以上结果表明，以监管问询为代表的交易所一线监管能够引导市场定价回归理性，在一定程度上纠正了投资者行为偏差引致的市场失灵，同时验证了监管问询的制度创新与信息公开促进了资本市场健康发展。

表6-4 主检验回归结果

变量	(1) CAR [0,2]	(1) CAR [0,5]	(2) CAR [0,2]	(2) CAR [0,5]	(3) CAR [0,2]	(3) CAR [0,5]
CAPV	0.051***	0.078***	0.044***	0.066***	0.052***	0.083***
	(4.741)	(4.453)	(5.011)	(4.786)	(4.647)	(4.553)
Inquiry	−0.012	−0.014				
	(−0.604)	(−0.451)				
Inquiry×CAPV	−0.034***	−0.060***				
	(−2.625)	(−2.893)				
Target			0.005	0.009		
			(0.693)	(0.863)		
Target×CAPV			−0.014***	−0.023***		
			(−3.019)	(−3.500)		
NTone					−0.002	0.014
					(−0.060)	(0.261)
NTone×CAPV					−0.066***	−0.122***
					(−2.849)	(−3.320)
Cash	−0.020	−0.032	−0.022	−0.034*	−0.021	−0.033
	(−1.433)	(−1.577)	(−1.547)	(−1.693)	(−1.475)	(−1.641)
Stock	0.023*	0.042**	0.026*	0.046**	0.025*	0.046**
	(1.650)	(2.029)	(1.821)	(2.215)	(1.808)	(2.212)
Premium	0.000	0.001*	0.000	0.001*	0.000	0.001*
	(1.298)	(1.684)	(1.480)	(1.929)	(1.320)	(1.736)
Diversifying	0.016	0.019	0.021	0.026	0.016	0.018
	(1.177)	(0.933)	(1.490)	(1.275)	(1.141)	(0.888)
Relative	0.008***	0.013***	0.008***	0.013***	0.008***	0.013***
	(3.467)	(3.533)	(3.437)	(3.571)	(3.528)	(3.606)
Size	−0.003	−0.005	−0.003	−0.004	−0.003	−0.004
	(−0.532)	(−0.567)	(−0.484)	(−0.520)	(−0.485)	(−0.495)
Lev	−0.044	−0.091*	−0.045	−0.092*	−0.043	−0.090*
	(−1.350)	(−1.911)	(−1.372)	(−1.938)	(−1.326)	(−1.893)
ROA	−0.087	−0.128	−0.092	−0.139	−0.084	−0.121
	(−0.958)	(−1.001)	(−1.024)	(−1.103)	(−0.930)	(−0.951)

续表

变量	(1)		(2)		(3)	
	CAR [0, 2]	CAR [0, 5]	CAR [0, 2]	CAR [0, 5]	CAR [0, 2]	CAR [0, 5]
Growth	-0.019*	-0.030**	-0.018*	-0.028**	-0.020*	-0.031**
	(-1.875)	(-2.165)	(-1.756)	(-2.018)	(-1.909)	(-2.212)
State	0.035**	0.039*	0.036**	0.041**	0.035**	0.040**
	(2.458)	(1.930)	(2.521)	(2.011)	(2.496)	(1.978)
常数项	0.092	0.127	0.066	0.087	0.080	0.102
	(0.653)	(0.660)	(0.462)	(0.450)	(0.568)	(0.531)
年度	控制	控制	控制	控制	控制	控制
行业	控制	控制	控制	控制	控制	控制
N	987	987	987	987	987	987
Adj. R²	0.199	0.230	0.198	0.229	0.197	0.230
F 值	9.490	9.209	9.084	9.101	9.394	9.285

注：表中列示为稳健标准误的回归结果，*、**、*** 分别表示在 10%、5%、1% 水平上显著。

6.5 稳健性检验

6.5.1 基于 PSM 的检验

收到问询函和未收到问询函的并购交易间存在差异，可能导致样本自选择问题（刘柏和卢家锐，2019），为缓解这一内生性问题，本章借鉴 Heese 等（2017）的做法，采用倾向性得分匹配法（PSM）选择控制组样本，尽可能减少样本自选择偏误带来的干扰。在具体变量维度的选取方面，本章参照 Cassell 等（2013）、陈运森等（2019）以及李晓溪等（2019a）的研究，选取控制了现金对价并购（Cash）、股权对价并购（Stock）、并购溢价（Premium）、多元化并购（Diversifying）、公司规模（Size）、资产负债率（Lev）、总资产收益率（ROA）、成长性（Growth）、交易所（Exchange）、是否四大事务所审计（Big4）以及是否违规（Punishment）作为影响公司是否收到重组问询函的特征变量进行倾向得分匹配。处理组和控制组数据最近邻匹配，使用 Abadie 和 Imbens（2006）的异方差一致性标准误差，利用 Logit 模型估计倾向指数。考虑到当控制组观测值少于处理组时，重置抽样能够充分利用控制组样本、降低误差（Shipman et al.，2017），本章在配比过程中允许重置抽样，最终获得859个样本。

表 6-5 平衡性检验结果显示，处理组和控制组根据以上 11 个协变量进行匹配后，各变量在两组之间的偏差显著降低，偏差的绝对值均小于10%，匹配后处理组和控制组协变量均值在 5% 水平上不存在显著差异，说明匹配效果较好。

表 6-5 平衡性检验

协变量	未匹配 U/匹配 M	处理组	控制组	标准化偏差	t 值	p 值
Cash	U	0.324	0.223	22.70	3.10	0.002
	M	0.317	0.308	2.00	0.38	0.707
Stock	U	0.201	0.258	-13.40	-1.93	0.054
	M	0.202	0.202	0.00	0.00	1.000
Premium	U	6.686	6.255	3.30	0.46	0.647
	M	6.462	7.447	-7.50	-1.47	0.143
Diversifying	U	0.179	0.219	-10.00	-1.44	0.151
	M	0.181	0.168	3.40	0.72	0.470
Size	U	21.732	21.786	-4.40	-0.64	0.522
	M	21.738	21.682	4.60	0.94	0.349
Lev	U	0.439	0.427	5.40	0.76	0.450
	M	0.438	0.419	8.40	1.70	0.090
ROA	U	0.016	0.029	-16.90	-2.42	0.016
	M	0.018	0.019	-2.00	-0.42	0.676
Growth	U	0.199	0.215	-2.70	-0.37	0.710
	M	0.201	0.208	-1.20	-0.23	0.815
Exchange	U	0.637	0.688	-10.90	-1.52	0.129
	M	0.641	0.678	-7.90	-1.58	0.115
Big4	U	0.028	0.035	-3.70	-0.53	0.598
	M	0.029	0.020	5.00	1.13	0.257

续表

协变量	未匹配 U/匹配 M	处理组	控制组	标准化偏差	t值	p值
Punishment	U	0.179	0.162	4.70	0.65	0.516
	M	0.175	0.168	2.00	0.40	0.692

注：*、**、***分别表示在10%、5%、1%水平上显著。

表6-6中，PSM匹配后的回归结果显示，变量 $Inquiry \times CAPV$、$Target \times CAPV$ 和 $NTone \times CAPV$ 的系数均在1%水平上显著为负。以上结果表明，控制了被问询样本以及未被问询样本之间的性质差异后，是否收到重组问询函、重组问询函文本特征以及语调特征依然会治理投资者社交媒体关注导致的非理性市场反应，与主检验结果一致。

表6-6 PSM匹配后的回归结果

变量	(1) CAR[0,2]	(1) CAR[0,5]	(2) CAR[0,2]	(2) CAR[0,5]	(3) CAR[0,2]	(3) CAR[0,5]
CAPV	0.052***	0.082***	0.046***	0.069***	0.054***	0.087***
	(4.333)	(4.025)	(4.661)	(4.330)	(4.216)	(4.069)
Inquiry	−0.006	−0.006				
	(−0.257)	(−0.187)				
Inquiry×CAPV	−0.039***	−0.068***				
	(−2.688)	(−2.934)				
Target			0.010	0.015		
			(1.168)	(1.254)		
Target×CAPV			−0.016***	−0.026***		
			(−3.216)	(−3.610)		
NTone					0.016	0.039
					(0.389)	(0.617)
NTone×CAPV					−0.075***	−0.137***
					(−2.871)	(−3.282)
Cash	−0.017	−0.029	−0.019	−0.032	−0.018	−0.030
	(−1.130)	(−1.343)	(−1.272)	(−1.499)	(−1.181)	(−1.410)
Stock	0.022	0.042*	0.024	0.045*	0.024	0.045*
	(1.402)	(1.788)	(1.545)	(1.943)	(1.534)	(1.942)

续表

变量	(1) CAR [0, 2]	(1) CAR [0, 5]	(2) CAR [0, 2]	(2) CAR [0, 5]	(3) CAR [0, 2]	(3) CAR [0, 5]
Premium	0.000	0.000	0.000	0.000	0.000	0.000
	(0.240)	(0.176)	(0.450)	(0.473)	(0.289)	(0.246)
Diversifying	0.018	0.024	0.021	0.028	0.018	0.024
	(1.182)	(1.067)	(1.323)	(1.222)	(1.171)	(1.051)
Relative	0.011***	0.017***	0.011***	0.017***	0.011***	0.017***
	(3.656)	(3.375)	(3.495)	(3.306)	(3.734)	(3.452)
Size	-0.001	-0.003	-0.001	-0.002	-0.001	-0.003
	(-0.193)	(-0.308)	(-0.131)	(-0.240)	(-0.173)	(-0.274)
Lev	-0.028	-0.061	-0.031	-0.065	-0.027	-0.058
	(-0.772)	(-1.149)	(-0.844)	(-1.231)	(-0.722)	(-1.089)
ROA	-0.100	-0.139	-0.114	-0.165	-0.094	-0.128
	(-0.955)	(-0.951)	(-1.102)	(-1.140)	(-0.905)	(-0.881)
Growth	-0.018	-0.026*	-0.016	-0.024	-0.018	-0.027*
	(-1.581)	(-1.689)	(-1.458)	(-1.534)	(-1.616)	(-1.739)
State	0.027*	0.025	0.028*	0.027	0.028*	0.027
	(1.714)	(1.139)	(1.793)	(1.231)	(1.784)	(1.222)
常数项	0.040	0.072	0.009	0.024	0.029	0.048
	(0.271)	(0.349)	(0.059)	(0.114)	(0.191)	(0.231)
年度	控制	控制	控制	控制	控制	控制
行业	控制	控制	控制	控制	控制	控制
N	859	859	859	859	859	859
Adj. R²	0.191	0.218	0.190	0.217	0.188	0.216
F 值	7.787	7.298	7.346	7.294	7.689	7.312

注：表中列示为稳健标准误的回归结果，*、**、*** 分别表示在 10%、5%、1% 水平上显著。

6.5.2 排除市场交易因素带来的内生性干扰

投资者社交媒体关注期间市场可能仍在交易，而市场交易因素可能同时影响投资者社交媒体关注与并购公告市场反应，不利于因果推论。因此，本章借助重大资产重组事件停牌的准自然场景设定，将投资者社交媒体关注从市场交易因素中分离出来。具体地，剔除投资者股吧讨论观测期间市场仍在交易的样本（即并购首次公告前7日仍在交易的样本），保证观测期间市场不进行交易而投资者仍进行股吧讨论。表6-7的结果显示，变量 Inquiry×CAPV、Target×CAPV 和 NTone×CAPV 的系数均显著为负，说明排除市场交易因素带来的内生性干扰后，回归结果仍然与主检验保持一致。

表6-7 排除市场交易因素带来的内生性干扰后的回归结果

变量	(1) CAR [0, 2]	(1) CAR [0, 5]	(2) CAR [0, 2]	(2) CAR [0, 5]	(3) CAR [0, 2]	(3) CAR [0, 5]
CAPV	0.055*** (2.828)	0.096*** (3.054)	0.043*** (3.085)	0.070*** (3.196)	0.054*** (2.632)	0.097*** (2.987)
Inquiry	−0.022 (−0.635)	−0.028 (−0.515)				
Inquiry×CAPV	−0.038* (−1.796)	−0.076** (−2.261)				
Target			−0.001 (−0.068)	0.000 (0.029)		
Target×CAPV			−0.012* (−1.928)	−0.022** (−2.435)		
NTone					−0.044 (−0.680)	−0.037 (−0.377)
NTone×CAPV					−0.064* (−1.682)	−0.137** (−2.294)
Cash	−0.027* (−1.719)	−0.040* (−1.794)	−0.028* (−1.799)	−0.042* (−1.890)	−0.027* (−1.695)	−0.041* (−1.806)
Stock	0.025 (1.586)	0.044* (1.859)	0.026 (1.598)	0.045* (1.873)	0.026 (1.628)	0.045* (1.912)
Premium	0.000 (1.288)	0.001* (1.795)	0.001 (1.506)	0.001** (2.104)	0.000 (1.342)	0.001* (1.908)
Diversifying	0.025 (1.585)	0.032 (1.409)	0.029* (1.876)	0.040* (1.758)	0.024 (1.529)	0.030 (1.342)

续表

变量	(1) CAR [0,2]	(1) CAR [0,5]	(2) CAR [0,2]	(2) CAR [0,5]	(3) CAR [0,2]	(3) CAR [0,5]
Relative	0.009***	0.015***	0.008***	0.015***	0.009***	0.015***
	(3.138)	(3.496)	(3.043)	(3.445)	(3.194)	(3.564)
Size	-0.003	-0.000	-0.004	-0.002	-0.003	-0.000
	(-0.385)	(-0.037)	(-0.487)	(-0.175)	(-0.361)	(-0.015)
Lev	-0.044	-0.102*	-0.044	-0.102*	-0.042	-0.100*
	(-1.222)	(-1.926)	(-1.212)	(-1.916)	(-1.181)	(-1.881)
ROA	-0.033	-0.097	-0.049	-0.127	-0.043	-0.111
	(-0.317)	(-0.652)	(-0.468)	(-0.858)	(-0.416)	(-0.756)
Growth	-0.025**	-0.036**	-0.023**	-0.033**	-0.025**	-0.036**
	(-2.151)	(-2.353)	(-2.001)	(-2.139)	(-2.191)	(-2.404)
State	0.035**	0.040*	0.038**	0.044*	0.037**	0.044*
	(2.182)	(1.727)	(2.304)	(1.881)	(2.315)	(1.893)
常数项	0.089	0.036	0.085	0.036	0.086	0.026
	(0.526)	(0.152)	(0.502)	(0.155)	(0.512)	(0.113)
年度	控制	控制	控制	控制	控制	控制
行业	控制	控制	控制	控制	控制	控制
N	846	846	846	846	846	846
Adj. R^2	0.226	0.263	0.223	0.258	0.227	0.264
F 值	10.306	10.419	9.527	9.806	10.364	10.590

注：表中列示为稳健标准误的回归结果，*、**、***分别表示在10%、5%、1%水平上显著。

6.5.3　排除交易所差异带来的内生性问题

刘柏和卢家锐（2019）的研究表明，深交所问询函对上市公司样本盈余管理的识别效果更加明显，这说明不同交易所的问询制度可能存在差异。为解决这一遗漏变量导致的内生性问题，本章参照郭飞和周泳彤（2018）的做法，在原模型中增加了证券交易所变量（Exchange），当上市公司在深交所上市时 Exchange 为 1，在上交所上市时为 0。表 6-8 实证结果显示，变量 Inquiry×CAPV、Target×CAPV 和 NTone×CAPV 的系数均显著为负，与主检验结果保持一致。

表 6-8 排除交易所差异带来的内生性干扰后的回归结果

变量	(1) CAR[0,2]	(1) CAR[0,5]	(2) CAR[0,2]	(2) CAR[0,5]	(3) CAR[0,2]	(3) CAR[0,5]
$CAPV$	0.050***	0.077***	0.043***	0.065***	0.051***	0.082***
	(4.747)	(4.459)	(4.967)	(4.729)	(4.666)	(4.572)
$Inquiry$	−0.013	−0.015				
	(−0.629)	(−0.483)				
$Inquiry \times CAPV$	−0.034***	−0.059***				
	(−2.594)	(−2.862)				
$Target$			0.006	0.010		
			(0.710)	(0.888)		
$Target \times CAPV$			−0.013***	−0.022***		
			(−2.961)	(−3.420)		
$NTone$					−0.004	0.012
					(−0.102)	(0.211)
$NTone \times CAPV$					−0.065***	−0.120***
					(−2.823)	(−3.295)
$Exchange$	0.020	0.037**	0.015	0.028	0.021	0.039**
	(1.554)	(2.031)	(1.112)	(1.514)	(1.621)	(2.102)
$Cash$	−0.017	−0.026	−0.020	−0.030	−0.018	−0.027
	(−1.215)	(−1.290)	(−1.402)	(−1.491)	(−1.244)	(−1.339)
$Stock$	0.024*	0.043**	0.026*	0.047**	0.026*	0.047**
	(1.693)	(2.086)	(1.854)	(2.259)	(1.852)	(2.270)
$Premium$	0.000	0.001	0.000	0.001*	0.000	0.001*
	(1.251)	(1.620)	(1.439)	(1.870)	(1.273)	(1.673)
$Diversifying$	0.017	0.020	0.021	0.027	0.016	0.019
	(1.216)	(0.982)	(1.520)	(1.314)	(1.179)	(0.935)
$Relative$	0.008***	0.014***	0.008***	0.013***	0.008***	0.014***
	(3.517)	(3.614)	(3.473)	(3.627)	(3.581)	(3.692)
$Size$	−0.002	−0.003	−0.002	−0.003	−0.002	−0.002
	(−0.375)	(−0.360)	(−0.369)	(−0.364)	(−0.323)	(−0.283)
Lev	−0.041	−0.086*	−0.043	−0.089*	−0.040	−0.085*
	(−1.274)	(−1.815)	(−1.320)	(−1.869)	(−1.243)	(−1.790)

续表

变量	(1) CAR [0, 2]	(1) CAR [0, 5]	(2) CAR [0, 2]	(2) CAR [0, 5]	(3) CAR [0, 2]	(3) CAR [0, 5]
ROA	-0.088	-0.130	-0.093	-0.140	-0.086	-0.124
	(-0.971)	(-1.021)	(-1.029)	(-1.111)	(-0.945)	(-0.973)
Growth	-0.020*	-0.031**	-0.018*	-0.029**	-0.020**	-0.032**
	(-1.947)	(-2.266)	(-1.808)	(-2.093)	(-1.985)	(-2.319)
State	0.040***	0.049**	0.040***	0.048**	0.041***	0.050**
	(2.725)	(2.340)	(2.679)	(2.294)	(2.775)	(2.400)
常数项	0.052	0.054	0.037	0.033	0.039	0.027
	(0.368)	(0.279)	(0.261)	(0.169)	(0.275)	(0.139)
年度	控制	控制	控制	控制	控制	控制
行业	控制	控制	控制	控制	控制	控制
N	987	987	987	987	987	987
Adj. R^2	0.201	0.233	0.199	0.231	0.199	0.233
F值	9.317	9.121	8.862	8.926	9.224	9.198

注：表中列示为稳健标准误的回归结果，*、**、***分别表示在10%、5%、1%水平上显著。

6.5.4 排除媒体报道因素带来的内生性干扰

Reyes（2018）基于美国上市公司并购公告的研究发现，媒体报道会影响投资者异常搜索量与股票超额收益之间的关系，为解决这一遗漏变量导致的内生性问题，本章在原模型中增加了并购前一年的媒体报道数量（*Media*）作为控制变量。表6-9的实证结果显示，在增加了媒体报道数量变量后，*Inquiry*×*CAPV*、*Target*×*CAPV*和*NTone*×*CAPV*的系数均显著为负，与主检验结果保持一致。

表6-9 排除媒体报道因素带来的内生性干扰后的回归结果

变量	(1) CAR [0, 2]	(1) CAR [0, 5]	(2) CAR [0, 2]	(2) CAR [0, 5]	(3) CAR [0, 2]	(3) CAR [0, 5]
CAPV	0.051***	0.078***	0.043***	0.065***	0.051***	0.083***
	(4.748)	(4.463)	(4.915)	(4.693)	(4.625)	(4.534)

续表

变量	(1)		(2)		(3)	
	CAR [0, 2]	CAR [0, 5]	CAR [0, 2]	CAR [0, 5]	CAR [0, 2]	CAR [0, 5]
Inquiry	-0.012	-0.014				
	(-0.612)	(-0.458)				
Inquiry×CAPV	-0.035***	-0.061***				
	(-2.658)	(-2.925)				
Target			0.004	0.008		
			(0.564)	(0.710)		
Target×CAPV			-0.013***	-0.023***		
			(-2.943)	(-3.413)		
NTone					-0.004	0.011
					(-0.117)	(0.198)
NTone×CAPV					-0.066***	-0.122***
					(-2.846)	(-3.316)
Media	-0.024**	-0.040***	-0.024**	-0.039***	-0.024**	-0.040***
	(-2.196)	(-2.743)	(-2.174)	(-2.734)	(-2.162)	(-2.704)
Cash	-0.018	-0.029	-0.020	-0.031	-0.019	-0.030
	(-1.307)	(-1.432)	(-1.420)	(-1.547)	(-1.345)	(-1.492)
Stock	0.023	0.041**	0.025*	0.045**	0.025*	0.045**
	(1.603)	(1.978)	(1.769)	(2.158)	(1.760)	(2.161)
Premium	0.000	0.001*	0.000	0.001*	0.000	0.001*
	(1.283)	(1.663)	(1.469)	(1.914)	(1.307)	(1.719)
Diversifying	0.017	0.020	0.021	0.027	0.017	0.019
	(1.225)	(0.989)	(1.541)	(1.335)	(1.185)	(0.940)
Relative	0.008***	0.014***	0.008***	0.013***	0.008***	0.014***
	(3.505)	(3.577)	(3.471)	(3.611)	(3.566)	(3.650)
Size	-0.001	-0.001	-0.001	-0.001	-0.001	-0.001
	(-0.164)	(-0.135)	(-0.138)	(-0.113)	(-0.126)	(-0.073)
Lev	-0.047	-0.097**	-0.048	-0.097**	-0.046	-0.096**
	(-1.457)	(-2.030)	(-1.469)	(-2.045)	(-1.429)	(-2.007)
ROA	-0.110	-0.166	-0.115	-0.177	-0.108	-0.160
	(-1.188)	(-1.276)	(-1.253)	(-1.376)	(-1.166)	(-1.233)

续表

变量	(1)		(2)		(3)	
	CAR [0, 2]	CAR [0, 5]	CAR [0, 2]	CAR [0, 5]	CAR [0, 2]	CAR [0, 5]
Growth	-0.018*	-0.029**	-0.017*	-0.027*	-0.019*	-0.030**
	(-1.785)	(-2.075)	(-1.672)	(-1.935)	(-1.819)	(-2.123)
State	0.033**	0.035*	0.034**	0.037*	0.033**	0.036*
	(2.315)	(1.766)	(2.384)	(1.855)	(2.356)	(1.819)
常数项	0.151	0.224	0.124	0.183	0.140	0.200
	(1.068)	(1.165)	(0.872)	(0.950)	(0.984)	(1.038)
年度	控制	控制	控制	控制	控制	控制
行业	控制	控制	控制	控制	控制	控制
N	987	987	987	987	987	987
Adj. R²	0.202	0.234	0.200	0.232	0.200	0.233
F 值	9.365	9.033	8.964	8.917	9.271	9.118

注：表中列示为稳健标准误的回归结果，*、**、*** 分别表示在10%、5%、1%水平上显著。

6.5.5 基于重组问询函不同度量方式的检验

为增加实证结果的可靠性，避免不同度量方式对实证结果的影响，本章参照陈运森等（2019）、李晓溪等（2019b）、郭飞和周泳彤（2018）的做法，以第一封重组问询函的问题数（Question）、文本数（Text）以及收到问询函的个数（Inquiries）代替是否收到问询函进行实证检验。表6-10的实证结果显示，变量 Question×CAPV、Text×CAPV 和 Inquiries×CAPV 的系数均显著为负，与主检验结果保持一致。

表 6-10 基于重组问询函不同度量方式的检验

变量	(1)		(2)		(3)	
	CAR [6, 11]	CAR [12, 17]	CAR [6, 11]	CAR [12, 17]	CAR [6, 11]	CAR [12, 17]
CAPV	0.046***	0.073***	0.051***	0.079***	0.041***	0.064***
	(4.557)	(4.441)	(4.792)	(4.560)	(4.003)	(3.945)

续表

变量	(1) CAR [6, 11]	(1) CAR [12, 17]	(2) CAR [6, 11]	(2) CAR [12, 17]	(3) CAR [6, 11]	(3) CAR [12, 17]
Question	-0.002 (-0.198)	-0.001 (-0.120)				
Question×CAPV	-0.012** (-2.526)	-0.022*** (-2.938)				
Text			-0.001 (-0.360)	-0.001 (-0.249)		
Text×CAPV			-0.005*** (-2.752)	-0.008*** (-3.070)		
Inquiries					-0.002 (-0.099)	0.007 (0.289)
Inquiries×CAPV					-0.024** (-2.294)	-0.044*** (-2.727)
Cash	-0.022 (-1.611)	-0.035* (-1.763)	-0.021 (-1.532)	-0.033* (-1.679)	-0.022 (-1.553)	-0.035* (-1.741)
Stock	0.023 (1.645)	0.042** (2.011)	0.023 (1.636)	0.042** (2.008)	0.023 (1.628)	0.042** (2.011)
Premium	0.000 (1.329)	0.001* (1.734)	0.000 (1.325)	0.001* (1.721)	0.000 (1.393)	0.001* (1.816)
Diversifying	0.018 (1.318)	0.022 (1.081)	0.017 (1.232)	0.020 (0.987)	0.018 (1.267)	0.021 (1.040)
Relative	0.008*** (3.496)	0.014*** (3.582)	0.008*** (3.507)	0.014*** (3.589)	0.008*** (3.449)	0.013*** (3.489)
Size	-0.003 (-0.578)	-0.005 (-0.628)	-0.003 (-0.530)	-0.005 (-0.567)	-0.003 (-0.457)	-0.004 (-0.466)
Lev	-0.040 (-1.226)	-0.084* (-1.759)	-0.042 (-1.290)	-0.088* (-1.842)	-0.046 (-1.412)	-0.095** (-1.983)
ROA	-0.085 (-0.937)	-0.125 (-0.988)	-0.084 (-0.929)	-0.124 (-0.974)	-0.098 (-1.088)	-0.143 (-1.144)
Growth	-0.019* (-1.818)	-0.030** (-2.097)	-0.019* (-1.857)	-0.030** (-2.144)	-0.019* (-1.912)	-0.030** (-2.215)

续表

变量	(1)		(2)		(3)	
	CAR [6, 11]	CAR [12, 17]	CAR [6, 11]	CAR [12, 17]	CAR [6, 11]	CAR [12, 17]
State	0.034**	0.038*	0.034**	0.038*	0.033**	0.036*
	(2.393)	(1.868)	(2.415)	(1.886)	(2.312)	(1.766)
常数项	0.090	0.126	0.086	0.117	0.089	0.116
	(0.638)	(0.653)	(0.609)	(0.612)	(0.622)	(0.600)
年度	控制	控制	控制	控制	控制	控制
行业	控制	控制	控制	控制	控制	控制
N	987	987	987	987	987	987
Adj. R²	0.196	0.228	0.198	0.230	0.193	0.223
F 值	8.991	8.913	9.351	9.161	8.549	8.612

注：表中列示为稳健标准误的回归结果，*、**、*** 分别表示在 10%、5%、1% 水平上显著。

6.5.6 基于被解释变量不同度量方式的检验

基于测量可靠性，本章参照潘红波等（2008）、陈仕华等（2013）以及王艳和阙铄（2014）的研究，在计算超额累计收益率（CAR）时进行了如下处理：一是增加了 [0, 3]、[0, 6] 多个窗口期进行计算，回归结果见表 6-11；二是将市场模型参数计算的估计期选择为并购事件首次公告日前 240 个交易日至前 30 个交易日，计算 [0, 2]、[0, 5] 窗口期的 CAR，回归结果见表 6-12。在表 6-11 和表 6-12 中，*Inquiry×CAPV*、*Target×CAPV* 和 *NTone×CAPV* 的系数均显著为负，与主检验结果一致。

表 6-11 基于被解释变量不同度量方式的检验（一）

变量	(1)		(2)		(3)	
	CAR [0, 3]	CAR [0, 6]	CAR [0, 3]	CAR [0, 6]	CAR [0, 3]	CAR [0, 6]
CAPV	0.063***	0.084***	0.054***	0.068***	0.066***	0.090***
	(4.759)	(4.525)	(5.064)	(4.699)	(4.804)	(4.690)
Inquiry	−0.014	−0.013				
	(−0.580)	(−0.397)				

续表

变量	(1) CAR [0, 3]	(1) CAR [0, 6]	(2) CAR [0, 3]	(2) CAR [0, 6]	(3) CAR [0, 3]	(3) CAR [0, 6]
Inquiry×CAPV	-0.043***	-0.068***				
	(-2.681)	(-3.128)				
Target			0.006	0.012		
			(0.612)	(1.016)		
Target×CAPV			-0.017***	-0.025***		
			(-3.139)	(-3.675)		
NTone					0.001	0.023
					(0.026)	(0.400)
NTone×CAPV					-0.087***	-0.140***
					(-3.064)	(-3.633)
Cash	-0.024	-0.033	-0.026	-0.036*	-0.025	-0.035*
	(-1.453)	(-1.593)	(-1.556)	(-1.728)	(-1.494)	(-1.670)
Stock	0.028*	0.043*	0.031*	0.047**	0.031*	0.047**
	(1.682)	(1.941)	(1.853)	(2.134)	(1.851)	(2.135)
Premium	0.001	0.001*	0.001*	0.001*	0.001	0.001*
	(1.524)	(1.715)	(1.723)	(1.958)	(1.552)	(1.773)
Diversifying	0.020	0.021	0.025	0.029	0.019	0.020
	(1.221)	(1.021)	(1.544)	(1.385)	(1.169)	(0.974)
Relative	0.009***	0.016***	0.009***	0.015***	0.009***	0.016***
	(3.059)	(3.708)	(3.042)	(3.764)	(3.122)	(3.781)
Size	-0.005	-0.006	-0.005	-0.006	-0.005	-0.005
	(-0.715)	(-0.673)	(-0.671)	(-0.626)	(-0.658)	(-0.592)
Lev	-0.066*	-0.089*	-0.066*	-0.091*	-0.065*	-0.089*
	(-1.683)	(-1.774)	(-1.695)	(-1.809)	(-1.656)	(-1.759)
ROA	-0.096	-0.110	-0.104	-0.123	-0.092	-0.102
	(-0.906)	(-0.828)	(-0.985)	(-0.939)	(-0.867)	(-0.769)
Growth	-0.024*	-0.032**	-0.022*	-0.030**	-0.025*	-0.033**
	(-1.936)	(-2.147)	(-1.817)	(-2.002)	(-1.976)	(-2.194)
State	0.040**	0.037*	0.042**	0.039*	0.041**	0.038*
	(2.422)	(1.736)	(2.490)	(1.817)	(2.470)	(1.789)

续表

变量	(1)		(2)		(3)	
	CAR [0, 3]	CAR [0, 6]	CAR [0, 3]	CAR [0, 6]	CAR [0, 3]	CAR [0, 6]
常数项	0.110	0.159	0.080	0.116	0.094	0.129
	(0.664)	(0.782)	(0.479)	(0.571)	(0.562)	(0.638)
年度	控制	控制	控制	控制	控制	控制
行业	控制	控制	控制	控制	控制	控制
N	987	987	987	987	987	987
Adj. R^2	0.220	0.240	0.219	0.237	0.219	0.240
F 值	10.075	9.118	9.656	8.980	10.108	9.203

注：表中列示为稳健标准误的回归结果，*、**、*** 分别表示在 10%、5%、1% 水平上显著。

表 6-12 基于被解释变量不同度量方式的检验（二）

变量	(1)		(2)		(3)	
	CAR [0, 2]	CAR [0, 5]	CAR [0, 2]	CAR [0, 5]	CAR [0, 2]	CAR [0, 5]
CAPV	0.043***	0.064***	0.048***	0.072***	0.050***	0.077***
	(4.933)	(4.728)	(4.543)	(4.218)	(4.508)	(4.365)
Inquiry	0.006	0.011				
	(0.785)	(1.019)				
Inquiry×CAPV	-0.013***	-0.022***				
	(-2.967)	(-3.398)				
Target			-0.011	-0.011		
			(-0.564)	(-0.384)		
Target×CAPV			-0.032**	-0.053***		
			(-2.436)	(-2.612)		
NTone					0.001	0.017
					(0.040)	(0.322)
NTone×CAPV					-0.063***	-0.110***
					(-2.734)	(-3.069)
Cash	-0.022	-0.035*	-0.020	-0.033	-0.021	-0.034*
	(-1.532)	(-1.741)	(-1.428)	(-1.635)	(-1.473)	(-1.695)

续表

变量	(1) CAR[0,2]	(1) CAR[0,5]	(2) CAR[0,2]	(2) CAR[0,5]	(3) CAR[0,2]	(3) CAR[0,5]
$Stock$	0.029**	0.050**	0.027*	0.047**	0.029**	0.050**
	(2.083)	(2.449)	(1.914)	(2.270)	(2.063)	(2.436)
$Premium$	0.000	0.001*	0.000	0.001	0.000	0.001*
	(1.495)	(1.834)	(1.316)	(1.603)	(1.341)	(1.656)
$Diversifying$	0.020	0.028	0.016	0.022	0.016	0.021
	(1.457)	(1.373)	(1.173)	(1.073)	(1.139)	(1.032)
$Relative$	0.008***	0.013***	0.008***	0.013***	0.008***	0.013***
	(3.452)	(3.380)	(3.480)	(3.347)	(3.535)	(3.410)
$Size$	−0.003	−0.006	−0.004	−0.006	−0.003	−0.005
	(−0.547)	(−0.647)	(−0.600)	(−0.700)	(−0.549)	(−0.631)
Lev	−0.048	−0.093*	−0.048	−0.092*	−0.047	−0.091*
	(−1.478)	(−1.945)	(−1.454)	(−1.915)	(−1.435)	(−1.900)
ROA	−0.105	−0.144	−0.101	−0.135	−0.097	−0.128
	(−1.154)	(−1.133)	(−1.096)	(−1.048)	(−1.060)	(−0.995)
$Growth$	−0.017	−0.026*	−0.018*	−0.028**	−0.018*	−0.029**
	(−1.593)	(−1.893)	(−1.707)	(−2.029)	(−1.739)	(−2.071)
$State$	0.034**	0.043**	0.033**	0.041**	0.034**	0.042**
	(2.409)	(2.116)	(2.345)	(2.034)	(2.379)	(2.078)
常数项	0.078	0.110	0.106	0.151	0.093	0.127
	(0.543)	(0.563)	(0.739)	(0.778)	(0.646)	(0.653)
年度	控制	控制	控制	控制	控制	控制
行业	控制	控制	控制	控制	控制	控制
N	987	987	987	987	987	987
Adj. R^2	0.188	0.214	0.188	0.214	0.186	0.213
F值	8.718	8.611	8.970	8.601	8.879	8.678

注：表中列示为稳健标准误的回归结果，*、**、*** 分别表示在10%、5%、1%水平上显著。

6.5.7 消除变量共线性问题的稳健性检验

考虑到监管问询函治理作用检验中引入交乘项可能带来的交乘项与

低次项间共线性问题,本章增加了中心化处理进行消除共线性干扰的稳健性检验。表6-13的实证结果表明,$Inquiry \times CAPV$、$Target \times CAPV$ 和 $NTone \times CAPV$ 的系数均显著为负,与主检验结果保持一致。

表6-13 消除变量共线性问题的稳健性检验

变量	(1) CAR[0,2]	(1) CAR[0,5]	(2) CAR[0,2]	(2) CAR[0,5]	(3) CAR[0,2]	(3) CAR[0,5]
$CAPV$	0.051*** (4.741)	0.078*** (4.453)	0.044*** (5.011)	0.066*** (4.786)	0.052*** (4.647)	0.083*** (4.553)
$Inquiry$	-0.012 (-0.604)	-0.014 (-0.451)				
$Inquiry \times CAPV$	-0.034*** (-2.625)	-0.060*** (-2.893)				
$Target$			0.005 (0.693)	0.009 (0.863)		
$Target \times CAPV$			-0.014*** (-3.019)	-0.023*** (-3.500)		
$NTone$					-0.002 (-0.060)	0.014 (0.261)
$NTone \times CAPV$					-0.066*** (-2.849)	-0.122*** (-3.320)
$Cash$	-0.020 (-1.433)	-0.032 (-1.577)	-0.022 (-1.547)	-0.034* (-1.693)	-0.021 (-1.475)	-0.033 (-1.641)
$Stock$	0.023* (1.650)	0.042** (2.029)	0.026* (1.821)	0.046** (2.215)	0.025* (1.808)	0.046** (2.212)
$Premium$	0.000 (1.298)	0.001* (1.684)	0.000 (1.480)	0.001* (1.929)	0.000 (1.320)	0.001* (1.736)
$Diversifying$	0.016 (1.177)	0.019 (0.933)	0.021 (1.490)	0.026 (1.275)	0.016 (1.141)	0.018 (0.888)
$Relative$	0.008*** (3.467)	0.013*** (3.533)	0.008*** (3.437)	0.013*** (3.571)	0.008*** (3.528)	0.013*** (3.606)
$Size$	-0.003 (-0.532)	-0.005 (-0.567)	-0.003 (-0.484)	-0.004 (-0.520)	-0.003 (-0.485)	-0.004 (-0.495)

续表

变量	(1) CAR [0, 2]	(1) CAR [0, 5]	(2) CAR [0, 2]	(2) CAR [0, 5]	(3) CAR [0, 2]	(3) CAR [0, 5]
Lev	-0.044 (-1.350)	-0.091* (-1.911)	-0.045 (-1.372)	-0.092* (-1.938)	-0.043 (-1.326)	-0.090* (-1.893)
ROA	-0.087 (-0.958)	-0.128 (-1.001)	-0.092 (-1.024)	-0.139 (-1.103)	-0.084 (-0.930)	-0.121 (-0.951)
Growth	-0.019* (-1.875)	-0.030** (-2.165)	-0.018* (-1.756)	-0.028** (-2.018)	-0.020* (-1.909)	-0.031** (-2.212)
State	0.035** (2.458)	0.039* (1.930)	0.036** (2.521)	0.041** (2.011)	0.035** (2.496)	0.040** (1.978)
常数项	0.117 (0.849)	0.161 (0.854)	0.102 (0.732)	0.136 (0.721)	0.111 (0.801)	0.147 (0.787)
年度	控制	控制	控制	控制	控制	控制
行业	控制	控制	控制	控制	控制	控制
N	987	987	987	987	987	987
Adj. R^2	0.199	0.230	0.198	0.229	0.197	0.230
F 值	9.490	9.209	9.084	9.101	9.394	9.285

注：表中列示为稳健标准误的回归结果，*、**、*** 分别表示在10%、5%、1%水平上显著。

6.5.8 考虑行业股价差异的稳健性检验

不同行业的股票收益率存在显著差异（王立荣等，2018），为消除不同行业股价的差异，本章使用经行业中位数调整后的超额收益率（Ind-CAR）进行回归。表 6-14 的结果显示，变量 Inquiry×CAPV、Target×CAPV 和 NTone×CAPV 的系数均显著为负，与主检验结果保持一致。

表 6-14 考虑行业股价差异的稳健性检验

变量	(1) IndCAR [0, 2]	(1) IndCAR [0, 5]	(2) IndCAR [0, 2]	(2) IndCAR [0, 5]	(3) IndCAR [0, 2]	(3) IndCAR [0, 5]
CAPV	0.060*** (4.828)	0.091*** (4.414)	0.050*** (5.092)	0.076*** (4.712)	0.059*** (4.577)	0.096*** (4.423)

续表

变量	(1) IndCAR [0,2]	(1) IndCAR [0,5]	(2) IndCAR [0,2]	(2) IndCAR [0,5]	(3) IndCAR [0,2]	(3) IndCAR [0,5]
Inquiry	-0.014 (-0.593)	-0.025 (-0.703)				
Inquiry×CAPV	-0.037** (-2.413)	-0.062** (-2.529)				
Target			0.007 (0.727)	0.010 (0.747)		
Target×CAPV			-0.014*** (-2.669)	-0.024*** (-3.049)		
NTone					-0.011 (-0.251)	-0.007 (-0.106)
NTone×CAPV					-0.067** (-2.489)	-0.127*** (-2.910)
Cash	-0.020 (-1.323)	-0.029 (-1.285)	-0.022 (-1.442)	-0.032 (-1.403)	-0.020 (-1.305)	-0.029 (-1.275)
Stock	0.020 (1.123)	0.031 (1.178)	0.022 (1.249)	0.035 (1.319)	0.023 (1.296)	0.037 (1.394)
Premium	0.000 (0.510)	0.001 (1.215)	0.000 (0.739)	0.001 (1.476)	0.000 (0.592)	0.001 (1.312)
Diversifying	0.004 (0.231)	0.005 (0.197)	0.009 (0.546)	0.013 (0.534)	0.002 (0.154)	0.002 (0.088)
Relative	0.007** (2.558)	0.013*** (3.142)	0.007** (2.544)	0.013*** (3.175)	0.007*** (2.635)	0.013*** (3.242)
Size	-0.006 (-0.890)	-0.009 (-0.920)	-0.005 (-0.707)	-0.007 (-0.725)	-0.006 (-0.849)	-0.008 (-0.867)
Lev	-0.063* (-1.713)	-0.134** (-2.444)	-0.063* (-1.719)	-0.134** (-2.439)	-0.061* (-1.658)	-0.131** (-2.373)
ROA	-0.096 (-0.960)	-0.199 (-1.421)	-0.093 (-0.934)	-0.193 (-1.388)	-0.091 (-0.905)	-0.184 (-1.313)
Growth	-0.014 (-1.234)	-0.021 (-1.337)	-0.013 (-1.162)	-0.020 (-1.246)	-0.015 (-1.304)	-0.023 (-1.430)

续表

变量	(1) IndCAR [0, 2]	(1) IndCAR [0, 5]	(2) IndCAR [0, 2]	(2) IndCAR [0, 5]	(3) IndCAR [0, 2]	(3) IndCAR [0, 5]
State	0.046***	0.053**	0.045***	0.052**	0.046***	0.054**
	(2.782)	(2.209)	(2.734)	(2.151)	(2.796)	(2.228)
常数项	0.132	0.199	0.085	0.121	0.121	0.173
	(0.852)	(0.913)	(0.545)	(0.553)	(0.774)	(0.792)
年度	控制	控制	控制	控制	控制	控制
行业	控制	控制	控制	控制	控制	控制
N	767	767	767	767	767	767
Adj. R^2	0.189	0.198	0.184	0.193	0.187	0.197
F 值	6.592	6.009	6.479	6.127	6.532	6.025

注：表中列示为稳健标准误的回归结果，*、**、*** 分别表示在10%、5%、1%水平上显著。

6.5.9 样本区间扩大的稳健性检验

为了增强本章结果的可靠性，避免不同样本区间对本章结果的影响，将样本区间扩大至2015~2021年。表6-15的回归结果显示，变量Inquiry×CAPV、Target×CAPV 和 NTone×CAPV 的系数均显著为负，与主检验结果保持一致。

表6-15 样本区间扩大的稳健性检验

变量	(1) CAR [0, 2]	(1) CAR [0, 5]	(2) CAR [0, 2]	(2) CAR [0, 5]	(3) CAR [0, 2]	(3) CAR [0, 5]
CAPV	0.202***	0.318***	0.176***	0.277***	0.181***	0.281***
	(7.33)	(7.57)	(6.77)	(7.10)	(7.08)	(7.27)
Inquiry	-0.037*	-0.039				
	(-1.96)	(-1.46)				
Inquiry×CAPV	-0.106***	-0.215***				
	(-2.89)	(-4.00)				
Target			-0.012	-0.013		
			(-1.63)	(-1.22)		

续表

变量	(1)		(2)		(3)	
	CAR[0,2]	CAR[0,5]	CAR[0,2]	CAR[0,5]	CAR[0,2]	CAR[0,5]
Target×CAPV			-0.030**	-0.067***		
			(-2.17)	(-3.30)		
NTone					0.035	0.032
					(-1.21)	(-0.77)
NTone×CAPV					-0.155***	-0.311***
					(-2.80)	(-3.87)
Cash	-0.012	-0.020	-0.014	-0.023	-0.013	-0.022
	(-0.88)	(-1.04)	(-1.05)	(-1.22)	(-0.99)	(-1.18)
Stock	0.024*	0.044**	0.023*	0.042**	0.025*	0.045**
	(1.77)	(2.20)	(1.68)	(2.08)	(1.83)	(2.25)
Premium	0.006***	0.011***	0.006***	0.011***	0.006***	0.011***
	(2.81)	(3.42)	(2.92)	(3.54)	(2.73)	(3.31)
Diversifying	0.015	0.024	0.018	0.028	0.017	0.027
	(1.20)	(1.29)	(1.39)	(1.49)	(1.33)	(1.43)
Relative	0.007***	0.014***	0.007***	0.015***	0.007***	0.015***
	(3.467)	(3.533)	(3.437)	(3.573)	(3.528)	(3.616)
Size	-0.025***	-0.036***	-0.025***	-0.036***	-0.024***	-0.035***
	(-3.55)	(-3.52)	(-3.51)	(-3.53)	(-3.44)	(-3.46)
Lev	-0.048	-0.100**	-0.044	-0.093*	-0.053	-0.108**
	(-1.46)	(-2.04)	(-1.33)	(-1.89)	(-1.61)	(-2.20)
ROA	0.019	0.001	0.023	0.007	0.004	-0.027
	(0.20)	(0.01)	(0.24)	(0.05)	(0.04)	(-0.20)
Growth	-0.013*	-0.019*	-0.013	-0.019	-0.012	-0.017
	(-1.68)	(-1.68)	(-1.62)	(-1.59)	(-1.53)	(-1.50)
State	0.029**	0.032*	0.029**	0.032	0.024*	0.025
	(2.13)	(1.65)	(2.09)	(1.63)	(1.76)	(1.25)
常数项	0.533***	0.757***	0.544***	0.780***	0.534***	0.765***
	(3.69)	(3.59)	(3.71)	(3.65)	(3.65)	(3.59)
年度	控制	控制	控制	控制	控制	控制
行业	控制	控制	控制	控制	控制	控制
N	1753	1753	1753	1753	1753	1753

续表

变量	(1)		(2)		(3)	
	CAR [0, 2]	CAR [0, 5]	CAR [0, 2]	CAR [0, 5]	CAR [0, 2]	CAR [0, 5]
Adj. R^2	0.193	0.204	0.184	0.195	0.186	0.197
F 值	10.77	9.692	10.60	9.827	10.52	9.644

注：表中列示为稳健标准误的回归结果，*、**、*** 分别表示在 10%、5%、1% 水平上显著。

6.6 进一步检验

6.6.1 业绩承诺分组检验

现有研究普遍认为并购业绩承诺并未创造长期价值，甚至会导致价值毁损。翟进步等（2019）研究发现，业绩承诺的实现程度与之前的资产高估值并不形成一致关系，预示着高估值资产所蕴含的预期业绩并未实现。部分目标公司做出业绩承诺只是为了提高标的评估价值，以不切实际的高业绩承诺换取较高的交易价格（高榴和袁诗淼，2017）。因此，有业绩承诺的并购交易信息不对称程度更高，重组问询函能够给投资者提供的增量信息更多，对投资者社交媒体关注造成的过度市场反应治理作用更好。

表 6-16、表 6-17 和表 6-18 列示了投资者股吧讨论与并购公告市场反应的实证回归结果。表 6-16 的结果显示，有业绩承诺的样本组中 $Inquiry \times CAPV$ 的系数显著为负，无业绩承诺的样本组中 $Inquiry \times CAPV$ 的系数不显著，表明有业绩承诺的上市公司收到重组问询函，对投资者股吧讨论引致的市场非理性定价的治理作用更显著，表 6-17 和表 6-18 的结果显示，有业绩承诺的样本组中 $Target \times CAPV$ 和 $NTone \times CAPV$ 的系数均显著为负，无业绩承诺的样本组中 $Target \times CAPV$ 和 $NTone \times CAPV$ 的系数不显著，说明有业绩承诺的上市公司收到的重组问询函涉及标的问题越多、语调越负向时，对投资者社交媒体关注引致的过度并购公告市场反应的修正作用越强。

表 6-16　业绩承诺分组检验（投资者股吧讨论、监管问询与并购公告市场反应）

变量	CAR [0, 2] 有业绩承诺	CAR [0, 2] 无业绩承诺	CAR [0, 5] 有业绩承诺	CAR [0, 5] 无业绩承诺
CAPV	0.059***	0.040**	0.103***	0.043
	(4.097)	(2.123)	(4.242)	(1.478)
Inquiry	-0.002	-0.006	0.013	-0.020
	(-0.068)	(-0.216)	(0.281)	(-0.552)
Inquiry×CAPV	-0.042**	-0.031	-0.082***	-0.039
	(-2.354)	(-1.398)	(-2.825)	(-1.203)
Cash	-0.027	-0.003	-0.052	0.009
	(-1.179)	(-0.099)	(-1.622)	(0.235)
Stock	0.032*	0.003	0.054**	0.026
	(1.937)	(0.106)	(2.177)	(0.562)
Premium	0.001	0.000	0.001	0.000
	(0.887)	(0.184)	(1.472)	(0.254)
Diversifying	0.022	-0.021	0.026	-0.025
	(1.422)	(-0.644)	(1.151)	(-0.539)
Relative	0.008***	0.009*	0.012***	0.017**
	(2.651)	(1.790)	(2.715)	(2.132)
Size	-0.004	-0.003	-0.005	-0.003
	(-0.439)	(-0.365)	(-0.407)	(-0.267)
Lev	-0.074*	0.010	-0.120**	-0.035
	(-1.793)	(0.186)	(-1.999)	(-0.448)
ROA	-0.169	0.170	-0.207	0.196
	(-1.373)	(1.283)	(-1.249)	(1.005)
Growth	-0.014	-0.032**	-0.023	-0.051**
	(-1.081)	(-2.098)	(-1.351)	(-2.360)
State	0.039**	0.043*	0.037	0.060*
	(2.034)	(1.828)	(1.378)	(1.745)
常数项	0.122	-0.000	0.077	0.020
	(0.551)	(-0.001)	(0.265)	(0.070)
年度	控制	控制	控制	控制
行业	控制	控制	控制	控制

续表

变量	CAR [0, 2]		CAR [0, 5]	
	有业绩承诺	无业绩承诺	有业绩承诺	无业绩承诺
N	654	333	654	333
Adj. R^2	0.215	0.193	0.250	0.218
F 值	7.553	—	7.417	—

注：表中列示为稳健标准误的回归结果，*、**、*** 分别表示在 10%、5%、1% 水平上显著。

表 6-17 业绩承诺分组检验（投资者股吧讨论、涉及标的问题与并购公告市场反应）

变量	CAR [0, 2]		CAR [0, 5]	
	有业绩承诺	无业绩承诺	有业绩承诺	无业绩承诺
CAPV	0.048***	0.039***	0.079***	0.047**
	(4.089)	(2.633)	(4.251)	(2.094)
Target	0.008	0.007	0.011	0.014
	(0.719)	(0.577)	(0.712)	(0.957)
Target×CAPV	-0.015**	-0.015	-0.026***	-0.024
	(-2.577)	(-1.580)	(-2.943)	(-1.191)
Cash	-0.029	0.005	-0.055*	0.018
	(-1.282)	(0.176)	(-1.714)	(0.474)
Stock	0.033**	0.011	0.056**	0.039
	(2.009)	(0.365)	(2.254)	(0.861)
Premium	0.000	0.000	0.001	0.000
	(0.813)	(0.491)	(1.400)	(0.516)
Diversifying	0.026*	-0.018	0.033	-0.023
	(1.695)	(-0.578)	(1.444)	(-0.507)
Relative	0.007**	0.010*	0.011***	0.017**
	(2.565)	(1.769)	(2.651)	(2.110)
Size	-0.005	-0.002	-0.007	-0.001
	(-0.499)	(-0.185)	(-0.536)	(-0.087)
Lev	-0.068	-0.003	-0.109*	-0.055
	(-1.647)	(-0.051)	(-1.815)	(-0.690)

续表

变量	CAR[0, 2] 有业绩承诺	CAR[0, 2] 无业绩承诺	CAR[0, 5] 有业绩承诺	CAR[0, 5] 无业绩承诺
ROA	-0.201*	0.188	-0.270*	0.232
	(-1.662)	(1.429)	(-1.671)	(1.195)
$Growth$	-0.012	-0.032**	-0.019	-0.051**
	(-0.903)	(-2.077)	(-1.131)	(-2.308)
$State$	0.038**	0.048**	0.037	0.067*
	(2.010)	(2.026)	(1.388)	(1.939)
常数项	0.111	-0.055	0.082	-0.070
	(0.495)	(-0.276)	(0.276)	(-0.250)
年度	控制	控制	控制	控制
行业	控制	控制	控制	控制
N	654	333	654	333
Adj. R^2	0.214	0.195	0.250	0.220
F 值	7.317	—	7.256	—

注：表中列示为稳健标准误的回归结果，*、**、***分别表示在10%、5%、1%水平上显著。

表6-18 业绩承诺分组检验（投资者股吧讨论、问询函语调与并购公告市场反应）

变量	CAR[0, 2] 有业绩承诺	CAR[0, 2] 无业绩承诺	CAR[0, 5] 有业绩承诺	CAR[0, 5] 无业绩承诺
$CAPV$	0.060***	0.037*	0.105***	0.045
	(4.262)	(1.879)	(4.361)	(1.501)
$NTone$	0.012	0.000	0.039	0.010
	(0.218)	(0.010)	(0.467)	(0.157)
$NTone \times CAPV$	-0.081***	-0.049	-0.152***	-0.079
	(-2.615)	(-1.257)	(-3.049)	(-1.363)
$Cash$	-0.027	-0.002	-0.051	0.008
	(-1.170)	(-0.092)	(-1.605)	(0.217)
$Stock$	0.034**	0.008	0.057**	0.032
	(2.027)	(0.240)	(2.279)	(0.705)
$Premium$	0.000	0.000	0.001	0.000
	(0.783)	(0.348)	(1.346)	(0.397)

续表

变量	CAR [0, 2]		CAR [0, 5]	
	有业绩承诺	无业绩承诺	有业绩承诺	无业绩承诺
$Diversifying$	0.022	−0.022	0.026	−0.028
	(1.412)	(−0.693)	(1.132)	(−0.621)
$Relative$	0.008***	0.010*	0.012***	0.017**
	(2.683)	(1.817)	(2.758)	(2.156)
$Size$	−0.004	−0.004	−0.004	−0.004
	(−0.380)	(−0.461)	(−0.349)	(−0.355)
Lev	−0.072*	0.009	−0.117*	−0.037
	(−1.745)	(0.165)	(−1.939)	(−0.466)
ROA	−0.176	0.184	−0.222	0.229
	(−1.449)	(1.381)	(−1.356)	(1.172)
$Growth$	−0.014	−0.034**	−0.022	−0.054**
	(−1.059)	(−2.149)	(−1.323)	(−2.451)
$State$	0.037*	0.046*	0.034	0.064*
	(1.958)	(1.935)	(1.292)	(1.852)
常数项	0.110	0.010	0.064	0.020
	(0.500)	(0.049)	(0.221)	(0.072)
年度	控制	控制	控制	控制
行业	控制	控制	控制	控制
N	654	333	654	333
Adj. R^2	0.215	0.189	0.252	0.214
F值	7.494	.	7.456	.

注：表中列示为稳健标准误的回归结果，*、**、***分别表示在10%、5%、1%水平上显著。

综上所述，投资者认为业绩承诺具有"兜底"作用，即使标的盈利状况不好，上市公司依然会得到补偿。但事实却是业绩承诺是上市公司提高评估价值的手段，有业绩承诺的并购交易信息不对称程度更高，重组问询函能够发现更多的风险信息。这种矛盾导致了有业绩承诺的并购交易收到重组问询函时，预警信号作用更强，对投资者非理性决策的修正作用更显著,且问询函涉及标的问题越多、语调越负向时,问询函对投资者社交媒体关注导致的资本市场反应偏差的治理效果越好。

6.6.2 内部控制分组检验

上市公司信息披露质量不高、盈余操纵等财务报告披露问题可能是公司内部控制存在缺陷所致(Anantharaman and He, 2017)。聂萍和潘再珍(2019)研究表明,上市公司内部控制水平会影响交易所问询函的治理作用。基于此,本章按照上市公司内部控制质量对问询函引导市场定价回归理性的作用进行分组检验。

表 6-19、表 6-20 和表 6-21 分别列示了不同内部控制治理下,重组问询函对投资者股吧讨论和市场反应调节作用的实证结果。表 6-19 的结果显示,高内部控制样本组中 $Inquiry \times CAPV$ 的系数显著为负,低内部控制样本组中 $Inquiry \times CAPV$ 的系数不显著,表明内部控制质量高的上市公司收到重组问询函,对投资者社交媒体关注引致的市场非理性定价的治理作用更显著。表 6-20 和表 6-21 的结果显示,高内部控制样本组中 $Target \times CAPV$ 和 $NTone \times CAPV$ 的系数均显著为负,低内部控制样本组中 $Target \times CAPV$ 和 $NTone \times CAPV$ 的系数不显著,说明内部控制质量高的上市公司收到的重组问询函涉及标的问题越多、语调越负向,对投资者社交媒体关注引致的过度市场反应的治理作用越好。

表 6-19 内部控制分组检验(投资者股吧讨论、监管问询与并购公告市场反应)

变量	$CAR\ [0,2]$		$CAR\ [0,5]$	
	高内部控制	低内部控制	高内部控制	低内部控制
$CAPV$	0.063***	0.034*	0.093***	0.054*
	(5.123)	(1.744)	(4.732)	(1.694)
$Inquiry$	0.001	−0.015	−0.001	−0.015
	(0.022)	(−0.455)	(−0.038)	(−0.301)
$Inquiry \times CAPV$	−0.051***	−0.019	−0.076***	−0.045
	(−3.082)	(−0.831)	(−3.057)	(−1.245)

续表

变量	CAR [0, 2] 高内部控制	CAR [0, 2] 低内部控制	CAR [0, 5] 高内部控制	CAR [0, 5] 低内部控制
Cash	-0.003 (-0.162)	-0.037* (-1.829)	-0.020 (-0.720)	-0.050* (-1.690)
Stock	0.028 (1.475)	0.007 (0.307)	0.055* (1.916)	0.017 (0.548)
Premium	0.001* (1.700)	0.000 (0.178)	0.002* (1.934)	0.000 (0.371)
Diversifying	0.007 (0.360)	0.032 (1.580)	0.002 (0.075)	0.053* (1.710)
Relative	0.008** (2.427)	0.011** (2.337)	0.013*** (2.910)	0.017** (2.269)
Size	-0.013 (-1.532)	0.008 (0.928)	-0.010 (-0.828)	0.004 (0.324)
Lev	-0.028 (-0.590)	-0.042 (-0.885)	-0.107 (-1.525)	-0.062 (-0.905)
ROA	0.005 (0.043)	-0.191 (-1.386)	-0.012 (-0.064)	-0.215 (-1.149)
Growth	-0.026** (-2.070)	-0.017 (-0.990)	-0.038** (-2.132)	-0.025 (-1.179)
State	0.052*** (2.692)	0.006 (0.298)	0.052* (1.880)	0.007 (0.238)
常数项	0.222 (1.175)	-0.064 (-0.304)	0.163 (0.616)	0.013 (0.044)
年度	控制	控制	控制	控制
行业	控制	控制	控制	控制
N	520	458	520	458
Adj. R²	0.202	0.270	0.254	0.283
F 值	6.474	—	6.736	—

注：表中列示为稳健标准误的回归结果，*、**、*** 分别表示在 10%、5%、1% 水平上显著。

表 6-20 内部控制分组检验（投资者股吧讨论、涉及标的问题与并购公告市场反应）

变量	CAR [0, 2] 高内部控制	CAR [0, 2] 低内部控制	CAR [0, 5] 高内部控制	CAR [0, 5] 低内部控制
CAPV	0.057***	0.027*	0.089***	0.033
	(5.274)	(1.771)	(5.199)	(1.341)
Target	0.013	0.001	0.023	-0.000
	(1.242)	(0.116)	(1.581)	(-0.004)
Target×CAPV	-0.023***	-0.006	-0.036***	-0.010
	(-3.600)	(-0.861)	(-4.078)	(-0.969)
Cash	-0.003	-0.038*	-0.020	-0.052*
	(-0.164)	(-1.897)	(-0.730)	(-1.760)
Stock	0.029	0.009	0.056*	0.021
	(1.508)	(0.422)	(1.954)	(0.666)
Premium	0.001*	0.000	0.002**	0.000
	(1.782)	(0.276)	(2.047)	(0.531)
Diversifying	0.011	0.036*	0.007	0.061*
	(0.533)	(1.797)	(0.251)	(1.963)
Relative	0.007**	0.011**	0.013***	0.017**
	(2.428)	(2.291)	(3.015)	(2.234)
Size	-0.014	0.008	-0.011	0.004
	(-1.599)	(0.976)	(-0.907)	(0.350)
Lev	-0.033	-0.039	-0.116	-0.056
	(-0.694)	(-0.825)	(-1.635)	(-0.823)
ROA	-0.023	-0.184	-0.053	-0.210
	(-0.192)	(-1.340)	(-0.303)	(-1.125)
Growth	-0.024*	-0.017	-0.035*	-0.025
	(-1.872)	(-0.996)	(-1.922)	(-1.200)
State	0.055***	0.006	0.056**	0.006
	(2.795)	(0.275)	(1.999)	(0.209)
常数项	0.193	-0.077	0.112	0.009
	(1.018)	(-0.370)	(0.422)	(0.029)
年度	控制	控制	控制	控制

续表

变量	CAR [0, 2] 高内部控制	CAR [0, 2] 低内部控制	CAR [0, 5] 高内部控制	CAR [0, 5] 低内部控制
行业	控制	控制	控制	控制
N	520	458	520	458
Adj. R^2	0.209	0.266	0.264	0.277
F 值	6.888	—	7.039	—

注：表中列示为稳健标准误的回归结果，*、**、*** 分别表示在10%、5%、1%水平上显著。

表6-21 内部控制分组检验（投资者股吧讨论、问询函语调与并购公告市场反应）

变量	CAR [0, 2] 高内部控制	CAR [0, 2] 低内部控制	CAR [0, 5] 高内部控制	CAR [0, 5] 低内部控制
CAPV	0.063*** (4.906)	0.041** (1.985)	0.096*** (4.736)	0.069** (2.010)
NTone	0.002 (0.037)	0.030 (0.489)	0.012 (0.183)	0.059 (0.623)
NTone×CAPV	−0.090*** (−3.036)	−0.055 (−1.371)	−0.143*** (−3.231)	−0.120* (−1.829)
Cash	−0.005 (−0.225)	−0.039* (−1.873)	−0.022 (−0.802)	−0.052* (−1.740)
Stock	0.031 (1.591)	0.008 (0.392)	0.058** (2.042)	0.021 (0.651)
Premium	0.001 (1.638)	0.000 (0.188)	0.002* (1.886)	0.000 (0.411)
Diversifying	0.006 (0.321)	0.033 (1.623)	0.001 (0.030)	0.053* (1.737)
Relative	0.008** (2.435)	0.011** (2.379)	0.013*** (2.935)	0.017** (2.326)
Size	−0.013 (−1.509)	0.009 (1.028)	−0.009 (−0.799)	0.006 (0.439)
Lev	−0.027 (−0.570)	−0.042 (−0.888)	−0.106 (−1.507)	−0.062 (−0.913)

续表

变量	CAR [0, 2] 高内部控制	CAR [0, 2] 低内部控制	CAR [0, 5] 高内部控制	CAR [0, 5] 低内部控制
ROA	-0.006	-0.174	-0.027	-0.186
	(-0.051)	(-1.263)	(-0.148)	(-1.000)
$Growth$	-0.027**	-0.017	-0.039**	-0.025
	(-2.129)	(-0.988)	(-2.204)	(-1.160)
$State$	0.052***	0.007	0.051*	0.009
	(2.683)	(0.322)	(1.859)	(0.299)
常数项	0.219	-0.098	0.153	-0.045
	(1.155)	(-0.470)	(0.577)	(-0.154)
年度	控制	控制	控制	控制
行业	控制	控制	控制	控制
N	520	458	520	458
Adj. R^2	0.202	0.268	0.254	0.283
F 值	6.205	.	6.565	.

注：表中列示为稳健标准误的回归结果，*、**、*** 分别表示在 10%、5%、1% 水平上显著。

6.6.3 产权性质分组检验

国企管理层和政府官员受到政策导向和个人政治晋升的双重压力（潘红波等，2008），在涉及控制权转移的并购交易中，政府会出于地方保护等利益动机进行干预。因此投资者更加关注民营企业的并购（Fishman, 1989），投资者社交媒体关注对并购公告市场反应的影响在非国有企业中更显著。此外，企业与政府间的关系会影响资本市场的监管效果（陈信元和黄俊，2007；Anderson, 2000）。那么，企业的产权性质可能会影响交易所监管问询纠正资本市场定价偏差的治理作用。基于此，本章将样本分成国有企业和非国有企业，进一步分析产权性质对问询函治理作用的影响。

表 6-22、表 6-23 和表 6-24 分别列示了不同产权性质下，重组问询函对投资者股吧讨论与市场反应调节作用的实证结果。回归结果显示，非国有企业样本中 $Inquiry \times CAPV$、$Target \times CAPV$ 和 $NTone \times CAPV$ 的系数均

显著为负，国有企业样本中 Inquiry×CAPV、Target×CAPV 和 NTone×CAPV 的系数均不显著。这表明在非国有企业中，监管问询对投资者社交媒体关注与市场反应的调节作用更显著，产权性质影响了交易所问询函监管的效果。

表 6-22 产权性质分组检验（投资者股吧讨论、监管问询与并购公告市场反应）

变量	CAR [0, 2] 国有	CAR [0, 2] 非国有	CAR [0, 5] 国有	CAR [0, 5] 非国有
CAPV	0.048** (2.029)	0.050*** (3.969)	0.070** (2.107)	0.075*** (3.618)
Inquiry	-0.012 (-0.361)	-0.006 (-0.253)	0.020 (0.455)	-0.020 (-0.534)
Inquiry×CAPV	-0.020 (-0.774)	-0.039** (-2.452)	-0.052 (-1.390)	-0.059** (-2.369)
Cash	-0.006 (-0.213)	-0.024 (-1.500)	-0.003 (-0.071)	-0.042* (-1.823)
Stock	0.007 (0.264)	0.026 (1.533)	0.035 (1.008)	0.039 (1.487)
Premium	0.001 (1.535)	0.000 (0.476)	0.002 (1.589)	0.000 (0.811)
Diversifying	0.016 (0.491)	0.023 (1.444)	0.019 (0.475)	0.028 (1.238)
Relative	0.007 (1.547)	0.009*** (3.113)	0.013** (2.562)	0.014*** (3.094)
Size	-0.028*** (-2.840)	0.010 (1.367)	-0.038*** (-2.944)	0.014 (1.325)
Lev	0.053 (0.882)	-0.086** (-2.230)	0.060 (0.743)	-0.161*** (-2.826)
ROA	0.215 (0.951)	-0.181* (-1.799)	0.266 (0.967)	-0.256* (-1.794)
Growth	-0.032 (-1.002)	-0.018* (-1.784)	-0.048 (-1.313)	-0.029** (-2.035)
常数项	0.605** (2.461)	-0.165 (-0.960)	0.776** (2.468)	-0.231 (-0.971)

续表

变量	CAR [0, 2]		CAR [0, 5]	
	国有	非国有	国有	非国有
年度	控制	控制	控制	控制
行业	控制	控制	控制	控制
N	240	747	240	747
Adj. R^2	0.264	0.224	0.308	0.266
F 值	4.099	8.188	4.129	8.814

注：表中列示为稳健标准误的回归结果，*、**、*** 分别表示在 10%、5%、1% 水平上显著。

表 6-23　产权性质分组检验（投资者股吧讨论、涉及标的问题与并购公告市场反应）

变量	CAR [0, 2]		CAR [0, 5]	
	国有	非国有	国有	非国有
CAPV	0.028	0.045***	0.035	0.067***
	(1.357)	(4.326)	(1.252)	(4.082)
Target	-0.012	0.010	-0.002	0.012
	(-0.795)	(1.143)	(-0.084)	(0.962)
Target×CAPV	0.002	-0.016***	-0.004	-0.025***
	(0.215)	(-3.172)	(-0.322)	(-3.364)
Cash	-0.007	-0.025	-0.006	-0.044*
	(-0.246)	(-1.572)	(-0.167)	(-1.906)
Stock	0.009	0.029*	0.038	0.044*
	(0.320)	(1.705)	(1.101)	(1.670)
Premium	0.001	0.000	0.002	0.001
	(1.514)	(0.676)	(1.587)	(1.086)
Diversifying	0.019	0.028*	0.023	0.037
	(0.592)	(1.786)	(0.559)	(1.616)
Relative	0.006	0.009***	0.012**	0.014***
	(1.479)	(3.131)	(2.481)	(3.173)
Size	-0.028***	0.010	-0.038***	0.014
	(-2.825)	(1.441)	(-2.905)	(1.413)
Lev	0.052	-0.087**	0.054	-0.161***
	(0.860)	(-2.264)	(0.655)	(-2.847)

续表

变量	CAR [0, 2]		CAR [0, 5]	
	国有	非国有	国有	非国有
ROA	0.180	-0.187*	0.202	-0.262*
	(0.805)	(-1.878)	(0.732)	(-1.869)
$Growth$	-0.032	-0.017	-0.047	-0.026*
	(-0.999)	(-1.638)	(-1.305)	(-1.877)
常数项	0.621**	-0.208	0.803**	-0.302
	(2.499)	(-1.202)	(2.515)	(-1.262)
年度	控制	控制	控制	控制
行业	控制	控制	控制	控制
N	240	747	240	747
Adj. R^2	0.261	0.224	0.302	0.266
F值	4.115	7.993	4.124	8.715

注：表中列示为稳健标准误的回归结果，*、**、***分别表示在10%、5%、1%水平上显著。

表6-24 产权性质分组检验（投资者股吧讨论、问询函语调与并购公告市场反应）

变量	CAR [0, 2]		CAR [0, 5]	
	国有	非国有	国有	非国有
$CAPV$	0.058**	0.048***	0.073**	0.078***
	(2.398)	(3.672)	(2.259)	(3.599)
$NTone$	-0.014	0.009	0.018	0.013
	(-0.223)	(0.199)	(0.229)	(0.180)
$NTone \times CAPV$	-0.055	-0.069**	-0.091	-0.120***
	(-1.182)	(-2.462)	(-1.488)	(-2.692)
$Cash$	-0.004	-0.026	-0.001	-0.045*
	(-0.144)	(-1.568)	(-0.031)	(-1.904)
$Stock$	0.009	0.028	0.038	0.043
	(0.312)	(1.645)	(1.080)	(1.634)
$Premium$	0.001	0.000	0.002	0.000
	(1.569)	(0.504)	(1.607)	(0.856)
$Diversifying$	0.012	0.023	0.016	0.028
	(0.390)	(1.471)	(0.398)	(1.249)

续表

变量	CAR [0, 2] 国有	CAR [0, 2] 非国有	CAR [0, 5] 国有	CAR [0, 5] 非国有
Relative	0.007	0.009***	0.013***	0.014***
	(1.648)	(3.164)	(2.653)	(3.163)
Size	-0.028***	0.010	-0.038***	0.014
	(-2.891)	(1.407)	(-2.981)	(1.392)
Lev	0.050	-0.084**	0.055	-0.157***
	(0.829)	(-2.178)	(0.664)	(-2.749)
ROA	0.223	-0.175*	0.261	-0.242*
	(0.999)	(-1.747)	(0.954)	(-1.703)
Growth	-0.032	-0.019*	-0.048	-0.029**
	(-1.026)	(-1.803)	(-1.335)	(-2.077)
常数项	0.602**	-0.178	0.784**	-0.260
	(2.485)	(-1.024)	(2.510)	(-1.085)
年度	控制	控制	控制	控制
行业	控制	控制	控制	控制
N	240	747	240	747
Adj. R²	0.269	0.221	0.311	0.264
F 值	4.223	7.987	4.160	8.752

注：表中列示为稳健标准误的回归结果，*、**、*** 分别表示在10%、5%、1%水平上显著。

6.7 小结

本章使用 A 股上市公司重大资产重组交易为研究样本，检验了交易所监管问询对投资者社交媒体关注与并购公告市场反应的调节作用，证明了交易所问询函能够修正投资者社交媒体关注行为导致的定价偏差，具有引导投资者理性决策的治理作用。实证分析中，考虑了问询函文本特征和语调特征，并对业绩承诺、上市公司内部控制治理和产权特征进行了分组检验。研究结论主要包含以下五点。

第一，监管问询削弱了投资者社交媒体关注对并购公告市场反应单向为正的定价偏差效应，表明以监管问询为代表的交易所一线监管能够向投资者充分揭示风险,引导市场定价回归理性,在一定程度上纠正了投资者行为偏差引致的市场失灵。

第二,在重组问询函文本特征对投资者社交媒体关注与并购公告市场反应的调节作用方面,研究发现收到的重组问询函涉及标的问题越多,对投资者社交媒体关注导致的定价偏差的修正作用越明显,即标的质量能够影响并购公告市场反应。

第三,在重组问询函语调特征对投资者社交媒体关注与并购公告市场反应的调节作用方面,研究发现收到的重组问询函的语调越负面,对投资者社交媒体关注引致的市场非理性定价的修正作用越显著。

第四,在有业绩承诺的并购交易和内部控制质量高的上市公司收到重组问询函时,其对投资者社交媒体关注导致的定价偏差的修正作用更显著。这主要是因为投资者更看好有业绩承诺的并购交易和内控质量高的上市公司,导致上市公司收到重组问询函时,被投资者认为是相对意外的信号,因此对其投资决策的修正作用更大。

第五,企业的产权性质影响了交易所的治理效果,非国有企业收到重组问询函对社交媒体关注引致的市场非理性定价的修正作用更显著。

7 社交媒体负面讨论、监管问询与并购公告市场反应

并购是企业外部扩张的重要手段,其影响市场对企业未来发展预期的判断,成为中小投资者最为关切的事项之一。然而,大量实证研究发现,并购难以为投资者创造价值,甚至造成企业价值毁损(Andrade et al., 2001; Moeller et al., 2004)。在我国实践中,上市公司控股股东为攫取私利,会发动"忽悠式"并购活动(赵妍等,2016;张晓宇和徐龙炳,2017)。在传统媒体治理情境下,中小投资者处于信息劣势地位,难以甄别并购质量,往往被"忽悠式"并购所误导,导致财富损失(Shleifer and Vishny, 1997; La Porta et al., 2000)。

近年来,随着互联网信息技术迅猛发展,以社交媒体为代表的信息交流传播平台重塑了信息生成、传播以及分享的生态系统(Miller and Skinner, 2015)。如今,社交媒体已成为人们获取各类资讯的重要渠道,上市公司相关话题也频繁登上热搜,引发全社会高度关注。Chen 等(2014)指出,社交媒体已成为散户交流分享证券投资的流行工具,他们实证发现,投资者观点可以通过社交媒体传播预测未来股票收益和预期盈余。Campbell 等(2019)研究发现,社交媒体上投资相关信息可以在公司股价中予以反映。这意味着,中小投资者可以利用社交媒体发声,改变往昔沉默失语的局面,对资本市场产生一定影响。

一个饶有兴趣的问题是,中小投资者是否可以利用社交媒体影响上市公司并购活动,保护自身利益免受侵害?换而言之,中小投资者在社交媒体上对上市公司并购行为的讨论是否具有信息含量,能否发挥社交媒体的外部治理作用?与此同时,受到中小投资者热议的并购话题,往往也会引起交易所关注。现有文献表明,交易所问询函可以迫使上市公司公告更多并购交易信息,为中小投资者决策预警提供支持(傅祥斐等,2020)。那么,交易所介入是否可以进一步发挥社交媒体的治理效能?为此,本章实证考察我国上市公司并购市场中,中小投资者社交媒体关注

对并购公告市场反应产生的影响，以及交易所问询函可能在其中发挥的作用。上述问题的研究对于提升公司治理水平和保护中小投资者利益具有重要实践意义。

  本章以 2014~2018 年沪深 A 股上市公司重大资产重组数据为研究样本，实证检验了社交媒体关注与并购公告市场反应的关系，并探讨重组问询函在其中的作用机制。主要实证结果如下。第一，社交媒体负面讨论的增加导致更为负向的并购公告市场反应，而且在并购溢价高和非现金支付的并购事件中，社交媒体关注导致的负向市场反应更为显著。这些现象表明中小投资者通过社交媒体"用脚投票"具有信息含量，影响其进行投资决策，且对于高风险的并购交易，社交媒体外部治理作用更好。第二，在监管效果方面，收到的重组问询函语气越负面，社交媒体负面讨论对并购公告市场反应的负向影响越大。这表明重组问询函语调向市场提供了对决策有用的信息，投资者可以基于问询函做出理性投资决策。这也意味着交易所监管问询函相较于纷繁复杂的重组报告书可读性更强，提高了投资者的信息解读能力。总体而言，本章研究发现社交媒体独特的外部治理作用，借助交易所一线监管的力量更好地帮助投资者进行决策。

  本章边际贡献主要体现在以下三个方面。第一，已有相关研究主要关注社交媒体对公司盈余预测（Chen et al.，2014）、股票换手率（Hong et al.，2014）以及公司并购决策行为（Ang et al.，2021）等方面的影响。不同于现有文献，本章聚焦于并购市场公告反应，考察社交媒体在中小投资者高度关注的并购事项中扮演的角色，丰富了社交媒体治理作用的经济后果范畴。第二，并购价值创造一直是财务领域重点关注的话题。现有文献主要从效率理论、协同理论以及管理者过度自信理论等角度进行深入分析，为提升并购价值提供了重要经验证据。与现有研究不同，本章关注当前社会流行的社交媒体平台对并购价值创造的作用，拓宽了并购价值创造影响因素研究范畴。第三，已有研究发现，媒体治理作用的发挥，需要借助政府介入（杨德明和赵璨，2012）。本章从交易所问询监管视角出发，考察了社交媒体关注对并购公告市场反应的影响，深化了市场对政府"有形之手"与社交媒体"无形之手"组合拳在资本市场治理中作用的认识，有助于正确理解政府监督职能的效能。

7.1 理论分析与研究假设

当前，我国经济由高速增长向高质量发展转型，并购活动在其中扮演重要角色。现实中可以观察到，资本市场上并购活动日趋火热，并购也成为投资者最为关注的话题之一。由于并购的特殊性质，公开信息披露更多只是满足证监会信息披露的合法合规要求，投资者难以利用纷繁复杂的重组报告书等公开披露信息进行有效决策，中小投资者处于信息劣势地位，与上市公司内部人之间往往存在较为严重的信息不对称。实践中，并购重组内幕交易盛行（曹宁和李善民，2019；彭志和肖世盛，2018），加剧了公司股价崩盘风险，损害了中小投资者利益（赵立彬等，2021）。面对日趋复杂的并购交易，投资者通过社交媒体获取信息的需求更为强烈。

信息论认为，信息传递是信息由信号源发出，通过一定的信道传导给信息接收者的过程（Shannon，1948）。在移动互联网媒介普及之前，资本市场信息是由上市公司以年度报告、公告、新闻发布会等方式传递给投资者，其间，中介机构（证券分析师、审计师等）也可能进行相应解读（姜付秀等，2016）。在整个传递过程中，中小投资者仅仅是信息的被动接收者，彼此之间难以讨论分享相关资讯和观点。在代理冲突下，中小投资者所接收的并购信息可能是有偏的，难以获得并购全貌。同时，相比机构投资者、分析师等群体，中小投资者个体在信息收集、处理和分析方面也处于弱势。然而，随着信息技术迅猛发展，社交媒体的兴起，打破了中小投资者个体之间彼此分割的不利窘况。依靠社交媒体平台，中小股东不再是"沉默的羔羊"，他们可以分享对公司的看法，与管理层直接互动，表达意愿，联合起来形成一个价值一致的利益共同体。已有研究发现，媒体作为一种外部治理机制，可以通过报道负面消息对公司价值产生影响，对公司内部人起到惩戒作用（Bednar，2012）。

群体智慧理论认为，独立、分散及多元化的个体观点集合起来形成的判断预测更趋近于真实，甚至比专家预测更为精准（Surowiecki，2004）。具体到并购事件而言，社交媒体平台上聚合的个体投资者可能来自上市公司当地，可能是客户、供应商、竞争者、财务顾问，甚至是公司员工，他们从不同角度用各自透视镜审视并购行为，能够为外部投资者清晰呈现并购样貌，提供具有价值判断的信息（金德环和李岩，2017）。社交媒体讨论的信息含量可能超过任何一家信息中介机构所提供的内容（Ang et al.，2021）。因此，当投资者在社交媒体平台上对某一并购事件呈现集体负面评价时，很可能意味着这是一起价值毁灭型并购，触发投资者"用脚投票"，导致并购公告市场反应为负向。基于上述分析，提出以下假设。

H7-1：公司并购事件受到社交媒体负面讨论越多，并购公告市场反应越差。

由于我国并购市场信息不对称问题较为严重（李晓溪等，2019a），交易所问询函监管的治理作用尤为重要。2019年深交所和上交所陆续发布上市公司并购重组信息披露指引[①]，提出上市公司公告重组方案后，交易所就信息披露不准确、内容不完善或者交易存疑等情况对上市公司发出重组问询函，要求上市公司及时书面回函并公开披露。交易所针对并购重组方案进行监管问询，向投资者发出监管层对于重组方案的专业判断信号，有利于投资者直接、高效地理解并购事项。首先，重组问询函迫使并购公司在回函和重组方案修订的过程中披露更多的内容，为投资者提供了更多的增量信息，有利于投资者进行投资决策、降低投资风险（李晓溪，2019a）；其次，重组问询函是监管层基于其丰富的专业知识和行业实践经验进行专业判断的结果，反映了交易所对于并购事项的专业意见，具有精准识别风险的功能（刘柏和卢家锐，2019）。面对不同严重程度、不同性质的并购问题时，交易所问询函的提问方式和措辞会有所不同，问询函语调能够反映出并购交易问题的严重程度（傅祥斐，2022），相比于并购重组报告书中的信息，重组问询函的语调信息能够更加高效地反映并购重组事项，有利于识别风险并做出决策。

已有研究也发现媒体治理作用的发挥，需要借助政府介入（杨德明和赵璨，2012）。因此，并购交易既受到社交媒体负面质疑，又收到交易

[①] 2019年5月深圳证券交易所发布《上市公司信息披露指引第3号——重大资产重组》，2019年12月上海证券交易所发布《上市公司重大资产重组信息披露业务指引》。

所负面重组问询函时，投资者会更确信该并购交易有问题，从而导致更加负面的市场反应。基于上述分析，提出以下假设。

H7-2：重组问询函语调越负面，社交媒体负面讨论对并购公告市场反应的负向影响越大。

7.2 研究设计

7.2.1 样本与数据来源

本章选取 2014~2018 年 A 股上市公司重大资产重组交易为研究样本，按照如下标准对样本进行筛选：①删除金融行业上市公司样本；②删除 ST 和 *ST 上市公司样本；③删除变量缺失的样本；④对所有连续型变量进行前后端 1% 水平的极值处理。经过上述处理后，共得到 1005 个样本。

本章的重大资产重组数据来源于 Wind 数据库，在此基础上，分别从巨潮资讯网和交易所网站上抓取了上市公司并购重组报告书和重组问询函，通过 Python 软件对问询函文本分析得到问询函语调特征字段。社交媒体关注所需的股吧讨论数据来自东方新财富股吧网（http://CAPV.eastmoney.com/），采用 Python 软件进行文本和语调分析。其他数据来源于 CSMAR 数据库，数据处理与实证检验均采用 Stata16.0 进行操作。

7.2.2 变量选取

（1）被解释变量

并购首次公告市场反应（CAR）。参照 Goodman 等（2014）、陈仕华等（2013）的研究，采用事件研究法计算并购公告股票超额累计收益率（CAR）来衡量投资者对并购交易的市场反应。由于首次并购公告和重组问询函均在停牌期间，二者对市场的反应都体现在股票复牌首日的股价变动中。基于此，本章采用并购首次公告日 [0, 2]、[0, 5] 窗口期计算超额累计收益率（CAR [0, 2]、CAR [0, 5]）。

（2）解释变量

社交媒体负面讨论（$Negnum$）。我国股票市场散户较多，中小投资者大多通过社交媒体进行辅助决策。我国有诸多类似社交媒体平台，如微博、豆瓣、雪球等，为投资者提供了捕捉和呈现日常重要交易的场所，但它们并不是散户分享股票投资信息的目的地。股票留言板是散户投资者交流观点的特有场所，而东方财富"股吧"论坛为每个上市公司提供一个留言板，来自不同背景的散户投资者可以很容易地聚集在一起，讨论他们感兴趣的上市公司及交易，并进行投资决策。

因此，本章用东方财富"股吧"论坛中的讨论来表示社交媒体关注。通过 Python 软件抓取并购首日公告前后的发帖量，并使用文本分析方法构建帖子的评论语调，最后参照 Henry（2008）、林乐和谢德仁（2016）的做法构建社交媒体负面讨论（$Negnum$）：

$$Negnum = \frac{Negative - Positive}{Negative + Positive} \qquad (7-1)$$

本章使用并购首次公告日三日内（$Negnum$）股吧讨论负向语调，即并购公告前三日（负面评论-正面评论）/（负面评论+正面评论）作为度量社交媒体负面讨论的代理变量，$Negnum$ 越大，说明社交媒体负面讨论越多。

（3）调节变量

问询函负向语调（$Tone$）。已有研究大多采用是否收到问询函、问询函涉及问题数量等作为度量问询函的代理变量（陈运森，2019）。相较于已有度量方式，问询函语调信息传递的监管态度更容易被投资者所捕捉，进而影响其投资决策。因此，本章选用问询函语调以探究监管问询在社交媒体关注对并购公告市场反应过程中的治理作用。具体地，通过 Python 软件的"结巴"中文分词模块对重组问询函文本进行自动分词，然后将台湾大学 NTUSD 的情感词典作为处理重组问询函的语料库。参考谢德仁和林乐（2015）的研究，构建问询函负向语调（$Tone$）：

$$Tone = \frac{Negative - Positive}{Negative + Positive} \qquad (7-2)$$

其中，$Negative$ 是重组问询函中包含的正面词的频率，$Positive$ 是重组问询函中包含的负面词的频率，$Tone$ 越大，说明重组问询函语调越负面。

（4）控制变量

参考 Goodman 等（2014）的有关并购研究，控制变量包括并购交易特征和公司特征两个方面。其中并购交易特征变量包括并购相对规模（$Relative$）、多元化并购（$Diversifying$）、现金对价并购（$Cash$）、股权对价并购（$Stock$），公司特征变量包括总资产收益率（ROA）、公司规模（$Size$）、资产负债率（Lev）、成长性（$Growth$）、账面市值比（BM）、产权性质（$State$）。同时还控制了年度（$Year$）与行业（Ind）虚拟变量。具体变量定义见表7-1。

表7-1 变量定义

变量类型	变量名称	变量符号	变量定义
被解释变量	并购首次公告市场反应	$CAR[0,2]$	并购首日公告日[0,2]窗口期内超额累计收益率
		$CAR[0,5]$	并购首日公告日[0,5]窗口期内超额累计收益率
解释变量	社交媒体负面讨论	$Negnum$	并购公告前三日（负面评论-正面评论）/（负面评论+正面评论）
调节变量	问询函负向语调	$Tone$	（问询函负面词频率-正面词频率）/（负面词频率+正面词频率）
控制变量	并购相对规模	$Relative$	并购交易金额/总资产
	多元化并购	$Diversifying$	多元化并购取1，否则取0
	现金对价并购	$Cash$	仅以现金作为支付对价取1，否则取0
	股权对价并购	$Stock$	仅以股权作为支付对价取1，否则取0
	总资产收益率	ROA	净利润/期末总资产
	公司规模	$Size$	ln（期末总资产）
	资产负债率	Lev	期末总负债/期末总资产
	成长性	$Growth$	（本年净利润-上年净利润）/上年净利润
	账面市值比	BM	账面价值/总市值
	产权性质	$State$	国有取1，非国有取0
	年度	$Year$	年度虚拟变量
	行业	Ind	行业虚拟变量

7.2.3 模型设计

为了检验 H7-1，探究社交媒体负面讨论对并购公告市场反应（CAR）的影响，本章构建模型（7-3）进行多元回归分析。为探究监管问询对社交媒体负面讨论和并购公告市场反应的影响作用，本章构建了模型（7-4）。

$$CAR_{i,t} = \alpha_0 + \alpha_1 Negnum_{i,t} + \alpha_2 Relative_{i,t} + \alpha_3 Diversifying_{i,t} + \alpha_4 Cash_{i,t}$$
$$+ \alpha_5 Stock_{i,t} + \alpha_6 ROA_{i,t-1} + \alpha_7 Size_{i,t-1} + \alpha_8 Lev_{i,t-1} + \alpha_9 Growth_{i,t-1} \quad (7-3)$$
$$+ \alpha_{10} BM_{i,t-1} + \alpha_{11} State_{i,t-1} + \sum Year + \sum Ind + \varepsilon_{i,t}$$

$$CAR_{i,t} = \alpha_0 + \alpha_1 Negnum_{i,t} + \alpha_2 Tone_{i,t} + \alpha_3 Negnum_{i,t} \times Tone_{i,t} + \alpha_4 Relative_{i,t}$$
$$+ \alpha_5 Diversifying_{i,t} + \alpha_6 Cash_{i,t} + \alpha_7 Stock_{i,t} + \alpha_8 ROA_{i,t-1} + \alpha_9 Size_{i,t-1} + \alpha_{10} Lev_{i,t-1}$$
$$+ \alpha_{11} Growth_{i,t-1} + \alpha_{12} BM_{i,t-1} + \alpha_{13} State_{i,t-1} + \sum Year + \sum Ind + \varepsilon_{i,t}$$
$$(7-4)$$

其中，i 和 t 代表企业和年份，ε 是残差。CAR、Tone 与并购交易特征变量的观测时点为第 t 年，而公司特征变量则取第 $t-1$ 年。

7.3 描述性统计分析

描述性统计结果见表 7-2。CAR [0, 2]、CAR [0, 5] 的均值分别为 0.062 和 0.079，说明并购公告带来了正向的超额收益。Negnum 的均值为 -0.420，标准差为 0.319，说明中小投资者对并购事件讨论较积极，但样本间差异较大，说明社交媒体负面讨论差异较大。Tone 的均值为 -0.371，标准差为 0.312，表明重组问询函的语调总体偏正向，但样本间语调差异较大，因此有必要进一步考察重组问询函中传递的语调信息的治理效应。

表 7-2 描述性统计

变量	样本量	均值	中位数	标准差	最小值	最大值
CAR [0, 2]	1005	0.062	0.053	0.184	-0.324	0.359
CAR [0, 5]	1005	0.079	0.030	0.271	-0.496	0.642

续表

变量	样本量	均值	中位数	标准差	最小值	最大值
Negnum	1005	-0.420	-0.440	0.319	-1.000	0.349
Tone	1005	-0.371	-0.464	0.312	-0.875	0.000
Relative	1005	1.290	0.478	2.880	0.000	22.200
Diversifying	1005	0.191	0.000	0.393	0.000	1.000
Cash	1005	0.278	0.000	0.448	0.000	1.000
Stock	1005	0.209	0.000	0.407	0.000	1.000
ROA	1005	0.024	0.024	0.067	-0.188	0.240
Size	1005	21.800	21.600	1.360	19.100	26.000
Lev	1005	0.427	0.403	0.225	0.041	0.941
Growth	1005	0.242	0.091	0.745	-0.629	5.540
BM	1005	0.413	0.366	0.235	0.066	1.050
State	1005	0.265	0.000	0.441	0.000	1.000

按照社交媒体负面讨论程度的中位数进行组间差异检验，表7-3结果显示，负面讨论程度较高组的 CAR [0, 2]、CAR [0, 5] 均值分别为 0.033 和 0.037，负面讨论程度较低组的 CAR [0, 2]、CAR [0, 5] 均值分别为 0.097 和 0.127，两组的均值差异 T 检验在1%水平上显著，表明社交媒体负面讨论程度较高的样本 CAR 显著较低；在中位数差异检验中，负面讨论程度较高的并购交易 CAR 中位数在1%水平上显著低于负面讨论程度较低的并购交易 CAR 中位数。以上结果初步说明社交媒体负面讨论会导致并购公告市场反应更差。

表7-3 社交媒体负面讨论分组差异检验

变量	负面讨论程度较高 样本量	均值	中位数	负面讨论程度较低 样本量	均值	中位数	均值差异	中位数差异
CAR [0, 2]	540	0.033	0.011	465	0.097	0.126	0.062***	66.346***
CAR [0, 5]	540	0.037	-0.002	465	0.127	0.111	0.087***	63.285***
Relative	540	1.240	0.433	465	1.360	0.550	0.137	3.602*
Diversifying	540	0.185	0.000	465	0.198	0.000	0.019	1.078
Cash	540	0.311	0.000	465	0.239	0.000	-0.051**	6.510**

续表

变量	负面讨论程度较高 样本量	负面讨论程度较高 均值	负面讨论程度较高 中位数	负面讨论程度较低 样本量	负面讨论程度较低 均值	负面讨论程度较低 中位数	均值差异	中位数差异
Stock	540	0.207	0.000	465	0.211	0.000	-0.016	0.539
ROA	540	0.021	0.024	465	0.027	0.024	0.004	0.001
Size	540	21.900	21.700	465	21.700	21.500	-0.187***	6.564**
Lev	540	0.434	0.400	465	0.418	0.405	-0.022**	1.089
Growth	540	0.216	0.084	465	0.274	0.101	0.074**	0.911
BM	540	0.427	0.378	465	0.398	0.357	-0.034***	5.270**
State	540	0.287	0.000	465	0.239	0.000	-0.053**	5.849**

注：*、**、***分别表示在10%、5%、1%水平上显著。

7.4 实证结果

7.4.1 社交媒体关注与并购公告市场反应

为验证H7-1，本章首先对模型（7-3）进行了回归，考察中小投资者社交媒体负面讨论对并购公告市场反应的影响，回归结果如表7-4列（1）所示。解释变量 $Negnum$ 的系数分别为 -0.105 和 -0.136，且均在1%水平上显著，表明投资者社交媒体负面讨论与并购公告市场反应显著负相关。以上结果表明，社交媒体负面讨论具有信息含量，影响中小投资者决策进而导致并购公告市场反应负向波动，实证结果与Ang等（2021）的结论一致。

7.4.2 监管问询的治理作用

监管问询的治理作用回归结果列示于表7-4列（2），变量 $Negnum \times Tone$ 的系数分别为 -0.149 和 -0.302，且均在1%的水平上显著，说明并购交易收到的重组问询函语调越负面，越能加剧社交媒体负面讨论导致的负向并购公告市场反应，假设H7-2得以验证。以上结果意味着，投资者能接收到重组问询函中传递的语调信息、监管态度，验证了交易所一线监管的风险警示作用。

表 7-4 主回归结果

变量	(1) 基本回归 CAR [0, 2]	(1) 基本回归 CAR [0, 5]	(2) 监管问询的治理作用 CAR [0, 2]	(2) 监管问询的治理作用 CAR [0, 5]
Negnum	-0.105***	-0.136***	-0.180***	-0.280***
	(-6.35)	(-5.75)	(-7.12)	(-7.30)
Tone			0.037	0.035
			(1.28)	(0.84)
Negnum×Tone			-0.149***	-0.302***
			(-2.71)	(-3.77)
Relative	0.007***	0.012***	0.006***	0.012***
	(3.22)	(3.88)	(2.93)	(3.49)
Diversifying	0.022*	0.037*	0.016	0.026
	(1.72)	(1.88)	(1.27)	(1.37)
Cash	-0.016	-0.024	-0.015	-0.024
	(-1.18)	(-1.29)	(-1.11)	(-1.27)
Stock	0.022*	0.042**	0.024*	0.045**
	(1.65)	(2.05)	(1.79)	(2.23)
ROA	0.023	0.004	0.003	-0.026
	(0.24)	(0.03)	(0.03)	(-0.18)
Size	-0.021***	-0.031***	-0.023***	-0.034***
	(-2.91)	(-2.94)	(-3.28)	(-3.33)
Lev	-0.052	-0.105**	-0.051	-0.104**
	(-1.55)	(-2.11)	(-1.54)	(-2.11)
Growth	-0.014*	-0.021*	-0.013	-0.018
	(-1.76)	(-1.78)	(-1.61)	(-1.58)
BM	0.113***	0.199***	0.114***	0.199***
	(2.78)	(3.29)	(2.85)	(3.35)
State	0.028**	0.032	0.024*	0.025
	(2.04)	(1.58)	(1.76)	(1.25)
年度	控制	控制	控制	控制
行业	控制	控制	控制	控制
常数项	0.458***	0.669***	0.486***	0.703***
	(3.13)	(3.12)	(3.37)	(3.36)

续表

变量	（1）基本回归		（2）监管问询的治理作用	
	CAR [0, 2]	CAR [0, 5]	CAR [0, 2]	CAR [0, 5]
N	1005	1005	1005	1005
Adj. R^2	0.168	0.172	0.186	0.198
F 值	10.35	9.250	10.77	9.688

注：表中列示为稳健标准误的回归结果，*、**、***分别表示在10%、5%、1%水平上显著。

7.5 稳健性检验

7.5.1 排除媒体报道因素的内生性干扰

黄辉（2013）研究发现，媒体负面报道会导致负向市场反应，进而可能影响社交媒体负面讨论与并购公告市场反应之间的关系。为解决这一内生性问题，本章在原模型中剔除其他媒体负面报道的样本后重新进行回归。其中对于媒体负面报道的度量，本章参照 Ang 等（2021）的方法，识别出并购首次公告日前3日内新闻针对上市公司的负面报道，主流财经报刊主要包括研究常用到的八大主流财经报纸（《中国证券报》《上海证券报》《第一财经日报》《21世纪经济报道》《中国经营报》《经济观察报》《证券日报》《证券时报》）以及其他地方性晨报、日报、晚报等，具体数据来源于 CNRDS 报刊财经数据库。结果如表 7-5 所示，Negnum 的系数均在1%水平上显著为负，Negnum×Tone 的系数也均显著为负，与主检验结果保持一致。

表 7-5 排除媒体报道因素的内生性干扰后的回归结果

变量	（1）基本回归		（2）监管问询的治理作用	
	CAR [0, 2]	CAR [0, 5]	CAR [0, 2]	CAR [0, 5]
Negnum	-0.104***	-0.167***	-0.135***	-0.255***
	(-5.55)	(-5.67)	(-5.01)	(-5.75)
Tone		0.020		0.023
		(0.62)		(0.48)

续表

变量	（1）基本回归		（2）监管问询的治理作用	
	CAR [0, 2]	CAR [0, 5]	CAR [0, 2]	CAR [0, 5]
Negnum×Tone		-0.127**		-0.248***
		(-2.01)		(-2.71)
Relative	0.006***	0.006**	0.011***	0.011***
	(2.65)	(2.41)	(3.28)	(2.97)
Diversifying	0.021	0.018	0.034	0.029
	(1.36)	(1.20)	(1.48)	(1.29)
Cash	-0.001	-0.002	-0.008	-0.009
	(-0.09)	(-0.13)	(-0.34)	(-0.41)
Stock	0.031*	0.031*	0.052**	0.053**
	(1.91)	(1.96)	(2.14)	(2.21)
ROA	0.106	0.083	0.118	0.081
	(0.91)	(0.71)	(0.70)	(0.48)
Size	-0.031***	-0.032***	-0.045***	-0.048***
	(-3.20)	(-3.45)	(-3.22)	(-3.51)
Lev	0.024	0.018	-0.014	-0.024
	(0.61)	(0.46)	(-0.24)	(-0.42)
Growth	-0.007	-0.006	-0.010	-0.008
	(-0.78)	(-0.67)	(-0.76)	(-0.62)
BM	0.128**	0.138***	0.230***	0.247***
	(2.54)	(2.80)	(3.05)	(3.36)
State	0.021	0.018	0.037	0.032
	(1.21)	(1.07)	(1.48)	(1.32)
常数项	0.584***	0.607***	0.880***	0.913***
	(2.96)	(3.09)	(3.02)	(3.18)
年度	控制	控制	控制	控制
行业	控制	控制	控制	控制
N	728	728	728	728
Adj. R^2	0.158	0.168	0.165	0.182
F 值	10.35	9.250	10.77	9.688

注：表中列示为稳健标准误的回归结果，*、**、*** 分别表示在10%、5%、1%水平上显著。

7.5.2 解释变量度量方式的改变

为增强实证结果的可靠性,避免不同度量方式对本章结果造成的影响,本章以延长窗口期至并购公告前五日的负面评论数量来度量社交媒体负面讨论,即用 $Negnum5$ 表示［并购公告前五日(负面评论数-正面评论数)］/［并购公告前五日(负面评论数+正面评论数)］。表 7-6 的实证结果与主检验结果保持一致,表明本章实证结果具有一定的稳健性。

表 7-6 基于解释变量度量方式改变的检验

变量	(1) 基本回归		(2) 监管问询的治理作用	
	CAR [0, 2]	CAR [0, 5]	CAR [0, 2]	CAR [0, 5]
$Negnum5$	-0.096***	-0.184***	-0.136***	-0.313***
	(-5.35)	(-6.84)	(-5.36)	(-7.62)
$Tone$		0.031		0.021
		(1.02)		(0.49)
$Negnum5 \times Tone$		-0.170***		-0.365***
		(-2.90)		(-4.26)
$Relative$	0.007***	0.006***	0.012***	0.012***
	(3.19)	(2.91)	(3.83)	(3.45)
$Diversifying$	0.024*	0.019	0.039**	0.029
	(1.86)	(1.46)	(2.01)	(1.54)
$Cash$	-0.017	-0.015	-0.025	-0.024
	(-1.25)	(-1.17)	(-1.32)	(-1.31)
$Stock$	0.022	0.023*	0.041**	0.044**
	(1.60)	(1.71)	(2.01)	(2.17)
ROA	0.018	-0.005	-0.004	-0.040
	(0.19)	(-0.05)	(-0.03)	(-0.28)
$Size$	-0.021***	-0.023***	-0.031***	-0.034***
	(-2.90)	(-3.26)	(-2.89)	(-3.30)
Lev	-0.052	-0.051	-0.106**	-0.104**
	(-1.55)	(-1.53)	(-2.13)	(-2.12)
$Growth$	-0.013*	-0.012	-0.019*	-0.016
	(-1.68)	(-1.47)	(-1.71)	(-1.42)

续表

变量	（1）基本回归		（2）监管问询的治理作用	
	CAR [0, 2]	CAR [0, 5]	CAR [0, 2]	CAR [0, 5]
BM	0.110***	0.109***	0.194***	0.190***
	(2.68)	(2.70)	(3.19)	(3.19)
$State$	0.029**	0.025*	0.033	0.027
	(2.06)	(1.82)	(1.63)	(1.33)
常数项	0.465***	0.493***	0.670***	0.704***
	(3.16)	(3.41)	(3.11)	(3.36)
年度	控制	控制	控制	控制
行业	控制	控制	控制	控制
N	1005	1005	1005	1005
Adj. R^2	0.160	0.178	0.169	0.197
F 值	9.575	10.12	8.889	9.604

注：表中列示为稳健标准误的回归结果，*、**、*** 分别表示在 10%、5%、1% 水平上显著。

7.5.3 被解释变量度量方式的改变

借鉴陈仕华等（2013）的研究，在计算超额累计收益率（CAR）时增加 [-1, 1]、[-3, 3] 多个窗口期，回归结果见表 7-7。$Negnum$ 和 $Negnum \times Tone$ 的系数均在 1% 的水平上显著为负，与主检验结果保持一致。

表 7-7 基于被解释变量度量方式改变的检验

变量	（1）基本回归		（2）监管问询的治理作用	
	CAR [-1, 1]	CAR [-3, 3]	CAR [-1, 1]	CAR [-3, 3]
$Negnum$	-0.076***	-0.128***	-0.129***	-0.234***
	(-5.99)	(-7.00)	(-6.58)	(-7.68)
$Tone$		0.016		0.016
		(0.71)		(0.48)
$Negnum \times Tone$		-0.109***		-0.224***
		(-2.69)		(-3.43)

续表

变量	(1) 基本回归		(2) 监管问询的治理作用	
	CAR [-1, 1]	CAR [-3, 3]	CAR [-1, 1]	CAR [-3, 3]
Relative	0.005***	0.004**	0.007**	0.006**
	(2.69)	(2.46)	(2.42)	(2.16)
Diversifying	0.021**	0.017*	0.031**	0.023
	(2.12)	(1.71)	(1.97)	(1.51)
Cash	-0.005	-0.004	-0.017	-0.017
	(-0.47)	(-0.44)	(-1.14)	(-1.14)
Stock	0.019*	0.020*	0.037**	0.039**
	(1.84)	(1.94)	(2.28)	(2.43)
ROA	0.044	0.032	0.055	0.035
	(0.60)	(0.43)	(0.49)	(0.31)
Size	-0.017***	-0.018***	-0.029***	-0.031***
	(-3.09)	(-3.37)	(-3.42)	(-3.74)
Lev	-0.046*	-0.045*	-0.083**	-0.083**
	(-1.82)	(-1.82)	(-2.15)	(-2.16)
Growth	-0.014**	-0.013**	-0.016	-0.014
	(-2.25)	(-2.09)	(-1.59)	(-1.41)
BM	0.088***	0.088***	0.168***	0.167***
	(2.81)	(2.85)	(3.45)	(3.50)
State	0.020*	0.017	0.035**	0.030*
	(1.88)	(1.63)	(2.16)	(1.87)
常数项	0.398***	0.413***	0.646***	0.665***
	(3.63)	(3.81)	(3.79)	(3.97)
年度	控制	控制	控制	控制
行业	控制	控制	控制	控制
N	1005	1005	1005	1005
Adj. R^2	0.194	0.209	0.221	0.241
F 值	0.166	0.179	0.194	0.212

注：表中列示为稳健标准误的回归结果，*、**、*** 分别表示在 10%、5%、1% 水平上显著。

7.5.4 基于 PSM 的检验

交易所发函受公司特征、治理结构、并购重组风险（余明桂，2020；李晓溪，2019）等多方面因素的影响，可能导致样本选择偏误问题。为缓解这一内生性问题，本章采用倾向性得分匹配法（PSM）选择控制组样本。以收到重组问询函（Inquiry = 1）为处理组，未收到重组问询函（Inquiry = 0）为控制组，选取公司规模（Size）、资产负债率（Lev）、成长性（Growth）、总资产收益率（ROA）、是否四大事务所审计（Big4）、现金对价并购（Cash）、股权对价并购（Stock）、多元化并购（Diversifying）以及并购溢价（Premium）作为影响公司并购是否收到重组问询函的特征变量进行倾向得分匹配，然后基于放回1∶3匹配，最终得到910个样本。

如表 7-8 所示，处理组和控制组根据 9 个协变量进行匹配后，两组变量之间的偏差显著降低，偏差的绝对值均小于 5%，且 T 检验的结果显示处理组与控制组无显著差异，表明经过筛选匹配后的处理组与控制组之间除是否收到重组问询函外，其他方面无显著差异，匹配效果较好。

表 7-8 平衡性检验

协变量	未匹配 U/匹配 M	处理组	控制组	标准化偏差	t 值	p 值
Size	U	21.729	21.681	3.7	0.74	0.462
	M	21.729	21.721	0.6	0.13	0.895
Lev	U	0.429	0.439	-4.6	-0.91	0.462
	M	0.429	0.422	2.7	0.13	0.895
Growth	U	0.240	0.223	2.4	0.48	0.634
	M	0.240	0.217	3.2	0.65	0.518
ROA	U	0.081	0.026	-12.5	-2.48	0.013
	M	0.081	0.021	-4.7	-0.95	0.342
Big4	U	0.027	0.054	-13.7	-2.74	0.006
	M	0.027	0.024	1.9	0.47	0.635

续表

协变量	未匹配 U/匹配 M	处理组	控制组	标准化偏差	t 值	p 值
Cash	U	0.288	0.149	35.0	6.70	0.000
	M	0.288	0.286	2.5	0.07	0.942
Stock	U	0.218	0.375	-34.7	-6.91	0.000
	M	0.218	0.211	1.7	0.38	0.701
Diversifying	U	0.179	0.189	-2.8	-0.55	0.584
	M	0.179	0.177	-0.5	0.11	0.914
Premium	U	9.877	26.210	-3.8	-0.77	0.441
	M	9.877	5.538	1.0	1.53	0.126

表 7-9 为 PSM 匹配后的回归结果，可以发现 Negnum 的系数仍在 1% 水平上显著为负，且 Negnum×Tone 的系数均显著为负，这说明控制了问询样本之间的差异后，问询函的文本特征仍然会影响并购公告市场反应，与主检验结果一致。

表 7-9 基于 PSM 的稳健性检验

变量	(1) 基本回归 CAR [0, 2]	CAR [0, 5]	(2) 监管问询的治理作用 CAR [0, 2]	CAR [0, 5]
Negnum	-0.106***	-0.176***	-0.133***	-0.264***
	(-6.08)	(-6.41)	(-5.37)	(-6.41)
Tone		0.042		0.046
		(1.38)		(1.04)
Negnum×Tone		-0.134**		-0.266***
		(-2.32)		(-3.17)
Relative	0.006***	0.006**	0.013***	0.012***
	(2.91)	(2.55)	(3.82)	(3.36)
Diversifying	0.023*	0.016	0.041**	0.030
	(1.66)	(1.21)	(2.01)	(1.51)
Cash	-0.015	-0.015	-0.021	-0.022
	(-1.09)	(-1.08)	(-1.03)	(-1.08)
Stock	0.026*	0.029*	0.046**	0.050**
	(1.79)	(1.95)	(2.10)	(2.29)

续表

变量	（1）基本回归		（2）监管问询的治理作用	
	CAR [0, 2]	CAR [0, 5]	CAR [0, 2]	CAR [0, 5]
ROA	-0.017	-0.041	-0.053	-0.091
	(-0.16)	(-0.39)	(-0.35)	(-0.61)
Size	-0.025***	-0.027***	-0.036***	-0.039***
	(-3.16)	(-3.45)	(-3.17)	(-3.46)
Lev	-0.064*	-0.064*	-0.127**	-0.127**
	(-1.81)	(-1.80)	(-2.45)	(-2.46)
Growth	-0.011	-0.010	-0.017	-0.016
	(-1.32)	(-1.23)	(-1.43)	(-1.31)
BM	0.135***	0.133***	0.227***	0.222***
	(3.09)	(3.09)	(3.53)	(3.51)
State	0.022	0.018	0.019	0.012
	(1.43)	(1.18)	(0.86)	(0.57)
常数项	0.523***	0.555***	0.743***	0.781***
	(3.23)	(3.42)	(3.18)	(3.36)
年度	控制	控制	控制	控制
行业	控制	控制	控制	控制
N	910	910	910	910
Adj. R²	0.167	0.183	0.174	0.196
F 值	9.741	10.01	8.609	8.855

注：表中列示为稳健标准误的回归结果，*、**、*** 分别表示在10%、5%、1%水平上显著。

7.5.5 样本区间扩大的稳健性检验

为避免不同样本区间对本章结果的影响，本章在主回归结果的基础上，将样本区间向后扩充至2021年，即将样本区间控制在2014~2021年后再次回归，表7-10的结果与主检验保持一致，表明结果不受样本区间的影响。

表 7-10　样本区间扩大的稳健性检验

变量	（1）基本回归		（2）监管问询的治理作用	
	CAR [0, 2]	CAR [0, 5]	CAR [0, 2]	CAR [0, 5]
Negnum	-0.141***	-0.184***	-0.132***	-0.170***
	(-9.48)	(-8.49)	(-8.92)	(-8.01)
Tone			0.018	0.021
			(0.72)	(0.68)
Negnum×Tone			-0.135**	-0.248***
			(-2.51)	(-2.68)
Relative	0.006***	0.006***	0.011***	0.011***
	(2.81)	(2.91)	(3.42)	(3.54)
Diversifying	-0.012	-0.014	-0.020	-0.023
	(-0.88)	(-1.05)	(-1.05)	(-1.22)
Cash	0.023*	0.022*	0.044**	0.042**
	(1.77)	(1.67)	(2.19)	(2.08)
Stock	0.015	0.018	0.024	0.028
	(1.20)	(1.39)	(1.29)	(1.49)
ROA	0.018	0.023	0.001	0.007
	(0.19)	(0.24)	(0.00)	(0.05)
Size	-0.024***	-0.024***	-0.035***	-0.036***
	(-3.42)	(-3.39)	(-3.41)	(-3.41)
Lev	-0.048	-0.044	-0.100**	-0.093*
	(-1.46)	(-1.34)	(-2.05)	(-1.89)
Growth	-0.013*	-0.013	-0.019*	-0.019
	(-1.69)	(-1.63)	(-1.68)	(-1.60)
BM	0.079*	0.079*	0.151**	0.151**
	(1.71)	(1.68)	(2.22)	(2.19)
State	-0.005	-0.005	-0.007	-0.007
	(-1.58)	(-1.59)	(-1.40)	(-1.41)
常数项	0.528***	0.538***	0.751***	0.771***
	(3.60)	(3.61)	(3.50)	(3.55)

续表

变量	（1）基本回归		（2）监管问询的治理作用	
	CAR [0, 2]	CAR [0, 5]	CAR [0, 2]	CAR [0, 5]
年度	控制	控制	控制	控制
行业	控制	控制	控制	控制
N	1753	1753	1753	1753
Adj. R^2	0.183	0.186	0.194	0.197
F 值	10.50	10.34	9.444	9.600

注：表中列示为稳健标准误的回归结果，*、**、*** 分别表示在 10%、5%、1% 水平上显著。

7.6　进一步检验

7.6.1　并购溢价分组检验

高溢价成为上市公司并购重组的"新常态"，已有研究表明并购交易溢价越高导致并购事件窗口期内市场股票收益波动率越大（任力，2020）。高溢价导致的高商誉，后期引发商誉减值的可能性较大，往往向市场传递出并购交易"高风险"的信号，引发并购公告市场反应异常波动。基于此，本章采用并购溢价中位数来进行分组回归，检验不同溢价程度对社交媒体关注与并购公告市场反应的影响。

回归结果如表 7-11 所示。表 7-11 列（1）中 Negnum 的系数均在溢价高组更显著，且通过组间差异检验。这意味着高溢价的并购交易引发较高的并购风险，导致社交媒体负面讨论对并购公告市场反应的影响更显著。表 7-11 列（2）为加入问询函交互项后的分组回归结果，Negnum×Tone 的系数均在溢价高组显著为负。以上结果表明，高溢价的并购事件收到重组问询函的语调越负面，社交媒体负面讨论引发的并购市场反应越差。这表明重组问询函具有治理作用，其传递的"风险信号"能被投资者所接收，进而引起更为负面的市场反应。

表 7-11　并购溢价分组检验

变量	(1) 主回归并购溢价分组检验				(2) 监管问询并购溢价分组检验			
	CAR [0, 2]		CAR [0, 5]		CAR [0, 2]		CAR [0, 5]	
	溢价高	溢价低	溢价高	溢价低	溢价高	溢价低	溢价高	溢价低
Negnum	−0.150***	−0.070***	−0.217***	−0.070**	−0.244***	−0.121***	−0.409***	−0.161***
	(−5.52)	(−3.31)	(−5.34)	(−2.50)	(−5.71)	(−3.61)	(−6.13)	(−3.37)
Tone					−0.022	0.084**	−0.046	0.084
					(−0.47)	(2.11)	(−0.67)	(1.56)
Negnum×Tone					−0.209**	−0.071	−0.432***	−0.164
					(−2.45)	(−0.93)	(−3.29)	(−1.61)
Relative	0.005	0.007***	0.009*	0.016***	0.005	0.007***	0.008	0.016***
	(1.64)	(3.48)	(1.86)	(4.54)	(1.42)	(3.31)	(1.55)	(4.27)
Diversifying	0.018	0.037	0.031	0.049*	0.012	0.031	0.017	0.040
	(1.08)	(1.64)	(1.18)	(1.66)	(0.71)	(1.45)	(0.69)	(1.42)
Cash	−0.011	−0.011	−0.011	−0.017	−0.013	−0.006	−0.016	−0.012
	(−0.56)	(−0.58)	(−0.39)	(−0.68)	(−0.70)	(−0.29)	(−0.59)	(−0.45)
Stock	0.033*	0.009	0.056*	0.030	0.036*	0.011	0.063***	0.033
	(1.65)	(0.44)	(1.80)	(1.06)	(1.80)	(0.59)	(2.00)	(1.20)
ROA	0.105	−0.035	0.064	−0.027	0.090	−0.049	0.035	−0.047
	(0.71)	(−0.25)	(0.29)	(−0.14)	(0.61)	(−0.35)	(0.16)	(−0.24)

续表

变量	(1) 主回归并购溢价分组检验				(2) 监管问询并购溢价分组检验			
	CAR [0, 2]		CAR [0, 5]		CAR [0, 2]		CAR [0, 5]	
	溢价高	溢价低	溢价高	溢价低	溢价高	溢价低	溢价高	溢价低
Size	−0.021**	−0.020*	−0.034**	−0.025*	−0.023**	−0.024**	−0.037**	−0.029**
	(−1.99)	(−1.92)	(−2.17)	(−1.72)	(−2.18)	(−2.27)	(−2.43)	(−2.02)
Lev	−0.109**	−0.004	−0.213***	−0.012	−0.099**	−0.005	−0.193***	−0.016
	(−2.23)	(−0.08)	(−2.87)	(−0.17)	(−2.03)	(−0.10)	(−2.63)	(−0.23)
Growth	−0.008	−0.034***	−0.012	−0.048***	−0.008	−0.034***	−0.011	−0.046***
	(−0.75)	(−2.73)	(−0.81)	(−2.67)	(−0.70)	(−2.92)	(−0.73)	(−2.72)
BM	0.224***	0.031	0.398***	0.042	0.221***	0.039	0.391***	0.050
	(3.71)	(0.53)	(4.33)	(0.52)	(3.68)	(0.67)	(4.30)	(0.63)
State	0.024	0.041**	0.034	0.055**	0.021	0.040**	0.028	0.052**
	(1.14)	(2.16)	(1.06)	(2.07)	(0.99)	(2.08)	(0.86)	(1.98)
常数项	0.427**	0.433**	0.728**	0.489*	0.440**	0.497**	0.754**	0.550*
	(1.99)	(2.03)	(2.26)	(1.69)	(2.10)	(2.31)	(2.42)	(1.91)
年度	控制	控制	控制	控制	控制	控制	控制	控制
行业	控制	控制	控制	控制	控制	控制	控制	控制
N	546	459	546	459	546	459	546	459
Adj. R^2	0.206	0.153	0.220	0.165	0.218	0.172	0.245	0.185
F 值	6.947	8.531	7.110	11.47	6.814	9.290	7.258	11.80

续表

变量	(1) 主回归并购溢价分组检验				(2) 监管问询并购溢价分组检验			
	$CAR[0,2]$		$CAR[0,5]$		$CAR[0,2]$		$CAR[0,5]$	
	溢价高	溢价低	溢价高	溢价低	溢价高	溢价低	溢价高	溢价低
Chowtest	1.52**		1.95***		1.33*		1.72***	
p 值	0.0213		0.0004		0.0786		0.0031	

注：表中列示为稳健标准误的回归结果，*、**、*** 分别表示在 10%、5%、1% 水平上显著。

7.6.2 并购支付方式分组检验

基于信号传递理论，并购支付方式向投资者释放企业现金流量及未来发展前景等信息，并购方采用现金往往传递资金充足、股价低估的信号；相反，采用非现金支付，则被市场解读为股价被高估。高估的股价导致并购完成后异常波动可能性更大，且已有研究表明，非现金支付对并购公告市场反应更激烈且持续时间更长（李明辉，2018）。那么，并购支付方式是否会影响社交媒体关注对并购公告市场反应的影响？基于此，本章将样本分为现金支付与非现金支付进行分组回归，结果如表7-12所示。

表7-12列（1）为不同支付方式下社交媒体负面讨论对并购公告市场反应的实证结果。结果表明，采用非现金支付的并购交易，社交媒体负面讨论对并购公告市场反应的影响更显著。说明非现金支付的并购交易风险较高引起了更为负面的讨论，因而并购公告市场反应也更差。7-12列（2）为加入调节变量问询函负向语调（$Tone$）的回归结果，结果显示在非现金支付组，$Negnum \times Tone$ 的系数均显著为负。说明采用非现金支付的并购交易，收到的重组问询函语调越负面，越能加剧社交媒体负面讨论导致的负向并购公告市场反应。以上结果表明，随着监管问询的介入，问询函提供了更多的决策增量信息，有利于投资者进行理性决策；且问询函的文本特征能够帮助中小投资者识别并购的风险，具有风险识别作用。

7.7 小结

随着新一代信息技术的发展，投资者获取信息的渠道变得多样和便捷，越来越依赖于社交媒体进行投资决策。本章实证检验了社交媒体关注对并购公告市场反应的影响，并进一步分析重组问询函在其中发挥的作用。研究结果表明，中小投资者股吧讨论越负面，公司并购公告市场反应越差。在交易所监管问询介入后，这种关系更为显著，且受问询函文本特征的影响，即重组问询函语调越负面，越能加剧社交媒体负面讨论导致的负向并购公告市场反应。在考虑媒体负面报道对社交媒体负面

表 7-12 并购支付方式分组检验

变量	(1) 主回归并购支付方式分组检验				(2) 监管问询并购支付方式分组检验			
	CAR [0, 2]		CAR [0, 5]		CAR [0, 2]		CAR [0, 5]	
	现金	非现金	现金	非现金	现金	非现金	现金	非现金
Negnum	-0.100***	-0.105***	-0.095**	-0.157***	-0.141***	-0.182***	-0.158**	-0.309***
	(-3.79)	(-4.92)	(-2.54)	(-5.08)	(-2.94)	(-5.94)	(-2.41)	(-6.50)
Tone					0.047	0.040	0.053	0.054
					(1.14)	(0.94)	(0.95)	(0.87)
Negnum×Tone					-0.081	-0.149**	-0.128	-0.310***
					(-0.89)	(-1.97)	(-1.04)	(-2.79)
Relative	0.024***	0.005**	0.029***	0.011***	0.023***	0.004**	0.026**	0.010***
	(3.60)	(2.28)	(2.68)	(3.13)	(2.93)	(1.98)	(2.52)	(2.71)
Diversifying	0.006	0.019	0.027	0.028	0.006	0.012	0.026	0.015
	(0.21)	(1.34)	(0.63)	(1.31)	(0.21)	(0.86)	(0.61)	(0.73)
Cash	-0.156	0.050	-0.254	0.088	-0.165	0.019	-0.261	0.029
	(-0.99)	(0.41)	(-1.15)	(0.48)	(-1.02)	(0.15)	(-1.16)	(0.16)
Stock	-0.005	-0.027***	-0.007	-0.039***	-0.006	-0.030***	-0.008	-0.044***
	(-0.40)	(-3.07)	(-0.40)	(-2.94)	(-0.47)	(-3.47)	(-0.47)	(-3.37)
ROA	-0.190***	0.006	-0.302***	-0.017	-0.194***	0.009	-0.307***	-0.011
	(-2.98)	(0.16)	(-3.44)	(-0.28)	(-2.98)	(0.25)	(-3.46)	(-0.19)

续表

变量	(1) 主回归并购支付方式分组检验				(2) 监管问询并购支付方式分组检验			
	CAR [0, 2]		CAR [0, 5]		CAR [0, 2]		CAR [0, 5]	
	现金	非现金	现金	非现金	现金	非现金	现金	非现金
Size	-0.014	-0.010	-0.023	-0.014	-0.013	-0.010	-0.021	-0.014
	(-1.09)	(-1.00)	(-1.09)	(-1.05)	(-0.98)	(-0.95)	(-0.98)	(-0.98)
Lev	0.182**	0.089*	0.238**	0.183**	0.179**	0.090*	0.235**	0.183**
	(2.37)	(1.75)	(2.18)	(2.42)	(2.38)	(1.80)	(2.19)	(2.47)
Growth	0.013	0.038**	0.034	0.037	0.009	0.033**	0.030	0.027
	(0.46)	(2.26)	(0.88)	(1.53)	(0.34)	(1.99)	(0.76)	(1.16)
BM	0.024***	0.005**	0.029***	0.011***	0.023***	0.004**	0.026**	0.010***
	(3.60)	(2.28)	(2.68)	(3.13)	(2.93)	(1.98)	(2.52)	(2.71)
State	0.006	0.019	0.027	0.028	0.006	0.012	0.026	0.015
	(0.21)	(1.34)	(0.63)	(1.31)	(0.21)	(0.86)	(0.61)	(0.73)
常数项	-0.006	0.642***	0.006	0.890***	0.013	0.679***	0.031	0.947***
	(-0.02)	(3.55)	(0.02)	(3.30)	(0.05)	(3.85)	(0.09)	(3.59)
年度	控制	控制	控制	控制	控制	控制	控制	控制
行业	控制	控制	控制	控制	控制	控制	控制	控制
N	279	726	279	726	279	726	279	726
Adj. R^2	0.144	0.156	0.139	0.159	0.150	0.175	0.144	0.188

续表

变量	(1) 主回归并购支付方式分组检验				(2) 监管问询并购支付方式分组检验			
	CAR [0, 2]		CAR [0, 5]		CAR [0, 2]		CAR [0, 5]	
	现金	非现金	现金	非现金	现金	非现金	现金	非现金
Chowtest	1.40**		1.43**		1.34*		1.40**	
P 值	0.055		0.044		0.075		0.049	

注：表中列示为稳健标准误的回归结果，*、**、*** 分别表示在 10%、5%、1% 水平上显著。

讨论的影响、PSM倾向性得分等一系列稳健性检验后，前文实证结果依旧成立。异质性分析表明，对于并购风险较高的高溢价和非现金支付的并购，社交媒体负面讨论对并购公告市场反应的影响更大，并且问询函语调特征加剧了负向的市场反应，表明监管问询的文本信息传递风险信号，发挥治理功能。

　　上述结果表明，社交媒体负面讨论会影响投资者买卖决策，进而对并购公告市场反应产生影响。然而，仅仅凭借社交媒体力量，难以获取并购全貌。交易所一线监管问询可以向投资者传递对决策有用的信息，帮助其进行投资决策。这意味着社交媒体发挥治理作用需要交易所监管介入，帮助投资者识别并购风险点，更好地保护中小投资者的权益。

8 社交媒体负面讨论、监管问询与并购决策

并购是企业外部增长的重要方式之一，许多企业登陆资本市场的目的是提升融资能力，进而支持并购活动（Yim，2013）。然而，现有文献一致认为并购不仅未能为股东创造价值，反而导致价值损毁（Andrade et al.，2001；Moeller et al.，2004）。特别是，管理层或大股东为追逐私利，往往将并购异化为股价操纵的工具，掏空公司，损害中小股东利益（赵妍等，2016；张晓宇等，2017）。在实践中，也可以观察到一些上市公司热衷追逐市场热点概念标的，进行"忽悠式"重组，美其名曰进行市值管理。上市公司往往支付高额溢价，形成大量商誉，未来商誉减值将直接导致公司业绩大幅波动，加剧股价崩盘风险。内部人和机构投资者拥有信息优势，及时减持股票，利用并购引发的股价泡沫实现财富转移。而中小投资者无论在信息获取，还是信息处理、分析与解读方面都处于劣势地位（Malmendier and Shanthikumar，2007），难以识别并购风险，极易沦落为并购盛宴中的羔羊，待人宰割流血。

资本市场是多元利益的交汇体，信息环境直接影响各方决策（Akerlof，1970）。媒体作为重要的信息中介，通过生产和传播信息影响资本市场（Dyck et al.，2008；Bednar，2012）。相对而言，传统的新闻媒体、财经网站的传播内容受到编辑主观化的筛选，是单向且中心化的信息载体，大量信息被筛选掉。随着互联网技术迅猛发展，社交媒体的出现使信息生产和传播由原来单向道转向了去中心化和交互化，便利了中小投资者之间互动交流，信息传播由用户自行选择和扩散，普通人获得了更充分的知情权和话语权，传播速度以几何级数上升。面对侵犯自身利益的上市公司决策，中小投资者可以迅速通过社交媒体结成联盟，集体发声，形成强大的舆论力量，欲呼"王侯将相宁有种乎"，对大股东或管理层决策产生影响。例如，2020年10月26日，贵州茅台发布"第三届董事会2020年第四次会议"的决议公告称，向贵州省见义勇为基金捐资

200万元、为建设酒类火灾处置专业队捐资1200万元、为建设生活污水处理厂捐资2.6亿元以及为建设习水县习新大道捐资5.46亿元等。这一公告遭到微博用户"茅台900元真不算高"的质疑,并随即引起中小投资者关注,贵州茅台陷入"捐款风波",最终取消对外捐赠,这次事件堪称散户利用社交媒体维权的胜利。已有相关文献也表明,社交媒体关注能够对公司决策产生影响。例如,可以提高公司信息披露质量(王丹等,2020)、抑制盈余管理(孙鲲鹏等,2020)、提升公司派现意愿(杨晶等,2017)、提高会计稳健性(罗劲博和熊艳,2021),等等。

这意味着,中小投资者可以利用社交媒体发声,相互交流分享信息(Antweiler and Frank,2004；Das and Chen,2007)。因此与传统媒体相比,以"股吧"为代表的社交媒体有利于发挥"三个臭皮匠能顶一个诸葛亮"的群体智慧(Hong and Page,2004),集体发声,形成强大的舆论力量,改变了往昔"失语"的被动局面。那么,中小投资者是否可以利用社交媒体打破原有并购利益格局,发挥外部监督作用,抑制控股股东和管理层发动的价值毁损并购行为?对于这一问题的回答具有重要现实价值,关乎中小投资者利益保护和社交媒体治理效能评价,为提升监管部门移动互联时代的监管执法效能提供经验证据。为此,我们拟回答以下问题:社交媒体负面讨论是否影响控股股东并购决策?具体而言,并购行为受到社交媒体强烈负向讨论的,控股股东是否会选择终止并购,以回应投资者关切?此外,已有研究发现,媒体治理作用的积极发挥还需要依靠监管部门介入(杨德明和赵璨,2012)。当前,交易所作为一线监管的主体,对于市场舆情高度关注,受到社交媒体负向讨论的并购被交易所问询后,是否更容易被终止?

本章的边际贡献主要体现在以下三个方面。第一,丰富了社交媒体治理的经济后果研究。现有社交媒体的治理效应文献主要侧重于资本市场股价行为(Jia et al.,2020)和业绩预测(Tang,2018；Bartov et al.,2018；Chen et al.,2014)。不同于上述文献,本章聚焦于社交媒体对公司投资行为的影响,考察社交媒体负向讨论是否影响公司并购决策,发挥治理作用,保护中小投资者权益。第二,拓展了交易所一线监管效能的研究。交易所一线监管的有效性受到学者高度关注,已有文献发现交易所问询函具有治理作用(陈运森等,2019；李晓溪等,2019),如抑制企业过度投资行为（聂萍和徐筱，2021）、提高投资效率（邓祎璐等，2021）。本章侧重于考察交易所问询对社交媒体关注的并购活动的影响，丰富了交易所一线监管效能研究的新场景。第三，丰富了文本分析文献。现有会计与金融相关文献主要围绕年报文本信息展开分析（徐巍等，2021；李春涛等，2020；王克敏等，2018；曾庆生等，2018）。本章对社交媒体文本和交易所问询函文本进行了挖掘分析，丰富了投资者和监管者的非结构化文本信息研究。

8.1 理论分析与研究假设

信息是投资者在资本市场上进行投资决策的基础。媒体通过生产和传播信息影响资本市场（Dyck et al.，2008；Bednar，2012）。特别是，移动互联网技术催生的社交媒体重塑了信息的生产、传播和解读方式（Miller and Skinner，2015），改变了资本市场信息生态环境，使中小投资者置身于信息网络中心成为可能。中小投资者可以迅速通过社交媒体结成联盟，集体发声，形成强大的舆论力量，进而可以对公司并购决策产生影响（见图 8-1）。

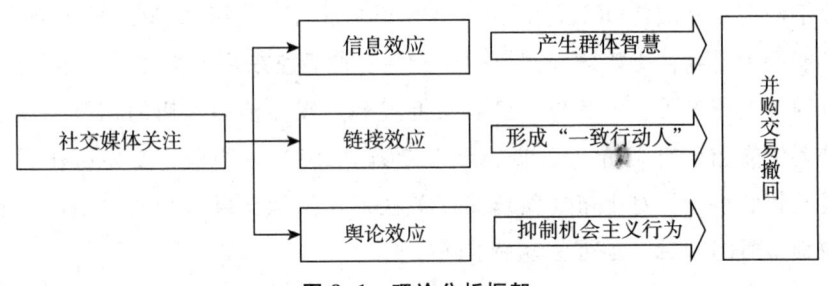

图 8-1 理论分析框架

社交媒体的信息效应。并购作为资本市场热门题材，受到各路资本追捧。但是，由于存在代理问题，并购往往成为公司内部控制人掏空中小投资者口袋的一种手段。已有研究发现，媒体作为一种外部治理机制，可以通过报道负面消息对公司价值产生影响，对公司内部人起到惩戒作用（Bednar，2012）。然而，传统媒体更多的是追求舆论效应，获取点击量和浏览量，提升自身影响力，为此甚至不惜捏造不实新闻（Core et al.，2007）。那么，对于无法产生轰动效应的并购行为，他们并没有动力去挖掘报道。更为重要的是，现实中传统媒体在利益面前会倒戈，上市公司通过支付"封口费"使其保持缄默，失去客观报道立场。与传统媒体不同，社交媒体一个显著特点是用户之间可以互动，具有社交属性。社交媒体信息发布和传播的主体是中小投资者自身（杨晶等，2017），会更加关注可能影响切身利益的并购活动。且社交媒体提供的信息更多元化，能将供应商、客户、雇员、朋友、财务顾问、竞争者或并购标的企业等信息有效汇总，信息含量可能超过任何一家信息中介机构所提供的内容（Ang et al.，2021）。他们分别位于并购网络不同节点，利用社交媒体发表自身见解，相互交流碰撞，极有可能产生集体智慧（Surowiecki，2004），识别并购风险点。Ang 等（2021）研究发现，中小投资者在股吧中发表的评论具有信息含量，可以促使公司撤回价值毁损的并购交易。

社交媒体的链接效应。在互联网社交媒体未普及之时，中小投资者在上市公司并购利益网络中之所以处于劣势地位，一个重要原因在于每位投资者持有股份数额少，彼此之间无法接触，难以统一行动，致使无法一致表决，因而被上市公司忽视。2019 年 5 月 13 日，迈瑞医疗股东会上，面对中小股东质疑公司，董事会秘书傲慢回应"我们其实不清楚各位，很多都是 100 股股票的股东，出于何种居心要来这个大会"，这足见公司高层内心是无视中小股东存在的。而进入互联网社交媒体时代，中小投资者不再是孤立个体，彼此之间可以实时交流，获得自身认可的信息与知识，相互交往，形成网络部落社群（郑丽雅和易宪容，2021）。例如，2021 年 1 月，美国股市"游戏驿站"事件中，散户利用社交媒体集体对抗空头对冲基金，最终导致"以弱胜强"的金融史诗。这意味着，社交媒体不但可以生产与传播信息，还可以使散户构成实际意义上的"一致行动人"，对公司决策产生实际影响。那么，利用群体智慧辨识上市公司并购风险后，中小投资者通过社交媒体采取集体行动，对可能导致公司价值毁损的并购交易表达反对声音。

社交媒体的舆论效应。社交媒体时代，越来越多的中小投资者在社交媒体中参与对上市公司并购决策的讨论，且传播范围广、成本低、信息交互及时且靶向性强，多数人的声音容易被放大。在此情形下，中小投资者对并购交易的负面评论容易形成网络舆论，被关注的公司大股东和管理层的任何举动都会被迅速捕捉和扩散，网络舆论会对其造成巨大的压力。大股东和管理层考虑到中小投资者这种"用嘴投票"的力量对其公司和个人可能产生的不利影响，会更加重视中小股东的权益（王丹等，2020）。已有研究也发现社交媒体关注可以减少大股东和管理层的机会主义行为，具体表现为抑制代理冲突（杨凡和张玉明，2021）、减少大股东掏空行为（岑维等，2016；罗劲博和熊艳，2021）。因此，对于受到社交媒体负面关注的并购交易，大股东和管理层会更加审慎地进行决策，及时终止可能导致公司价值毁损的并购交易。

综上所述，社交媒体通过聚合大量中小投资者，集体协作，剖析一项并购交易价值，生产并传播信息，产生群体智慧。之后，中小投资者通过社交媒体链接成为"一致行动人"，可以对价值毁损的并购决策发出否定声音，集体抵制。最终，社交媒体形成的负面舆论压力让公司大股东和管理层意识到社交媒体"用嘴投票"的力量，抑制其机会主义行为，终止可能导致公司价值毁损的并购交易。据此提出以下假设。

H8-1：并购交易受到社交媒体讨论越负面，公司终止并购交易的可能性越大。

上述分析表明，中小投资者聚集在社交媒体平台，可以彼此连接成网络，生产传播信息，结盟行动，维护自身利益。但是，中国资本市场情境下，"一股独大"现象普遍存在，即便是散户拧成一股绳，其所持股份数额也不足以对抗大股东。已有研究表明，媒体监督职能的发挥需要在政府及行政主管部门介入的条件下才能实现（杨德明和赵璨，2012）。当前，中国证券交易所借助大数据、云计算、人工智能等新技术搭建了风险监测平台，通过文本挖掘、知识图谱、机器学习等先进技术，及时捕捉舆情信息，提升交易所一线监管效能。这意味着一旦中小投资者对公司并购行为产生怀疑，借助社交媒体形成舆情，可以第一时间被交易所获悉。实践中，交易所对陷入舆情风波的上市公司发函问询，要求其对关键事项进行说明。一系列文献研究显示，交易所问询函具有信息含量，可以发挥治理效能（陈运森等，2018；傅祥斐等，2020），抑制大股东"掏空"行为，影响并购交易完成的概率（李晓溪等，2019）。据此提出以下假设。

H8-2：随着交易所介入问询，受到社交媒体讨论越负面的并购更有可能被终止。

8.2 研究设计

8.2.1 样本和数据来源

本章选取 2014~2018 年 A 股上市公司重大资产重组交易为研究样本，按照如下标准对样本进行筛选：①删除金融行业上市公司样本；②删除 ST 和 *ST 上市公司样本；③删除变量缺失的样本；④删除资产负债率大于 1 的样本；⑤对所有连续型变量进行前后端 1% 水平的极值处理。经过上述处理后，共得到 1070 个样本。

本章的重大资产重组数据来源于 Wind 数据库，在此基础上，从巨潮资讯网手工搜集了上市公司并购重组报告书，从证券交易所官网爬虫获取了重组问询函，并加工了问询函的问题数量等字段。社交媒体关注所需的股吧讨论数据来自东方新财富股吧网（http://CAPV.eastmoney.com/），采用 Python 软件进行数据爬取和文本分析。其他数据来源于 CSMAR 数据库，数据处理与实证检验均采用 Stata16.0 进行操作。

8.2.2 变量选取

（1）被解释变量

并购终止（$Withdraw$）。是上市公司并购终止与否的哑变量，并购终止取值 0，否则为 1。

（2）解释变量

社交媒体负面讨论（$Negnum$）。由于中国股票市场散户较多，中小投资者大多通过社交媒体进行辅助决策。我国有诸多类似社交媒体平台，如微博、微信、豆瓣、雪球等，其为投资者提供了一个捕捉和呈现日常重要交易的场所，但它们并不是散户分享股票投资信息的主要目的地。股票留言板是散户投资者交流观点的特有场所，而东方财富"股吧"论坛为每个上市公司提供一个留言板，来自不同背景的散户投资者可以很容易地聚集在一起，讨论他们感兴趣的公司及交易。

因此本章用东方财富"股吧"论坛中的负面讨论来衡量社交媒体关

注，借鉴谢德仁和林乐（2015）的研究，本章利用 Python 软件的"结巴"中文分词模块对股吧讨论文本进行自动分词，并进行词频统计。参照 Loughran 和 McDonald（2011）的情感语料库，进行语调分析，分为正面词汇和负面词汇。最后参考林乐和谢德仁（2016）的做法，构建社交媒体负向语调（$Negnum$）：

$$Negnum = \frac{Negative - Positive}{Negative + Positive} \tag{8-1}$$

本章使用并购首次公告日［0，3］窗口期（$Negnum1$）和［0，5］窗口期（$Negnum2$）的股吧讨论负向语调作为度量社交媒体关注的代理变量。

根据证监会和交易所关于上市公司重大资产重组的相关规定[①]，上市公司需披露首次重组方案。本章度量的社交媒体负面讨论在并购首次公告日［0，3］、［0，5］窗口期内，而交易所针对并购交易的发函、上市公司回复与报告书的修订，以及之后的并购流程和终止决策均在以上窗口期之后。因此本章不存在社交媒体负面讨论与并购终止决策互为因果的内生性问题。

（3）调节变量

监管问询（$Inquiry$）。借鉴陈运森等（2019）关于监管问询的衡量方式，选用是否收到重组问询函（$Inquiry1$）与问询函的问题数量（$Inquiry2$）两个变量进行度量，用以探究监管问询对于社交媒体关注对并购终止过程中的治理作用。问询函涉及问题数量，通过 Python 软件抓取每家上市公司的重组问询函之后，进行人工阅读，手工处理获得问题数量。

（4）控制变量

参考王艳和李善民（2017）有关并购的研究，控制变量包括并购交易特征和公司特征两个方面。其中并购交易特征变量包括并购相对规模（$Relative$）、现金对价并购（$Cash$）、股权对价并购（$Stock$）；公司特征变量包括总资产收益率（ROA）、公司规模（$Size$）、资产负债率（Lev）、成

[①] 证监会《上市公司重大资产重组管理办法》、《公开发行证券的公司信息披露内容与格式准则第26号——上市公司重大资产重组》（2018年修订），深圳证券交易所《上市公司信息披露指引第3号——重大资产重组》，上海证券交易所《上市公司重大资产重组信息披露业务指引》。

长性（$Growth$）、账面市值比（BM）、产权性质（$State$）。同时模型中还控制了年度（$Year$）与行业（Ind）虚拟变量。具体变量定义见表 8-1。

表 8-1 变量定义

变量类型	变量名称	变量符号	变量定义
被解释变量	并购终止	$Withdraw$	并购是否终止，终止则取 0，否则取 1
解释变量	社交媒体负面讨论	$Negnum1$	（并购公告前三日负面评论-正面评论）/（负面评论+正面评论）
		$Negnum2$	（并购公告前五日负面评论-正面评论）/（负面评论+正面评论）
调节变量	监管问询	$Inquiry1$	收到重组问询函取 1，否则取 0
	问询函的问题数量	$Inquiry2$	ln（1+问询函的问题数量）
控制变量	并购相对规模	$Relative$	并购交易金额/总资产
	现金对价并购	$Cash$	仅以现金作为支付对价取 1，否则取 0
	股权对价并购	$Stock$	仅以股权作为支付对价取 1，否则取 0
	总资产收益率	ROA	净利润/期末总资产
	公司规模	$Size$	ln（期末总资产）
	资产负债率	Lev	期末总负债/期末总资产
	成长性	$Growth$	（本年净利润-上年净利润）/上年净利润
	账面市值比	BM	账面价值/总市值
	产权性质	$State$	国有取 1，非国有取 0
	年度	$Year$	年度虚拟变量
	行业	Ind	行业虚拟变量

8.2.3 模型设计

为检验 H8-1，探究社交媒体负面讨论对并购终止（$Withdraw$）的影响，本章构建模型（8-2）进行多元回归分析。为检验 H8-2，探究监管问询对于社交媒体关注与并购终止过程中的治理作用，本章进一步构建模型（8-3）进行检验。

$$Withdraw_{i,t} = \alpha_0 + \alpha_1 Negnum_{i,t} + \alpha_2 Relative_{i,t} + \alpha_3 Cash_{i,t} + \alpha_4 Stock_{i,t}$$
$$+ \alpha_5 ROA_{i,t-1} + \alpha_6 Size_{i,t-1} + \alpha_7 Lev_{i,t-1} + \alpha_8 Growth_{i,t-1} + \alpha_9 BM_{i,t-1} \quad (8-2)$$
$$+ \alpha_{10} State_{i,t-1} + \sum Year + \sum Ind + \varepsilon_{i,t}$$

$$Withdraw_{i,t} = \alpha_0 + \alpha_1 Negnum_{i,t} + \alpha_2 Inquiry_{i,t} + \alpha_3 Negnum_{i,t} \times Inquiry_{i,t}$$
$$+ \alpha_4 Relative_{i,t} + \alpha_5 Cash_{i,t} + \alpha_6 Stock_{i,t} + \alpha_7 ROA_{i,t-1} + \alpha_8 Size_{i,t-1} + \alpha_9 Lev_{i,t-1}$$
$$+ \alpha_{10} Growth_{i,t-1} + \alpha_{11} BM_{i,t-1} + \alpha_{12} State_{i,t-1} + \sum Year + \sum Ind + \varepsilon_{i,t}$$
$$(8-3)$$

其中，i 和 t 代表公司和年份，ε 是残差。模型（8-3）中的 $Inquiry$ 为监管问询变量，$Negnum \times Inquiry$ 为社交媒体负面讨论与监管问询的交乘项，其余变量与模型（8-2）一致，并对模型（8-2）、模型（8-3）进行 Logit 回归。

8.3　描述性统计分析

描述性统计结果见表 8-2。从表 8-2 中可以看出，并购终止（$Withdraw$）的均值为 0.637，说明并购事件的终止率较高。社交媒体负面讨论变量中，$Negnum1$ 的均值为 -0.427，标准差为 0.316，$Negnum2$ 的均值为 -0.405，标准差为 0.298，说明中小投资者对并购事件社交媒体讨论整体比较负面，且样本间差异较大。收到重组问询函（$Inquiry1$）的均值为 0.613，即约 61.3% 的并购交易会收到交易所问询函，说明并购事项引起了不同程度的交易所监管，因此有必要考察重组问询的治理效应。

表 8-2　描述性统计

变量	样本量	均值	中位数	标准差	最小值	最大值
$Withdraw$	1070	0.637	1.000	0.481	0.000	1.000
$Negnum1$	1070	-0.427	-0.450	0.316	-1.000	0.333
$Negnum2$	1070	-0.405	-0.416	0.298	-1.000	0.315
$Inquiry1$	1070	0.613	1.000	0.487	0.000	1.000

续表

变量	样本量	均值	中位数	标准差	最小值	最大值
*Inquiry*2	1070	1.530	2.080	1.270	0.000	3.430
Relative	1070	1.340	0.479	3.140	0.000	27.100
Cash	1070	0.275	0.000	0.447	0.000	1.000
Stock	1070	0.209	0.000	0.407	0.000	1.000
ROA	1070	0.023	0.024	0.068	-0.267	0.229
Size	1070	21.800	21.600	1.340	19.000	25.900
Lev	1070	0.427	0.403	0.226	0.043	0.995
Growth	1070	0.243	0.089	0.769	-0.732	5.620
BM	1070	0.413	0.364	0.234	0.064	1.050
State	1070	0.274	0.000	0.446	0.000	1.000

变量之间的相关系数矩阵见表8-3。相关系数结果显示，控制变量之间并没有存在共线性问题。

8.4 实证结果

8.4.1 社交媒体关注与并购终止

为了检验H8-1，本章首先对模型（8-2）进行了回归分析，考察中小投资者社交媒体负面讨论对并购终止的影响，回归结果如表8-4的列（1）、列（2）所示。$Negnum1$的系数为-0.743，$Negnum2$的系数为-0.649，且分别在1%和5%水平上显著，表明社交媒体讨论越负面，公司并购终止的概率越大。以上结果说明，中小投资者利用社交媒体发声，相互交流分享信息，通过信息效应、链接效应和舆论效应，促使公司终止了负面讨论多的并购。

8.4.2 监管问询的治理作用

监管问询的治理作用回归结果列示于表8-4的列（3）~（6），变量$Negnum1 \times Inquiry1$和$Negnum2 \times Inquiry1$的系数分别为-1.062和-1.108，分别在5%和10%的水平上显著，说明收到重组问询函的并购交易，社交媒体负面讨论越多，并购终止的可能性越大。变量$Negnum1 \times$

表 8-3 相关系数矩阵

变量	Withdraw	Negnum1	Negnum2	Inquiry1	Inquiry2	Relative	Cash	Stock	ROA	Size	Lev	Growth	BM	State
Withdraw	1													
Negnum1	-0.066**	1												
Negnum2	-0.055*	0.907***	1											
Inquiry1	-0.117***	-0.404***	-0.436***	1										
Inquiry2	-0.100***	-0.418***	-0.457***	0.959***	1									
Relative	-0.029	-0.034	-0.037	0.021	0.008	1								
Cash	0.098***	0.050	0.049	0.105***	0.132***	-0.165***	1							
Stock	-0.042	0.028	0.023	-0.044	-0.049	0.017	-0.317***	1						
ROA	-0.024	-0.024	-0.032	-0.082***	-0.079***	-0.070**	-0.122***	0.002	1					
Size	0.021	0.071**	0.059*	-0.033	-0.029	-0.280***	0.119***	0.040	0.038	1				
Lev	0.044	0.031	0.026	0.048	0.031	-0.115***	0.119***	0.044	-0.345***	0.527***	1			
Growth	-0.039	-0.026	-0.009	0.004	-0.003	-0.038	0.017	-0.028	0.223***	0.110***	0.054*	1		
BM	0.081***	0.112***	0.112***	-0.136***	-0.136***	-0.203***	0.004	0.092***	-0.190***	0.721***	0.512***	-0.014	1	
State	0.049	0.067**	0.076**	-0.008	-0.007	-0.074**	-0.031	0.122***	-0.210***	0.368***	0.335***	-0.105***	0.405***	1

注: *、**、*** 分别表示在 10%、5%、1% 水平上显著。

8 社交媒体负面讨论、监管问询与并购决策

$Inquiry2$ 和 $Negnum2×Inquiry2$ 的系数分别为 -0.401 和 -0.416，分别在 5% 和 10% 的水平上显著，即当问询函所涉及的问题数量越多，相较于并购重组方案体现更多的增量信息，并购被终止的概率也越大。上述结果表明，交易所重组问询函的介入具有治理作用，有助于进一步发挥社交媒体的外部治理功能。

表 8-4 回归结果

变量	(1) Withdraw	(2) Withdraw	(3) Withdraw	(4) Withdraw	(5) Withdraw	(6) Withdraw
$Negnum1$	-0.743*** (-3.23)		-0.136 (-0.32)		-0.202 (-0.49)	
$Negnum2$		-0.649** (-2.56)		-0.005 (-0.01)		-0.079 (-0.17)
$Inquiry1$			-0.508* (-1.83)	-0.472* (-1.67)		
$Negnum1×Inquiry1$			-1.062** (-2.02)			
$Negnum2×Inquiry1$				-1.108* (-1.92)		
$Inquiry2$					-0.225** (-2.13)	-0.208* (-1.94)
$Negnum1×Inquiry2$					-0.401** (-2.04)	
$Negnum2×Inquiry2$						-0.416* (-1.92)
$Relative$	-0.001 (-0.07)	-0.002 (-0.08)	-0.001 (-0.03)	-0.001 (-0.05)	-0.001 (-0.05)	-0.002 (-0.09)
$Cash$	0.948*** (4.90)	0.934*** (4.85)	0.975*** (4.91)	0.954*** (4.85)	0.972*** (4.92)	0.953*** (4.87)
$Stock$	0.026 (0.15)	0.018 (0.10)	0.019 (0.11)	0.008 (0.05)	0.022 (0.12)	0.012 (0.07)
ROA	-0.316 (-0.24)	-0.376 (-0.29)	-0.505 (-0.38)	-0.550 (-0.42)	-0.509 (-0.39)	-0.567 (-0.44)

续表

变量	(1) Withdraw	(2) Withdraw	(3) Withdraw	(4) Withdraw	(5) Withdraw	(6) Withdraw
Size	-0.003	-0.005	-0.020	-0.015	-0.022	-0.018
	(-0.03)	(-0.04)	(-0.19)	(-0.14)	(-0.21)	(-0.17)
Lev	-0.061	-0.058	-0.076	-0.088	-0.065	-0.077
	(-0.14)	(-0.13)	(-0.17)	(-0.21)	(-0.15)	(-0.18)
Growth	-0.033	-0.026	-0.036	-0.027	-0.038	-0.030
	(-0.36)	(-0.28)	(-0.39)	(-0.28)	(-0.41)	(-0.33)
BM	0.665	0.639	0.708	0.668	0.714	0.676
	(1.11)	(1.07)	(1.17)	(1.10)	(1.18)	(1.12)
State	0.205	0.204	0.217	0.217	0.211	0.211
	(1.09)	(1.09)	(1.15)	(1.15)	(1.12)	(1.12)
常数项	-0.498	-0.414	-0.017	-0.059	0.016	-0.016
	(-0.25)	(-0.21)	(-0.01)	(-0.03)	(0.01)	(-0.01)
年度	控制	控制	控制	控制	控制	控制
行业	控制	控制	控制	控制	控制	控制
N	1070	1070	1070	1070	1070	1070
Pseudo R^2	0.137	0.134	0.139	0.137	0.140	0.137
Wald chi^2	159.25	157.63	164.28	161.32	164.14	161.25

注：表中列示为稳健标准误的回归结果，*、**、*** 分别表示在10%、5%、1%水平上显著。

8.5 稳健性检验

8.5.1 排除其他媒体报道因素的内生性干扰

其他媒体负面报道也会影响企业并购终止决策，其未必是社交媒体的作用。为排除这一内生性问题，本章采用以下两种方法进行检验：一是将其他媒体负面报道这一遗漏变量加入原有模型中进行回归，二是剔除其他媒体负面报道的样本后再次进行回归。其中对于其他媒体负面报道的度量，本章参照Ang等（2021）的方法，识别出并购首次公告日前三日内新闻上针对该公司的负面报道，主流财经报刊主要包括研究常用到的八大主流财经报纸（《中国证券报》《上海证券报》《第一财经日报》《21世纪经济报道》《中国经营报》《经济观察报》《证券日报》《证券时报》）以及其他地方性晨报、日报、晚报等，具体数据来源于CNRDS报刊财经数据库。

本章将其他媒体负面报道（$Negcover$）的数量作为控制变量纳入原模型中重新进行回归，结果如表8-5所示。此外，本章还剔除了并购首次公告日［-3,0］窗口期内有媒体负面报道的样本后再进行回归，结果如表8-6所示。回归结果均表明，排除了其他媒体负面报道的干扰作用后，社交媒体的讨论越负面，并购交易越容易被终止，且交易所监管问询的介入依然有利于社交媒体这一治理作用的发挥，与主检验结果保持一致，本章研究结论具有稳健性。

表8-5 控制其他媒体负面报道的回归结果

变量	(1) Withdraw	(2) Withdraw	(3) Withdraw	(4) Withdraw	(5) Withdraw	(6) Withdraw
$Negnum1$	-0.741*** (-3.22)		-0.135 (-0.31)		-0.202 (-0.49)	
$Negnum2$		-0.647** (-2.55)		-0.005 (-0.01)		-0.078 (-0.17)
$Inquiry1$			-0.505* (-1.81)	-0.468* (-1.65)		
$Negnum1 \times Inquiry1$			-1.060** (-2.01)			
$Negnum2 \times Inquiry1$				-1.104* (-1.91)		
$Inquiry2$					-0.223** (-2.11)	-0.206* (-1.92)
$Negnum1 \times Inquiry2$					-0.400** (-2.04)	
$Negnum2 \times Inquiry2$						-0.414* (-1.91)

续表

变量	(1) Withdraw	(2) Withdraw	(3) Withdraw	(4) Withdraw	(5) Withdraw	(6) Withdraw
Negcover	-0.036	-0.036	-0.031	-0.028	-0.027	-0.027
	(-0.43)	(-0.42)	(-0.36)	(-0.33)	(-0.32)	(-0.31)
Relative	-0.001	-0.001	-0.000	-0.001	-0.001	-0.002
	(-0.05)	(-0.07)	(-0.01)	(-0.04)	(-0.04)	(-0.08)
Cash	0.947***	0.933***	0.974***	0.953***	0.972***	0.953***
	(4.90)	(4.85)	(4.91)	(4.85)	(4.92)	(4.87)
Stock	0.023	0.015	0.016	0.006	0.020	0.010
	(0.13)	(0.09)	(0.09)	(0.03)	(0.11)	(0.06)
ROA	-0.331	-0.391	-0.518	-0.562	-0.520	-0.579
	(-0.25)	(-0.30)	(-0.40)	(-0.43)	(-0.40)	(-0.45)
Size	0.004	0.002	-0.014	-0.009	-0.017	-0.013
	(0.04)	(0.02)	(-0.13)	(-0.09)	(-0.16)	(-0.12)
Lev	-0.055	-0.053	-0.071	-0.084	-0.062	-0.073
	(-0.13)	(-0.12)	(-0.16)	(-0.20)	(-0.14)	(-0.17)
Growth	-0.034	-0.026	-0.037	-0.027	-0.039	-0.031
	(-0.37)	(-0.29)	(-0.40)	(-0.29)	(-0.42)	(-0.33)
BM	0.637	0.613	0.685	0.647	0.694	0.656
	(1.06)	(1.02)	(1.13)	(1.06)	(1.14)	(1.08)
State	0.209	0.208	0.220	0.220	0.213	0.213
	(1.10)	(1.10)	(1.17)	(1.16)	(1.13)	(1.13)
常数项	-0.618	-0.530	-0.123	-0.157	-0.079	-0.109
	(-0.30)	(-0.26)	(-0.06)	(-0.08)	(-0.04)	(-0.05)
年度	控制	控制	控制	控制	控制	控制
行业	控制	控制	控制	控制	控制	控制
N	1070	1070	1070	1070	1070	1070
Pseudo R^2	0.136	0.134	0.140	0.137	0.140	0.137
Wald chi^2	159.20	157.38	164.09	161.18	161.97	161.12

注：表中列示为稳健标准误的回归结果，*、**、*** 分别表示在10%、5%、1%水平上显著。

表 8-6 剔除媒体负面报道样本的回归结果

变量	(1) Withdraw	(2) Withdraw	(3) Withdraw	(4) Withdraw	(5) Withdraw	(6) Withdraw
$Negnum1$	-0.546** (-2.13)		0.218 (0.53)		0.158 (0.39)	
$Negnum2$		-0.483* (-1.71)		0.289 (0.62)		0.228 (0.51)
$Inquiry1$			-0.741** (-2.35)	-0.705** (-2.17)		
$Negnum1 \times Inquiry1$			-1.536*** (-2.77)			
$Negnum2 \times Inquiry1$				-1.553** (-2.51)		
$Inquiry2$					-0.295** (-2.37)	-0.269** (-2.12)
$Negnum1 \times Inquiry2$					-0.580*** (-2.73)	
$Negnum2 \times Inquiry2$						-0.580** (-2.44)
$Relative$	0.003 (0.15)	0.003 (0.13)	0.007 (0.30)	0.006 (0.27)	0.006 (0.27)	0.005 (0.23)
$Cash$	0.668*** (3.17)	0.664*** (3.17)	0.711*** (3.26)	0.701*** (3.26)	0.694*** (3.21)	0.687*** (3.22)
$Stock$	0.127 (0.68)	0.119 (0.64)	0.106 (0.57)	0.097 (0.52)	0.105 (0.56)	0.098 (0.52)
ROA	-0.328 (-0.24)	-0.363 (-0.27)	-0.534 (-0.39)	-0.502 (-0.36)	-0.524 (-0.38)	-0.519 (-0.38)
$Size$	0.033 (0.28)	0.028 (0.23)	0.014 (0.12)	0.014 (0.12)	0.017 (0.15)	0.018 (0.15)
Lev	0.479 (0.99)	0.489 (1.01)	0.483 (1.00)	0.468 (0.97)	0.472 (0.98)	0.457 (0.95)
$Growth$	-0.003 (-0.03)	-0.001 (-0.01)	-0.005 (-0.05)	0.001 (0.01)	-0.009 (-0.09)	-0.005 (-0.05)

续表

变量	(1) Withdraw	(2) Withdraw	(3) Withdraw	(4) Withdraw	(5) Withdraw	(6) Withdraw
BM	0.301 (0.47)	0.289 (0.45)	0.354 (0.55)	0.325 (0.50)	0.352 (0.54)	0.323 (0.50)
State	0.114 (0.56)	0.109 (0.54)	0.136 (0.68)	0.144 (0.72)	0.130 (0.65)	0.135 (0.67)
常数项	-3.805 (-1.57)	-3.643 (-1.51)	-3.149 (-1.29)	-3.082 (-1.26)	-3.219 (-1.31)	-3.173 (-1.30)
年度	控制	控制	控制	控制	控制	控制
行业	控制	控制	控制	控制	控制	控制
N	961	961	961	961	961	961
Pseudo R^2	0.120	0.119	0.127	0.125	0.127	0.124
Wald chi^2	130.07	130.23	138.68	137.00	137.77	136.28

注：表中列示为稳健标准误的回归结果，*、**、*** 分别表示在10%、5%、1%水平上显著。

8.5.2 改变解释变量度量方式的检验

为增强实证结果的可靠性，避免不同度量方式对本章结果造成的影响，本章采用平均语调的计算方法来度量社交媒体负面讨论，即用 $Negnum3$ 表示（并购公告前三日负面评论数-正面评论数的均值）/（并购公告前三日负面评论数+正面评论数的均值）；用 $Negnum5$ 表示（并购公告前五日负面评论数-正面评论数的均值）/（并购公告前五日负面评论数+正面评论数的均值）。表 8-7 实证结果与主检验结果保持一致，说明本章实证结果具有稳健性。

表 8-7　改变解释变量度量方式的检验

变量	(1) Withdraw	(2) Withdraw	(3) Withdraw	(4) Withdraw	(5) Withdraw	(6) Withdraw
Negnum3	-2.971*** (-3.23)		-0.544 (-0.32)		-0.808 (-0.49)	
Negnum5		-3.897** (-2.56)		-0.033 (-0.01)		-0.473 (-0.17)

续表

变量	(1) Withdraw	(2) Withdraw	(3) Withdraw	(4) Withdraw	(5) Withdraw	(6) Withdraw
Inquiry1			-0.508* (-1.83)	-0.472* (-1.67)		
Negnum3× Inquiry1			-4.248** (-2.02)			
Negnum5× Inquiry1				-6.649* (-1.92)		
Inquiry2					-0.224** (-2.12)	-0.207* (-1.94)
Negnum3× Inquiry2					-1.604** (-2.04)	
Negnum5× Inquiry2						-2.496* (-1.92)
Relative	-0.001 (-0.07)	-0.002 (-0.08)	-0.001 (-0.03)	-0.001 (-0.06)	-0.001 (-0.05)	-0.002 (-0.09)
Cash	0.947*** (4.90)	0.933*** (4.85)	0.975*** (4.91)	0.954*** (4.85)	0.972*** (4.92)	0.953*** (4.87)
Stock	0.026 (0.15)	0.018 (0.10)	0.019 (0.11)	0.008 (0.05)	0.022 (0.12)	0.012 (0.07)
ROA	-0.322 (-0.25)	-0.382 (-0.29)	-0.511 (-0.39)	-0.556 (-0.43)	-0.515 (-0.39)	-0.573 (-0.44)
Size	-0.002 (-0.02)	-0.003 (-0.03)	-0.018 (-0.18)	-0.014 (-0.13)	-0.021 (-0.20)	-0.017 (-0.16)
Lev	-0.060 (-0.14)	-0.057 (-0.13)	-0.075 (-0.17)	-0.087 (-0.20)	-0.065 (-0.15)	-0.076 (-0.18)
Growth	-0.033 (-0.36)	-0.026 (-0.28)	-0.037 (-0.39)	-0.027 (-0.29)	-0.039 (-0.41)	-0.031 (-0.33)
BM	0.654 (1.09)	0.629 (1.05)	0.697 (1.16)	0.658 (1.09)	0.704 (1.16)	0.666 (1.10)
State	0.205 (1.09)	0.205 (1.09)	0.217 (1.15)	0.217 (1.15)	0.211 (1.12)	0.211 (1.12)

续表

变量	(1) Withdraw	(2) Withdraw	(3) Withdraw	(4) Withdraw	(5) Withdraw	(6) Withdraw
常数项	-0.517 (-0.26)	-0.434 (-0.22)	-0.037 (-0.02)	-0.079 (-0.04)	-0.005 (-0.00)	-0.036 (-0.02)
年度	控制	控制	控制	控制	控制	控制
行业	控制	控制	控制	控制	控制	控制
N	1070	1070	1070	1070	1070	1070
Pseudo R^2	0.136	0.134	0.139	0.137	0.140	0.137
Wald chi^2	159.21	157.50	164.25	161.30	164.11	161.23

注：表中列示为稳健标准误的回归结果，*、**、*** 分别表示在 10%、5%、1% 水平上显著。

8.5.3 基于 Probit 模型的回归结果

进一步更换模型检验实证结果的稳健性。参考蔡晓慧（2016）的做法，采用 Probit 模型对模型（2）、模型（3）再次进行回归，回归结果如表 8-8 所示，结果与前文一致，说明回归结果不会因模型的改变而变化。

表 8-8 基于 Probit 模型的回归结果

变量	(1) Withdraw	(2) Withdraw	(3) Withdraw	(4) Withdraw	(5) Withdraw	(6) Withdraw
Negnum1	-0.455*** (-3.31)		-0.104 (-0.42)		-0.142 (-0.60)	
Negnum2		-0.398*** (-2.64)		-0.030 (-0.11)		-0.072 (-0.27)
Inquiry1			-0.301* (-1.83)	-0.278* (-1.66)		
Negnum1× Inquiry1			-0.631** (-2.05)			
Negnum2× Inquiry1				-0.651* (-1.93)		
Inquiry2					-0.134** (-2.13)	-0.123* (-1.93)

续表

变量	(1) Withdraw	(2) Withdraw	(3) Withdraw	(4) Withdraw	(5) Withdraw	(6) Withdraw
$Negnum1 \times Inquiry2$					-0.239** (-2.08)	
$Negnum2 \times Inquiry2$						-0.246* (-1.94)
$Relative$	-0.002 (-0.11)	-0.002 (-0.13)	-0.001 (-0.06)	-0.001 (-0.08)	-0.001 (-0.09)	-0.002 (-0.12)
$Cash$	0.557*** (5.00)	0.549*** (4.94)	0.569*** (5.03)	0.558*** (4.95)	0.567*** (5.03)	0.557*** (4.96)
$Stock$	0.020 (0.18)	0.014 (0.13)	0.014 (0.13)	0.007 (0.07)	0.016 (0.15)	0.010 (0.09)
ROA	-0.238 (-0.31)	-0.272 (-0.35)	-0.373 (-0.48)	-0.393 (-0.51)	-0.376 (-0.49)	-0.405 (-0.53)
$Size$	0.003 (0.05)	0.002 (0.04)	-0.004 (-0.07)	-0.001 (-0.02)	-0.007 (-0.11)	-0.004 (-0.07)
Lev	-0.050 (-0.19)	-0.048 (-0.19)	-0.060 (-0.23)	-0.068 (-0.27)	-0.051 (-0.20)	-0.059 (-0.23)
$Growth$	-0.020 (-0.37)	-0.016 (-0.30)	-0.024 (-0.42)	-0.018 (-0.32)	-0.025 (-0.44)	-0.020 (-0.35)
BM	0.386 (1.12)	0.369 (1.07)	0.402 (1.16)	0.380 (1.09)	0.408 (1.17)	0.386 (1.11)
$State$	0.119 (1.07)	0.118 (1.06)	0.125 (1.13)	0.125 (1.12)	0.121 (1.09)	0.121 (1.09)
常数项	-0.356 (-0.30)	-0.307 (-0.26)	-0.119 (-0.10)	-0.145 (-0.12)	-0.085 (-0.07)	-0.106 (-0.09)
年度	控制	控制	控制	控制	控制	控制
行业	控制	控制	控制	控制	控制	控制
N	1070	1070	1070	1070	1070	1070
Pseudo R^2	0.136	0.133	0.139	0.136	0.140	0.137
Wald chi^2	175.58	173.17	182.10	178.40	182.04	178.23

注：表中列示为稳健标准误的回归结果，*、**、*** 分别表示在10%、5%、1%水平上显著。

8.5.4 基于 PSM 的稳健性检验

并购终止是公司层面行为，受多方因素的影响，为解决这一内生性问题，本章采用倾向得分匹配法（PSM）进行稳健性检验。以并购终止（$Withdraw=1$）为处理组，并购完成（$Withdraw=0$）为控制组，选取公司规模（$Size$）、资产负债率（Lev）、机构持股比例（$Inshold$）、是否为四大事务所审计（$Big4$）、分析师关注（$Analycoverage$）、现金对价并购（$Cash$）、股权对价并购（$Stock$）、多元化并购（$Diversifying$）以及是否业绩承诺（$Commit$）作为影响公司并购终止特征变量进行倾向得分匹配。进行基于 Probit 模型的无放回 1∶3 匹配，最终得到 942 个样本。

表 8-9 平衡性检验结果显示，处理组和控制组根据以上 9 个协变量进行匹配后，两组变量之间的偏差显著降低，偏差的绝对值均小于 10%，且 T 检验的结果显示处理组与控制组无显著差异，表明经过筛选匹配后的控制组与处理组之间除并购交易是否终止外，其他方面未有显著差异，说明匹配效果较好。

表 8-9 平衡性检验

协变量	未匹配 U/匹配 M	处理组	控制组	标准化偏差	t 值	p 值
$Size$	U	21.795	21.814	-1.5	-0.27	0.785
	M	21.795	21.765	2.2	0.51	0.610
Lev	U	0.433	0.422	5.2	0.93	0.352
	M	0.433	0.428	2.4	0.55	0.583
$Inshold$	U	0.064	0.059	6.2	1.10	0.271
	M	0.064	0.063	1.1	0.24	0.811
$Big4$	U	0.054	0.032	11.0	1.94	0.053
	M	0.054	0.044	5.0	1.06	0.289
$Analycoverage$	U	1.500	1.384	10.1	1.83	0.067
	M	1.500	1.513	-1.6	-0.35	0.724
$Cash$	U	0.270	0.200	16.8	3.02	0.003
	M	0.270	0.260	2.7	0.59	0.557
$Stock$	U	0.288	0.263	5.5	1.01	0.313
	M	0.288	0.300	-2.6	-0.57	0.570

续表

协变量	未匹配 U/匹配 M	处理组	控制组	标准化偏差	t 值	p 值
Diversifying	U	0.147	0.240	-23.6	-4.45	0.000
	M	0.147	0.145	0.4	0.10	0.917
Commit	U	0.620	0.595	5.1	0.94	0.345
	M	0.620	0.635	-3.1	-0.70	0.481

表 8-10 为 PSM 匹配后的实证结果，社交媒体负面讨论的变量 $Negnum1$ 和 $Negnum2$ 的系数均显著为负，且 $Negnum \times Inquiry$ 的系数均显著为负，这说明控制了并购是否终止样本之间的性质差异后，社交媒体负面讨论、监管问询的文本特征依旧会影响并购事项终止，与前文结果一致。

表 8-10 基于 PSM 的稳健性检验

变量	(1)	(2)	(3)	(4)	(5)	(6)
$Negnum1$	-0.668*** (-2.75)		0.128 (0.28)		0.042 (0.09)	
$Negnum2$		-0.624** (-2.32)		0.223 (0.43)		0.143 (0.29)
$Inquiry1$			-0.629** (-2.11)	-0.602** (-1.98)		
$Negnum1 \times Inquiry1$			-1.354** (-2.42)			
$Negnum2 \times Inquiry1$				-1.414** (-2.26)		
$Inquiry2$					-0.252** (-2.23)	-0.240** (-2.10)
$Negnum1 \times Inquiry2$					-0.494** (-2.37)	
$Negnum2 \times Inquiry2$						-0.521** (-2.23)
Relative	-0.001 (-0.05)	-0.002 (-0.06)	-0.001 (-0.04)	-0.001 (-0.03)	-0.002 (-0.07)	-0.002 (-0.07)
Cash	0.878*** (4.33)	0.868*** (4.31)	0.910*** (4.36)	0.892*** (4.32)	0.902*** (4.35)	0.886*** (4.32)

续表

变量	(1)	(2)	(3)	(4)	(5)	(6)
Stock	0.087	0.083	0.076	0.070	0.080	0.076
	(0.45)	(0.43)	(0.39)	(0.36)	(0.41)	(0.39)
ROA	-1.038	-1.103	-1.328	-1.353	-1.305	-1.350
	(-0.75)	(-0.80)	(-0.95)	(-0.97)	(-0.93)	(-0.97)
Size	-0.021	-0.021	-0.036	-0.031	-0.035	-0.031
	(-0.19)	(-0.19)	(-0.32)	(-0.27)	(-0.31)	(-0.27)
Lev	0.109	0.121	0.087	0.089	0.089	0.094
	(0.24)	(0.26)	(0.19)	(0.19)	(0.19)	(0.20)
Growth	0.018	0.025	0.010	0.019	0.007	0.013
	(0.19)	(0.25)	(0.10)	(0.19)	(0.07)	(0.13)
BM	0.658	0.622	0.675	0.623	0.674	0.626
	(1.02)	(0.97)	(1.03)	(0.95)	(1.03)	(0.96)
State	0.176	0.178	0.192	0.194	0.183	0.183
	(0.89)	(0.90)	(0.97)	(0.98)	(0.93)	(0.93)
常数项	-0.239	-0.211	0.282	0.198	0.233	0.179
	(-0.11)	(-0.10)	(0.13)	(0.09)	(0.11)	(0.08)
年度	控制	控制	控制	控制	控制	控制
行业	控制	控制	控制	控制	控制	控制
N	942	942	942	942	942	942
Pseudo R^2	0.127	0.125	0.132	0.139	0.132	0.130
Wald chi^2	128.57	128.28	134.42	133.24	133.97	133.07

注：表中列示为稳健标准误的回归结果，*、**、***分别表示在10%、5%、1%水平上显著。

8.5.5 工具变量回归

为进一步缓解内生性问题，本章进行了工具变量回归。借鉴谢德仁等（2006）、朱孟楠等（2020）的研究，本章选用剔除本公司后同一行业当年的平均负面社交媒体评论（$Negpostnum\_IV$）和正面社交媒体评论总数（$Tpostnum\_IV$）作为工具变量，同行业其他上市公司在并购交易中的社交媒体关注与该公司的并购事件社交媒体关注无关，且不会影响该公司并购终止。两阶段最小二乘回归结果如表8-11所示。在第一阶段中，平均负面社交媒体评论（$Negpostnum\_IV$）和正面社交媒体评论总数

表 8-11 工具变量回归

变量	第一阶段回归				第二阶段回归			
	Negnum1		Negnum2		Withdraw		Withdraw	
	(1)	(2)	(3)	(4)	(5)	(6)	(7)	(8)
Negnum1	−2.491*** 0.000				−2.988*** 0.000	−3.138*** 0.000		
Negnum2							−2.55** 0.001	−3.138*** 0.000
Negpostnum_IV			−2.988*** 0.000					
Tpostnum_IV		−2.988*** 0.000		−3.138*** 0.000				
控制变量	控制	控制	控制	控制	控制	控制	控制	控制
N	813	813	813	813	813	813	813	813
Prob>chi²	0.000	0.000	0.000	0.000	0.000	0.000	0.000	0.000

注：表中列示为稳健标准误的回归结果，*、**、*** 分别表示在 10%、5%、1% 水平上显著。

($Tpostnum\_IV$)的回归系数均在1%水平上显著为负,因此满足工具变量和解释变量存在相关性的基本要求。第二阶段回归结果显示,回归系数依然显著为负,和主检验实证结果一致。

8.5.6 样本区间扩大的稳健性检验

为进一步检验本章结论的稳健性,避免不同测度区间样本对本章结果的影响,将样本区间向后扩充至2021年,即将样本控制在2015~2021年后再次回归,结果如表8-12所示。$Negnum1 \times Inquiry1$ 和 $Negnum2 \times Inquiry1$ 分别在5%和10%的水平上显著为负。其结果与前文保持一致。

表8-12 样本区间扩大的稳健性检验

变量	(1) Withdraw	(2) Withdraw	(3) Withdraw	(4) Withdraw	(5) Withdraw	(6) Withdraw
$Negnum1$	-0.689*** (-3.12)		-0.134 (-0.31)		-0.231 (-0.56)	
$Negnum2$		-0.677** (-2.98)		-0.002 (-0.01)		-0.045 (-0.38)
$Inquiry1$			-0.517* (-1.81)	-0.487* (-1.95)		
$Negnum1 \times Inquiry1$			-1.079** (-2.41)			
$Negnum2 \times Inquiry1$				-1.116* (-2.04)		
$Inquiry2$					-0.203** (-2.04)	-0.212* (-1.82)
$Negnum1 \times Inquiry2$					-0.410** (-2.14)	
$Negnum2 \times Inquiry2$						-0.403* (-1.21)
$Relative$	-0.002 (-0.06)	-0.001 (-0.07)	-0.000 (-0.01)	-0.001 (-0.04)	-0.001 (-0.04)	-0.002 (-0.08)
$Cash$	0.947*** (4.90)	0.933*** (4.85)	0.974*** (4.91)	0.953*** (4.85)	0.972*** (4.92)	0.953*** (4.87)

续表

变量	(1) Withdraw	(2) Withdraw	(3) Withdraw	(4) Withdraw	(5) Withdraw	(6) Withdraw
$Stock$	0.023	0.015	0.016	0.006	0.020	0.010
	(0.13)	(0.09)	(0.09)	(0.03)	(0.11)	(0.06)
ROA	-0.331	-0.391	-0.518	-0.562	-0.520	-0.579
	(-0.25)	(-0.30)	(-0.40)	(-0.43)	(-0.40)	(-0.45)
$Size$	0.004	0.002	-0.014	-0.009	-0.017	-0.013
	(0.04)	(0.02)	(-0.13)	(-0.09)	(-0.16)	(-0.12)
Lev	-0.055	-0.053	-0.071	-0.084	-0.062	-0.073
	(-0.13)	(-0.12)	(-0.16)	(-0.20)	(-0.14)	(-0.17)
$Growth$	-0.034	-0.026	-0.037	-0.027	-0.039	-0.031
	(-0.37)	(-0.29)	(-0.40)	(-0.29)	(-0.42)	(-0.33)
BM	0.637	0.613	0.685	0.647	0.694	0.656
	(1.06)	(1.02)	(1.13)	(1.06)	(1.14)	(1.08)
$State$	0.209	0.208	0.220	0.220	0.213	0.213
	(1.10)	(1.10)	(1.17)	(1.16)	(1.13)	(1.13)
常数项	-0.658	-0.531	-0.126	-0.147	-0.059	-0.169
	(-0.36)	(-0.66)	(-0.06)	(-0.08)	(-0.04)	(-0.05)
年度	控制	控制	控制	控制	控制	控制
行业	控制	控制	控制	控制	控制	控制
N	1753	1753	1753	1753	1753	1753
Pseudo R^2	0.146	0.144	0.142	0.141	0.140	0.147
Wald chi^2	161.20	163.18	162.27	165.38	168.27	171.35

注：表中列示为稳健标准误的回归结果，*、**、*** 分别表示在10%、5%、1%水平上显著。

8.6 进一步检验

8.6.1 并购重组类型分组检验

已有学者研究发现并购重组中存在大量内部交易行为（彭志，2018；赵立彬，2021），严重的信息不对称影响资本运行效率、损害中小投资者权益。然而不同的并购重组类型会影响信息披露程度。现有研究普遍认为，在同一控制下的并购交易往往存在更多的信息不对称，并购风险更高，那么并购终止是否会受到并购类型的影响？基于此，本章将样本分非同一控制与同一控制，对样本进行分组检验，结果如表8-13所示。

表8-13 Panel A中列示了不同并购类型下社交媒体关注对并购终止的实证结果，回归结果显示，社交媒体负面讨论（Negnum）的系数在非同一控制组显著为负。这表明在非同一控制下的并购交易信息不对称程度较低，社交媒体讨论更容易发挥治理作用。Panel B为加入监管问询（$Inquiry1$）、问询函问题数量（$Inquiry2$）调节变量后的回归结果，结果显示，加入监管问询后，交乘项（$Negnum \times Inquiry$）均在非同控组更显著，组间差异均在5%水平上显著。说明在非同一控制下的并购交易，收到重组问询函、问题数量越多时，并购被终止的可能性越高。上述结果意味着，监管问询对于非同一控制下的并购交易提高信息披露质量效果更好，更利于社交媒体发挥集体智慧作用。

表8-13 并购重组类型分组检验

变量	Panel A 主回归分组结果			
	Withdraw	Withdraw	Withdraw	Withdraw
	同控	非同控	同控	非同控
$Negnum1$	-0.075	-0.871***		
	(-0.13)	(-3.30)		
$Negnum2$			0.018	-0.749**
			(0.03)	(-2.57)
$Relative$	0.097	-0.015	0.099	-0.016
	(1.25)	(-0.57)	(1.27)	(-0.61)
$Cash$	0.651	1.078***	0.643	1.066***
	(1.33)	(4.77)	(1.32)	(4.73)
$Stock$	0.132	-0.068	0.138	-0.086
	(0.31)	(-0.31)	(0.32)	(-0.40)
ROA	0.767	0.041	0.762	0.024
	(0.28)	(0.03)	(0.27)	(0.02)

续表

变量	Panel A 主回归分组结果			
	Withdraw	Withdraw	Withdraw	Withdraw
	同控	非同控	同控	非同控
Size	0.057	0.015	0.060	0.003
	(0.27)	(0.12)	(0.29)	(0.03)
Lev	1.523	-0.757	1.527*	-0.752
	(1.64)	(-1.51)	(1.65)	(-1.51)
Growth	0.011	-0.017	0.013	-0.016
	(0.07)	(-0.17)	(0.08)	(-0.16)
BM	0.196	0.497	0.169	0.518
	(0.16)	(0.69)	(0.14)	(0.72)
State	0.368	-0.197	0.371	-0.205
	(0.98)	(-0.80)	(0.99)	(-0.84)
常数项	-3.209	0.114	-3.252	0.405
	(-0.75)	(0.05)	(-0.76)	(0.16)
年度	控制	控制	控制	控制
行业	控制	控制	控制	控制
N	229	826	229	826
Pseudo R^2	0.187	0.156	0.187	0.153
Wald chi^2	43.98	151.58	43.79	147.50
Chowtest	1.42**		1.42**	
p 值	0.046		0.046	

变量	Panel B 监管问询治理作用分组结果							
	Withdraw	Withdraw	Withdraw	Withdraw	Withdraw	Withdraw	Withdraw	Withdraw
	同控	非同控	同控	非同控	同控	非同控	同控	非同控
Negnum1	-0.488	1.745			-0.436	0.999		
	(-1.01)	(1.34)			(-0.95)	(0.83)		
Negnum2			-0.309	1.748			-0.259	0.950
			(-0.58)	(1.21)			(-0.50)	(0.72)
Inquiry1	-0.282	-1.432*	-0.257	-1.290*				
	(-0.87)	(-1.91)	(-0.78)	(-1.77)				
Negnum1× Inquiry1	-0.653	-2.924**						
	(-1.10)	(-1.97)						

续表

变量	Panel B 监管问询治理作用分组结果							
	Withdraw	Withdraw	Withdraw	Withdraw	Withdraw	Withdraw	Withdraw	Withdraw
	同控	非同控	同控	非同控	同控	非同控	同控	非同控
$Negnum2\times Inquiry1$			-0.717	-2.765*				
			(-1.10)	(-1.70)				
$Inquiry2$					-0.126	-0.595**	-0.111	-0.542**
					(-1.02)	(-2.20)	(-0.89)	(-2.00)
$Negnum1\times Inquiry2$					-0.294	-0.805		
					(-1.33)	(-1.47)		
$Negnum2\times Inquiry2$							-0.315	-0.720
							(-1.30)	(-1.19)
$Relative$	-0.013	0.081	-0.014	0.087	-0.013	0.092	-0.014	0.099
	(-0.52)	(1.06)	(-0.56)	(1.13)	(-0.52)	(1.19)	(-0.57)	(1.27)
$Cash$	1.092***	0.649	1.075***	0.621	1.093***	0.643	1.077***	0.626
	(4.76)	(1.28)	(4.71)	(1.25)	(4.78)	(1.29)	(4.74)	(1.27)
$Stock$	-0.078	0.052	-0.098	0.031	-0.074	0.049	-0.093	0.050
	(-0.36)	(0.12)	(-0.45)	(0.07)	(-0.35)	(0.12)	(-0.43)	(0.12)
ROA	-0.055	0.345	-0.071	0.519	-0.061	0.270	-0.085	0.387
	(-0.04)	(0.12)	(-0.05)	(0.18)	(-0.04)	(0.10)	(-0.06)	(0.14)
$Size$	0.002	0.025	-0.004	0.051	0.002	0.034	-0.003	0.050
	(0.02)	(0.11)	(-0.03)	(0.25)	(0.02)	(0.16)	(-0.02)	(0.24)
Lev	-0.780	1.761*	-0.782	1.723*	-0.789	1.717*	-0.796	1.716*
	(-1.56)	(1.92)	(-1.57)	(1.89)	(-1.57)	(1.88)	(-1.59)	(1.87)
$Growth$	-0.022	0.011	-0.021	0.038	-0.025	0.002	-0.025	0.015
	(-0.21)	(0.06)	(-0.20)	(0.24)	(-0.23)	(0.01)	(-0.23)	(0.09)
BM	0.555	0.024	0.561	-0.083	0.559	0.038	0.562	-0.038
	(0.76)	(0.02)	(0.77)	(-0.07)	(0.76)	(0.03)	(0.77)	(-0.03)
$State$	-0.192	0.299	-0.199	0.314	-0.197	0.301	-0.203	0.315
	(-0.78)	(0.79)	(-0.81)	(0.82)	(-0.80)	(0.80)	(-0.82)	(0.82)
常数项	0.441	-1.850	0.633	-2.471	0.453	-2.318	0.623	-2.731
	(0.17)	(-0.40)	(0.25)	(-0.56)	(0.18)	(-0.52)	(0.25)	(-0.63)
年度	控制	控制	控制	控制	控制	控制	控制	控制
行业	控制	控制	控制	控制	控制	控制	控制	控制

续表

变量	Panel B 监管问询治理作用分组结果							
	Withdraw	Withdraw	Withdraw	Withdraw	Withdraw	Withdraw	Withdraw	Withdraw
	同控	非同控	同控	非同控	同控	非同控	同控	非同控
N	826	229	826	229	826	229	826	229
Pseudo R^2	0.157	0.209	0.154	0.203	0.157	0.209	0.154	0.205
Wald chi^2	152.44	49.91	148.80	48.35	152.78	51.32	149.36	50.50
Chewtest	1.45**		1.44**		1.44**		1.42**	
p 值	0.034		0.037		0.038		0.041	

注：表中列示为稳健标准误的回归结果，*、**、*** 分别表示在 10%、5%、1% 水平上显著。

8.6.2 并购重组支付方式分组检验

并购重组支付方式可以向投资者传递并购企业的价值。已有研究发现以非现金为对价支付时，被并购方的业绩承诺、并购溢价更高（周菊，2019）。这也表明采用非现金支付时，并购交易存在更多的信息不对称，可能会导致超额商誉。那么，并购重组支付方式是否会影响社交媒体关注对并购终止的影响？基于此，本章将样本分为现金支付与非现金支付，进一步分析支付方式对并购终止的影响。结果如表 8-14 所示。

表 8-14 Panel A 列示了不同支付方式下社交媒体关注对并购终止的实证结果。结果表明现金支付的并购交易，社交媒体负面讨论对并购终止的影响更显著。Panel B 为加入调节变量监管问询（$Inquiry1$）和问询函的问题数量（$Inquiry2$）的回归结果，结果显示在非现金支付组，$Negnum \times Inquiry1$ 和 $Negnum \times Inquiry2$ 均在 5% 水平上显著为负，说明在收到重组问询函后，采用非现金支付的并购交易，披露了更多的增量信息，缓解了投资者的信息不对称，同时问询函涉及问题越多，治理效果越好。以上结果验证了非现金支付的并购交易存在更多的隐藏信息，也证实了交易所监管问询能够促进信息质量改善，有利于投资者进行决策。

表 8-14 并购重组支付方式分组检验

变量	Panel A 主回归分组结果			
	Withdraw 现金	Withdraw 非现金	Withdraw 现金	Withdraw 非现金
$Negnum1$	−2.156***	−0.291		
	(−4.35)	(−0.98)		
$Negnum2$			−2.190***	−0.071
			(−3.90)	(−0.22)
$Relative$	−0.063	0.005	−0.071	0.005
	(−0.50)	(0.21)	(−0.56)	(0.20)
ROA	−4.967**	2.279	−4.718**	2.247
	(−2.08)	(1.42)	(−1.97)	(1.41)
$Size$	−0.086	−0.069	−0.088	−0.078
	(−0.39)	(−0.53)	(−0.39)	(−0.60)
Lev	−0.039	−0.023	−0.074	−0.015
	(−0.04)	(−0.04)	(−0.08)	(−0.03)
$Growth$	0.041	−0.115	0.092	−0.115
	(0.22)	(−1.02)	(0.53)	(−1.02)
BM	1.004	1.083	0.796	1.112
	(0.74)	(1.49)	(0.58)	(1.53)
$State$	0.252	0.255	0.356	0.245
	(0.61)	(1.14)	(0.88)	(1.09)
常数项	0.114	−3.209	0.405	−3.252
	(0.05)	(−0.75)	(0.16)	(−0.76)
年度	控制	控制	控制	控制
行业	控制	控制	控制	控制
N	274	775	274	775
Pseudo R^2	0.173	0.152	0.165	0.152
Wald chi^2	43.68	114.77	39.62	115.12
Chewtest	2.18***		2.20***	
p 值	0.000		0.000	

续表

Panel B 监管问询治理作用分组结果

变量	Withdraw 现金	Withdraw 非现金	Withdraw 现金	Withdraw 非现金	Withdraw 现金	Withdraw 非现金	Withdraw 现金	Withdraw 非现金
$Negnum1$	-1.848* (-1.69)	0.477 (0.95)			-1.479 (-1.57)	0.315 (0.65)		
$Negnum2$			-2.349** (-2.09)	0.720 (1.29)			-2.115** (-2.07)	0.608 (1.13)
$Inquiry1$	0.503 (0.99)	-0.964*** (-2.63)	0.646 (1.24)	-0.837** (-2.27)				
$Negnum1 \times Inquiry1$	-0.152 (-0.12)	-1.660** (-2.50)						
$Negnum2 \times Inquiry1$			0.528 (0.41)	-1.615** (-2.24)				
$Inquiry2$					0.118 (0.62)	-0.364*** (-2.61)	0.208 (1.06)	-0.330** (-2.35)
$Negnum1 \times Inquiry2$					-0.266 (-0.63)	-0.559** (-2.22)		
$Negnum2 \times Inquiry2$							0.076 (0.17)	-0.580** (-2.12)
$Relative$	-0.045 (-0.33)	0.007 (0.30)	-0.058 (-0.44)	0.006 (0.27)	-0.060 (-0.45)	0.006 (0.24)	-0.069 (-0.53)	0.005 (0.21)
ROA	-4.640* (-1.91)	2.286 (1.42)	-4.237* (-1.75)	2.178 (1.37)	-4.807** (-2.02)	2.284 (1.42)	-4.333* (-1.80)	2.160 (1.36)
$Size$	-0.079 (-0.34)	-0.108 (-0.83)	-0.077 (-0.33)	-0.098 (-0.75)	-0.088 (-0.39)	-0.114 (-0.87)	-0.088 (-0.38)	-0.105 (-0.81)
Lev	-0.049 (-0.05)	-0.061 (-0.12)	-0.052 (-0.06)	-0.069 (-0.13)	-0.067 (-0.07)	-0.036 (-0.07)	-0.095 (-0.10)	-0.049 (-0.09)
$Growth$	0.044 (0.24)	-0.103 (-0.90)	0.098 (0.57)	-0.106 (-0.93)	0.032 (0.18)	-0.106 (-0.92)	0.097 (0.57)	-0.108 (-0.95)
BM	1.040 (0.75)	1.203* (1.65)	0.803 (0.58)	1.168 (1.60)	1.075 (0.77)	1.224* (1.68)	0.853 (0.61)	1.188 (1.62)
$State$	0.293 (0.70)	0.315 (1.41)	0.400 (0.97)	0.291 (1.29)	0.300 (0.72)	0.309 (1.38)	0.416 (1.01)	0.287 (1.27)

续表

Panel B 监管问询治理作用分组结果

变量	Withdraw 现金	Withdraw 非现金	Withdraw 现金	Withdraw 非现金	Withdraw 现金	Withdraw 非现金	Withdraw 现金	Withdraw 非现金
常数项	0.441 (0.17)	-1.850 (-0.40)	0.633 (0.25)	-2.471 (-0.56)	0.453 (0.18)	-2.318 (-0.52)	0.623 (0.25)	-2.731 (-0.63)
年度	控制	控制	控制	控制	控制	控制	控制	控制
行业	控制	控制	控制	控制	控制	控制	控制	控制
N	274	775	274	775	274	775	274	775
Pseudo R^2	0.179	0.160	0.170	0.158	0.179	0.160	0.170	0.158
Wald chi^2	43.34	117.57	39.33	116.80	44.32	116.88	39.59	116.77
Chewtest	2.26***		2.20***		2.25***		2.19***	
p 值	0.000		0.000		0.000		0.000	

注：表中列示为稳健标准误的回归结果，*、**、*** 分别表示在 10%、5%、1% 水平上显著。

8.6.3 社交媒体负面讨论与股价崩盘风险

并购交易具有周期性长、风险性高、不确定性强等一系列特征。基于上述结果，中小投资者在股吧中的负面讨论，使得并购终止。那么未终止的并购交易，其长期并购绩效如何？是否会加剧收购方股价崩盘风险？基于此，本章将继续考察社交媒体关注对股价崩盘风险的影响。

参考 Chen 等 (2001)、辛宇 (2015) 的做法，采用负收益偏态系数 (NECKEW) 和股票收益上下波动比率 (DOUVOL) 作为衡量公司股价崩盘风险的指标。其中，负收益偏态系数 (NECKEW) 和股票收益上下波动比率 (DOUVOL) 越大，表明公司面临的股价崩盘风险越高。具体公式如下：

$$NECKEW_{i,t} = -\frac{n(n-1)^{\frac{3}{2}}\sum w_{i,j}^3}{(n-1)(n-3)(\sum w_{i,j}^2)^{\frac{3}{2}}} \quad (8-4)$$

$$DOUVOL_{i,t} = \ln\left[\frac{(n_u-1)\sum downw_{i,j}^2}{(n_d-1)\sum upw_{i,j}^2}\right] \quad (8-5)$$

接下来进行回归检验,被解释变量为股价崩盘风险(NECKEW、DOUVOL),解释变量为社交媒体负面讨论(Negnum),其控制变量与前文保持一致。保留并购完成的样本进行回归,回归结果见表 8-15。

表 8-15 Panel A、Panel B 分别列示了社交媒体负面讨论与股价崩盘风险的实证结果。结果表明,对于完成的并购交易,社交媒体负面讨论加剧了收购方的股价崩盘风险。加入交易所问询监管后,交互项(Negnum×Inquiry)均在 1% 水平上显著为负,说明重组问询函降低了社交媒体负面讨论对并购交易完成后股价崩盘风险的影响,且问询函的问题越多,效果越明显,实证结果与张俊生(2018)重组问询函缓解股价崩盘风险的结论一致。以上结果表明社交媒体关注具有一定的预判性,投资者能够通过股吧讨论发挥群体智慧作用;且重组问询函能使公司增加信息披露,缓解信息不对称,进而降低股价崩盘风险。

表 8-15 社交媒体负面讨论与股价崩盘风险的回归结果

Panel A 社交媒体负面讨论与股价崩盘风险($NECKEW$)							
变量	(1)	(2)	(3)	(4)	(5)	(6)
$Negnum1$	0.389*** (3.27)		1.106*** (5.57)		0.986*** (5.29)	
$Negnum2$		0.363*** (2.77)		1.271*** (5.87)		1.139*** (5.58)
$Inquiry1$			−0.144 (−1.06)	−0.216 (−1.62)		
$Negnum1×Inquiry1$			−1.077*** (−4.14)			
$Negnum2×Inquiry1$				−1.366*** (−4.90)		
$Inquiry2$					−0.048 (−0.84)	−0.082 (−1.49)
$Negnum1×Inquiry2$					−0.370*** (−3.58)	
$Negnum2×Inquiry2$						−0.485*** (−4.47)

续表

Panel A：社交媒体负面讨论与股价崩盘风险（NECKEW）

变量	(1)	(2)	(3)	(4)	(5)	(6)
控制变量	控制	控制	控制	控制	控制	控制
常数项	-2.511**	-2.613**	-2.117*	-2.302**	-2.256*	-2.371**
	(-2.05)	(-2.14)	(-1.80)	(-1.98)	(-1.90)	(-2.02)
N	514	514	514	514	514	514
R^2	0.152	0.148	0.192	0.197	0.185	0.189

Panel B 社交媒体负面讨论与股价崩盘风险（DOUVOL）

变量	(1)	(2)	(3)	(4)	(5)	(6)
$Negnum1$	0.226***		0.633***		0.579***	
	(2.79)		(4.76)		(4.58)	
$Negnum2$		0.219**		0.744***		0.691***
		(2.46)		(5.35)		(5.20)
$Inquiry1$			-0.031	-0.071		
			(-0.34)	(-0.76)		
$Negnum1×Inquiry1$			-0.579***			
			(-3.33)			
$Negnum2×Inquiry1$				-0.748***		
				(-4.07)		
$Inquiry2$					0.000	-0.021
					(0.00)	(-0.53)
$Negnum1×Inquiry2$					-0.199***	
					(-2.87)	
$Negnum2×Inquiry2$						-0.273***
						(-3.79)
控制变量	控制	控制	控制	控制	控制	控制
常数项	-0.667	-0.714	-0.488	-0.576	-0.578	-0.624
	(-0.82)	(-0.87)	(-0.61)	(-0.73)	(-0.72)	(-0.79)
N	514	514	514	514	514	514
R^2	0.130	0.127	0.161	0.166	0.159	0.164

注：表中列示为稳健标准误的回归结果，*、**、*** 分别表示在10%、5%、1%水平上显著。

8.7 小结

近年来，随着信息技术发展，社交媒体重塑了资本市场信息生成和传播模式，便利了陌生中小投资者之间的"链接"。令人感兴趣的是，社交媒体是否可以成为中小投资者发声维权的利器，阻止公司大股东和管理层进行的一些可能损害中小股东利益的并购活动。基于上述考虑，本章实证分析了社交媒体负面讨论对公司并购交易终止的影响。研究结果发现，中小投资者在股吧中对并购交易事项评论越负面，公司越有可能终止该项并购交易。在交易所问询监管介入后，中小投资者股吧讨论更能发挥治理效应。在排除其他媒体负面报道干扰、更换自变量度量方式、基于PSM、工具变量回归等稳健性检验后，基本实证结果没有发生改变。异质性分析表明，对于潜在风险更大的同一控制并购和非现金支付并购，交易所问询监管介入可以更加促使公司倾听中小投资者的声音，终止遭受诟病的并购活动。拓展性分析显示，交易所问询监管介入后，可以缓解信息不对称，降低公司股价崩盘风险。

上述研究表明，社交媒体通过汇聚链接中小投资者形成群体智慧，通过舆论效应对上市公司并购决策产生一定影响。然而，单纯凭社交媒体力量，难以迫使上市公司披露更多决策相关信息。随着交易所介入，向上市公司发出监管问询，可以促使其回应社交媒体关切，发挥治理功能。这表明，在中国资本市场以中小投资者为主体的情景下，社交媒体与交易所"联手协同"，可以形成监督力量，改变中小投资者失声被动局面，更好地促进公司健康发展。

9 研究结论与政策建议

如今的社交媒体时代，绝大多数年轻人通过社交媒体获得自己认可的信息与知识、与他人交往，以及寻找投资机会。广大散户正在颠覆传统的证券交易方式，整个资本市场的生态、结构、行为、监管理念都因社交媒体的兴起而改变。作为证券监管的职能部门，交易所需要适应社交媒体挑战、利用社交媒体优势发挥协同治理作用。实践中，因社交媒体关注而触发股票暴涨暴跌现象时有发生，严重扰乱资本市场秩序，侵害中小投资者利益。如何有效监管社交媒体，更好地发挥其对上市公司监督的外部治理作用，适应社交媒体舆论时代，是监管层当下面临的新形势、新挑战。

9.1 研究结论

社交媒体与证券监管是两股重要的外部监督力量，在资本市场与公司治理中发挥关键性作用。然而，在社交媒体促使信息融入资本市场定价以及影响公司行为的作用过程中，同时存在理性与非理性的成分。因此证券监管机构也开始重视引导、规范社交媒体的相关信息发布行为，从而加强证券监管与社交媒体的配合与协同。鉴于此，本书以上市公司重大资产重组交易为研究样本，重点研究社交媒体与证券监管的协同治理问题，综合采用描述性统计、分组检验、OLS模型、事件研究法、时间序列分析、倾向匹配得分、文本分析等方法对相关研究内容进行深入分析，结论如下。

（1）社交媒体关注对资本市场反应的影响。第一，投资者社交媒体关注的增加导致更为正向的并购公告市场反应，并且市场反应在后期出现逆转，表明投资者社交媒体关注行为导致了并购公告市场定价的偏差。第二，有业绩承诺的并购交易投资者社交媒体关注程度更高，投资者需要利用社交媒体途径获取信息，从而导致了更为正向的并购公告市场反应。第三，信息披露质量差、市场化程度低的上市公司，投资者社交媒体关注导致的市场定价偏差更为显著，即信息披露质量和市场化程度的提高能够纠正投资者社交媒体关注导致的并购公告市场定价偏差，帮助投资者决策回归理性。第四，产权性质影响了投资者社交媒体关注行为导致的定价偏差，非国有企业的投资者社交媒体关注更容易导致正向的并购公告市场反应。

（2）交易所监管问询对资本市场反应的影响。第一，作为并购重组的重要监管信息，重组问询函发出的信号承载了相较于并购重组方案的增量信息，向投资者传递了有关监管层态度与专业判断的信号，具有信息含量，收到重组问询函的并购公告市场反应更差。第二，重组问询函文本特征对投资者决策的影响方面，研究发现收到的重组问询函涉及标的问题越多，并购公告市场反应越差。此外，监管层十一个审核要点中，只有问询函涉及关联交易问题时才会对并购公告市场反应产生负向影响，投资者对其他审核要点没有做出反应。这表明投资者能够利用交易所的重组问询函信息和信号进行决策，但是投资者使用得更多的是关于标的和关联交易这种比较明显易懂的风险，对于深度专业问题的理解有限。第三，重组问询函语调特征对投资者决策的影响方面，研究发现投资者能够从监管层语调中读出更多的信息并融入市场定价中，即问询函语调越负向，并购公告市场反应越差。第四，收到重组问询函的并购交易，未来发生商誉减值的风险更大，因此投资者基于问询函做出的市场反应是理性的。第五，有业绩承诺的并购交易和内部控制质量高的公司收到重组问询函时，并购公告市场反应更差。

（3）交易所监管问询与投资者社交媒体关注协同治理对资本市场反应的影响。第一，监管问询削弱了投资者社交媒体关注对并购公告市场反应单向为正的定价偏差效应，表明以监管问询为代表的交易所一线监管能够向投资者充分揭示风险，引导市场定价回归理性，一定程度上纠正了投资者行为偏差引致的市场失灵。第二，收到的重组问询函涉及标的问题越多，对投资者社交媒体关注导致的定价偏差的修正作用越明显，即标的质量能够影响并购公告市场反应。第三，收到重组问询函的语调越负面，修正投资者社交媒体关注引致的市场非理性定价的作用越显著。第四，有业绩承诺的并购交易和内部控制质量高的公司收到重组问询函时，其修正投资者社交媒体关注导致的定价偏差的作用更显著，这主要是因为基于贝叶斯原理，投资者对有业绩承诺的并购和内控质量高的公司更看好，导致其收到重组问询函时，被投资者认为是相对意外的信号，因此对其投资决策的修正作用更大。第五，企业的产权性质影响了交易所的治理效果，非国有企业中，问询函对社交媒体关注引致的市场非理性定价的修正作用更显著。

（4）交易所监管问询与投资者社交媒体负面讨论协同治理对资本市场反应的影响。第一，中小投资者股吧讨论越负面，公司并购公告市场反应越差。第二，交易所监管问询函的介入，加剧了社交媒体负面讨论导致的负向并购公告市场反应，且受问询函文本特征的影响，即重组问询函语调越负面，越能加剧社交媒体负面讨论导致的负向并购市场反应。第三，高溢价的并购事项收到重组问询函语调越负面，社交媒体负面关注引发的并购市场反应越差，这表明重组问询函具有治理作用，传递的"风险信号"能被投资者所接收，进而引起更为负面的市场反应。第四，采用非现金支付的并购交易，收到的重组问询函语调越负面，越能加剧社交媒体负面讨论导致的负向并购公告市场反应。

（5）交易所监管问询与投资者社交媒体负面讨论协同治理对管理层行为的影响。第一，中小投资者利用社交媒体发声，相互交流分享信息，通过信息效应、链接效应和舆论效应，促使公司终止了负面讨论多的并购。第二，在交易所问询监管介入后，中小投资者股吧讨论更能发挥治理效应，且当问询函所涉及的问题数量越多，相较于并购重组方案体现更多的增量信息，并购被终止的概率也越大。第三，在同一控制下的并购交易，收到重组问询函、问题数量越多时，并购被终止的可能性越高，这意味着监管问询对于同一控制下的并购交易改善信息披露质量效果更好，更利于社交媒体发挥集体智慧。第四，非现金支付的并购交易收到重组问询函、问题数量越多时，并购被终止的可能性越高，以上结果验证了非现金支付的并购交易存在更多的隐藏信息，也证实了交易所监管问询能够促进信息改善，利于投资者进行决策。第五，社交媒体负面讨论具有一定的预判性，投资者能够通过股吧讨论发挥群体智慧，且重组问询函能使公司增加信息披露，缓解信息不对称，进而降低股价崩盘风险。

以上结果表明社交媒体关注影响投资者买卖决策和管理层行为，进而对并购公告市场反应和并购终止产生影响。然而，单凭借社交媒体力量，难以获取并购全貌，交易所一线监管问询可以向投资者传递决策有用信息，帮助其进行投资决策。这意味着社交媒体发挥治理作用需要交易所监管介入，帮助投资者识别并购风险点，更好地保护中小投资者的权益。

9.2 创新点

（1）基于信息经济学理论，提出社交媒体讨论与证券监管协同发挥治理效应的研究框架。本成果基于行为金融理论、有效市场理论、信号理论等，重点探讨了投资者社交媒体讨论的理性与非理性作用，创造性地将证券监管纳入社交媒体治理作用的分析框架，形成了"社交媒体讨论—监管问询—外部治理效应"的协同治理机制，深化了对政府"有形之手"和社交媒体"无形之手"组合拳在资本市场治理中协同作用的认识，也对正确认识外部多种治理手段合力发挥作用提供了经验证据。

（2）从投资者社交媒体讨论和证券监管方面拓展了外部治理对并购价值创造影响的研究。并购价值创造一直是财务领域重点关注的话题。现有文献主要从效率理论、协同理论以及管理者过度自信理论等角度进行深入分析，为提升并购价值创造提供了经验证据。与现有研究不同，我们关注当前社会流行的社交媒体平台以及交易所监管问询对并购价值创造的作用，拓宽了并购价值影响因素的研究范畴。

（3）从并购视角为交易所一线监管的效果研究提供了经验证据。本成果基于我国制度背景，将监管问询纳入 Ang 等（2021）关于社交媒体负面讨论促使并购交易终止的研究框架中，进一步印证了监管介入对媒体监督机制作用发挥的重要性，回应了以 Leuz 和 Wysocki（2016）为代表的关于监管必要性的理论争议；并将重组问询函的研究范围从财务信息拓展到文本信息，拓宽了问询函信息的研究边界。

9.3 政策建议

证监会 2013 年 6 月 21 日新闻发布会指出,"微博、微信等社交媒体具有传播快、范围广、影响大的特点,已经成为传播上市公司信息的重要途径。社交媒体在发挥积极作用的同时,也伴生发布上市公司未公开信息、传播谣言等违规现象。当前,我会对社交媒体信息发布监管重点为规范发布信息的行为,引导上市公司提升对社交媒体的应对能力,营造有利于上市公司健康发展的信息环境,保障投资者公平获取信息"。

证监会对社交媒体监管主要通过发布相关政策,从三个角度进行社交媒体信息监管:一是明确上市公司使用社交媒体平台进行信息披露的相关要求和程序;二是规范上市公司在互联网信息发布中的行为,并明确了违法违规行为的处理办法;三是强调投资者在使用社交媒体平台获取信息时应具备适当的投资知识和风险意识,加强投资者教育。从证监会处罚和地方监管局的监管函信息可以看出,目前证监会和地方监管局的处罚式监管主要包含虚构(虚假)、遗漏、会计处理不当、披露不实、推迟披露、占用公司资产、内部交易、擅自改变资金用途、违规担保、违规买卖股票、未缴或少缴税款、偷税、虚开发票等,主要监管的是上市公司公告的信息内容。交易所对社交媒体的监管主要通过发放函件等非处罚性监管方式,并且根据统计,问询函和关注函中均关注网络和媒体相关内容,交易所也针对具体内容提出对应的问题。

基于以上分析基础,本书对进一步规范社交媒体信息行为、发挥社交媒体外部治理作用提出如下政策建议。

(1)完善社交媒体发布上市公司相关信息应遵守证券法律法规的规定。目前,《证券法》《上市公司信息披露管理办法》对社交媒体信息发布行为主要涉及三项禁止性规定:信息披露义务人在公司网站及其他媒体发布信息的时间不得先于指定媒体,不得以新闻发布或者答记者问等任何形式替代应当履行的报告、公告义务;在内幕信息依法披露前,任何知情人不得公开或者泄露该信息;各种传播媒介传播证券市场信息必须真实、客观,禁止误导,任何机构和个人不得提供、传播虚假或者误导投资者的上市公司信息。因此中国证监会及证券交易所需依法对社交媒体信息发布行为进行监督，建议如下。第一，明确上市公司及其管理人员在社交媒体平台上发布信息时，应当遵守证券法律法规对于信息披露的规定，这包括及时、准确、完整地披露重大事项和经营情况，避免发布虚假、误导性的信息。第二，严格要求上市公司和管理人员应当严格遵守内幕信息的保密义务，不得在社交媒体上泄露未公开的内幕信息。第三，上市公司和管理人员在社交媒体上发布的信息应当真实、准确、客观。避免散布虚假或误导性的信息，不得利用社交媒体传播不实的市场传闻或炒作信息，以免误导投资者。

（2）监管部门应当加强对社交媒体信息披露的监管。一是建立相应的监测机制和技术手段，及时发现潜在违规行为。随着信息技术进步和信息传播方式的重大转变，基于社交媒体的新型投资方式也在我国日益显现。一些社交媒体大V"控制"了大量散户，成为他们所谓的意见领袖。据悉，一些券商的经纪业务和基金的销售业务也开始依赖大V助力营销，可见其市场号召力之大。监管部门应加强对社交媒体大V的行为规范管理，明确禁止和查处大V利用散户资金操纵市场的行为。还应建立和完善基于大数据的社交媒体投资舆情监控系统，密切注意网络大V与金融机构、上市公司的合作动向，提前发现苗头，化解风险。二是社交媒体发布、传播上市公司未公开信息导致股价异常波动的，证券交易所将依法核查是否涉嫌内幕交易或操纵市场，是否存在通过融资融券交易、股指期货交易等做空工具进行跨市场套利等情形。任何机构和个人利用社交媒体实施内幕交易、操纵市场、证券欺诈等违法违规行为的，证监会将依法予以查处。同时，对于已经公开披露的信息，应当注意避免通过社交媒体发布可能引起误解或歧义的言论。

（3）监管部门与社交媒体协同监管。本研究表明社交媒体通过汇聚链接中小投资者形成群体智慧，通过舆论效应对上市公司并购决策产生一定影响。单仅凭社交媒体力量，难以迫使上市公司披露更多决策相关信息。随着交易所介入，向上市公司发出监管问询，可以促使其回应社交媒体关切，形成治理功能。这意味，在中国资本市场以中小投资者为主体的情景下，社交媒体与交易所"联手协同"，可以形成监督力量，改变中小投资者失声被动局面，更好地促进公司健康发展，未来应继续加强监管方式创新。

（4）上市公司应积极应对社交媒体的发展。第一，上市公司应当完善内部管理机制和责任追究机制，加强对公司网站、官方微博以及公司董监高人员等内部人员的认证微博或其他社交媒体的归口管理，从源头减少违规行为的发生。上市公司董监高等内幕信息知情人应当将其实名微博及有关变更等情况及时向公司备案。第二，对于上市公司之外的社交媒体信息，上市公司的管理落脚点在于及时发现、快速澄清。社交媒体信息造成公司股价异动时，公司首先要核查公司及控股股东、实际控制人有无应当披露未披露的信息，切实履行信息披露义务；必要时可申请停牌，快速澄清质疑；积极配合地方政府及相关主管部门进行事件查处工作；采取有效措施做好公司内部稳定工作，保证公司生产经营正常运行。

（5）加强投资者教育，提高投资者对于社交媒体信息的辨识能力和风险意识。通过发布风险提示和指导性意见，引导投资者理性参与，避免因社交媒体信息而盲目跟风或决策错误。

10 研究展望

当前中国经济已由高速增长阶段转向高质量发展阶段,实体经济需要着力发展。作为连接科技、资本与实体的枢纽,资本市场应担起服务实体经济高质量发展的责任,将要素资源配置到高质量发展最需要、最有效率的领域。然而,核准制等部分基础制度存在的不足制约了资本市场功能的发挥,资本市场配置要素资源、服务于实体经济的效率有待提升。

随着高质量发展对提升资本市场功能的需求显现,注册制改革应运而生。当前"一个核心、两个环节、三项市场化安排"的注册制架构也已初步建立,其中,"一个核心"是指以信息披露为核心。作为一项提升资本市场功能的重大改革,注册制改革坚持以信息披露为核心。注册制以信息披露为核心的理念如何影响资本市场功能发挥?为什么以信息披露为核心有助于提升资本市场功能?文章旨在探究上述问题,在揭示信息披露对资本市场功能发挥的影响路径的基础上,阐释注册制时代以信息披露为核心的理念对资本市场功能发挥的影响机理。研究贡献与意义在于以下方面。

(1) 当前正是资本市场全面深化改革的关键时期,亟须扎根于中国大地的注册制改革实践的整体理论框架类研究。本章研究上述一系列问题有助于各方明晰注册制架构设计背后的理论逻辑,有助于各方从路径与机理上深化注册制以信息披露为核心对提升市场功能的助益,且对于注册制全面实行及资本市场深化改革在理论基础与实践逻辑方面具有重要的参考价值。

(2) 弥补已有研究在以信息披露为核心的注册制强化市场功能的内在机理等方面的不足,为未来基于注册制改革研究提供理论框架参考,并期望能引导未来研究资源向资本市场深化改革领域集中。已有关于注册制改革的研究中,部分早期研究从注册制与核准制(沈朝晖,2011)、证券监管权重整(蒋大兴,2014)等方面出发探讨注册制内涵与外延相关问题；部分研究基于核准制下"壳"资源稀缺（邓路和周宁，2015）、IPO 资源争夺（王克敏等，2015）、被实质性审核否决公司重返 IPO（张学勇等，2020）等情景，所得结论为注册制推行必要性及决策启示提供参考；部分研究直面当下注册制改革，如杨宗杭等（2019）提出资本市场生态的优化路径，张宗新和滕俊樑（2020）实证检验了询价机制改革对市场定价效率的改进。然而，已有研究并未很好地阐释与揭示以信息披露为核心的注册制如何强化市场功能的内在机理，本章一定程度上弥补已有研究不足。

（3）借助我国以信息披露为核心的注册制落实这一研究情景与契机，基于信息披露经济后果的视角，为"披露之谜"的揭示、全面统一信息披露理论的形成提供重要参考。Verrecchia（2001）指出了全面、统一披露理论的缺乏，而这样的披露理论将成为一项有价值的研究成果。然而，时至今日，受限于研究情景等因素，这一问题并没有被很好地回应。当前中国资本市场注册制改革是市场整体层面的重大的、深化的改革，且信息披露居于核心地位的理念贯穿始终，为探讨这一重大理论问题提供了一次难得的研究情景与契机。

明晰信息披露对资本市场功能发挥的影响路径是研究"以信息披露为核心的理念对资本市场功能发挥的影响机理"这一问题的前提，因此本章在阐释影响机理之前，先行揭示信息披露对资本市场功能发挥的影响路径。在此基础上，本章基于若干视角阐释以信息披露为核心的理念对资本市场功能发挥的影响机理。进一步地，本章基于影响机理效能发挥分析了外部效应，并指出保障效能发挥的举措。

10.1 资本市场功能发挥的影响路径

公司发布信息披露可作为信息披露影响资本市场功能发挥的路径分析起点。假定暂不考虑其他利益相关者，仅从公司与投资者二者行为的过程及其后果出发，分析简化的情况。公司发布某一项特定的信息披露，并不一定意味着该项披露包含的信息会对投资者行为产生影响，甚至不一定意味着投资者能获得该项披露中的信息，这是因为从信息披露到投资者做出反应，需要经历一定的过程。信息并非直接以便于理解的、简化的形式向使用者呈现；相反，为获取信息，使用者必须对信息载体进行收集、抽取以及整理（克里斯滕森和德姆斯基，2006）。为打开从信息披露到投资者交易的"黑箱"，Blankespoor等（2019）提出了"信息使用顺序框架"。根据该框架，投资者将信息纳入交易决策的过程需要经历意识、获取与整合三个步骤。其中，意识是指投资者意识到某一项信息披露的存在；获取是指投资者自己（或外包给中介）从信息披露内容中提取定量和定性信息，并将该信息转化为便于使用的格式；整合是指投资者评估、结合与聚合信息并将其纳入评估模型和交易决策。

然而，事实上，从公司发布信息披露到投资者实际交易的过程可能比上述框架描述的还要复杂。本章试图在 Blankespoor等（2019）框架基础上改进后形成"从公司信息披露到投资者交易的投资者行为框架"（以下简称"投资者行为框架"或"行为框架"）以尽量细微地提炼刻画这一过程（见图10-1）。当然，该框架亦无法穷尽纷繁复杂的现实情况。

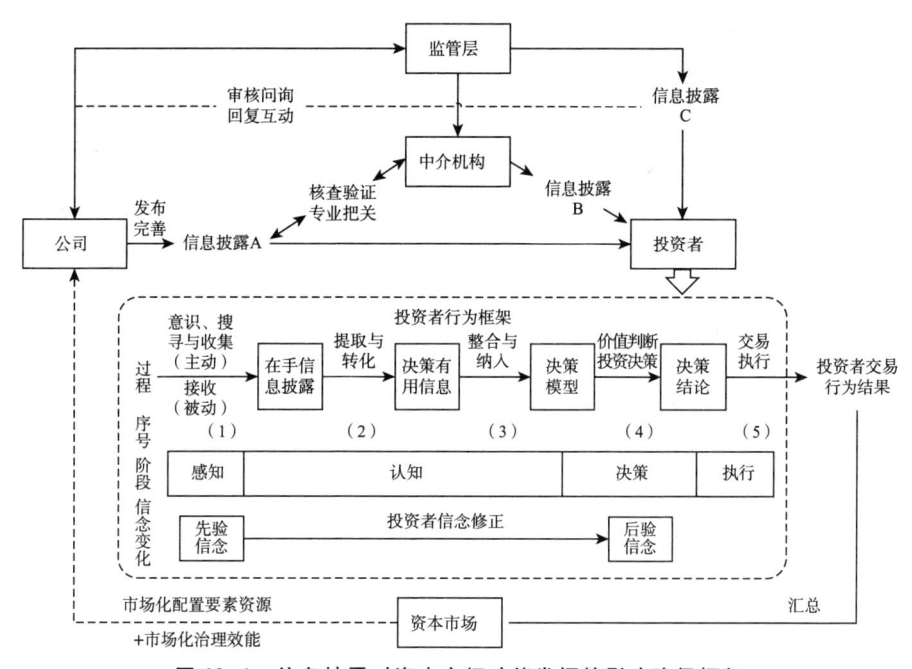

图10-1 信息披露对资本市场功能发挥的影响路径框架

（1）从外部信息披露到在手信息披露。为使公司发布的一项特定信息披露输入"投资者行为框架",即外部信息披露成为投资者的在手信息披露,投资者需要先意识到该信息披露的存在及其决策有用性,才会进一步通过信息渠道主动地搜寻、收集该信息披露。当然,这一过程也可以通过投资者被动地接收该信息披露来完成(如信息服务商通过移动终端推送消息等)。

(2)从在手信息披露到决策有用信息。投资者在手的信息披露内容繁乱庞杂,难以将其直接用于投资决策,需经凝练升华并转化为便于决策使用的形式,即将原始的信息披露提取、转化为对投资者决策有用的信息。例如,将"经营情况讨论与分析"中的业务数据从年度报告中提取,并转化为可视化图表形式。

(3)从决策有用信息到决策模型。经提取转化后的信息虽具备决策有用性,但投资者交易决策是一个复杂的、系统的过程,难以依据某一项信息披露中的单一信息进行投资决策。多项信息披露中的多项决策有用信息仍需进一步整合才能纳入投资者的决策模型。例如,投资者需要利用此前提取、转化得到的业务数据信息图表与财务数据信息图表,同时整合外部环境等相关信息,综合分析得出有关管理层经营业绩评价的结论,并纳入决策模型。除经营业绩评价、行业发展前景等其他多重决策有用信息可能同时被整合纳入决策模型。

(4)利用决策模型进行价值判断、投资决策,形成买入、卖出等结论。例如,某投资者的决策模型价值判断的逻辑在于,买入历史经营情况较好且行业具有发展前景公司的股票。

(5)投资者在资本市场中通过实际交易执行决策结论。

综上,从外部信息披露到投资者交易的过程是投资者感知信息存在、认知信息价值、依据信息决策、利用信息执行交易的过程。随着投资者对信息处理的深入,信息不断演化并逐渐修正投资者的信念。这一过程输入的变量是公司的信息披露,输出的变量是投资者行为结果。

进一步地,投资者进行价值判断与投资决策后,其执行或是不执行交易的行为结果汇总形成了市场价格。与 Hayek(1945)的思想相一致,价格系统可以被视为一种信息交流的机制,在一定程度上起到了聚合信息、协调资源配置的作用。当投资者行为结果汇总形成市场价格后,资本市场通过价格机制等进行要素资源的市场化配置,实现资本、实体经济、科技间的循环流通，从而发挥服务实体经济的功能。另外，从公司信息披露到资本市场功能发挥的路径中，监管层、中介机构等主体也起到了不可替代的作用。其中，监管层通过审核问询等方式督促公司完善信息披露，问询关键环节公开披露的文件本身也形成一项独特的信息披露；中介机构核验把关公司的信息披露。

10.2 加强信息披露对资本市场功能发挥的影响机理

10.2.1 公司信息披露与市场定价合理性视角

基于信息披露对资本市场功能发挥的影响路径（见图10-1），投资者将获取的信息披露提取转化为决策有用信息后融入价值判断与投资决策，而其行为结果汇总形成了价格，进一步促成价格信号以实现市场化的要素资源配置。在此过程中，信息披露通过修正投资者的信念对要素资源向实体配置的方向施加决定性影响，一定程度上决定了市场定价合理性、市场化资源配置效率乃至资本、科技、实体循环的水平高低。鉴于此，为阐释以信息披露为核心的理念对资本市场功能发挥的影响机理，首先需要从公司信息披露与市场定价合理性视角展开分析。

市场价格发现是一个复杂的、动态的过程，即市场价格受到连续不断的信息、谣言、影射等流动的冲击，经过试验和错误，完成聚合过程，进行调整以充分显示特定信号的影响（Lee，2001）。同时，价值判断与投资决策的做出、投资交易的执行、市场价格信号的形成是以信息披露为基础的，因而信息流贯穿于资本市场运作之中。

以信息披露为核心的理念正是基于对市场价格发现复杂性、动态性的认识，通过改善信息披露与聚合机制，进一步作用于市场定价与价格发现机制，提升价值相关信息纳入价格的效率。结合信息流的性质进行理解，以信息披露为核心理念下，信息披露的充分性得以提升，意味着信息流的"流量"增加；信息披露的真实性、准确性、完整性等得以改进，表明信息流"水质"的改善；信息披露的可读性、可理解性得以提高，昭示着信息流更加"清澈可见"；信息披露的针对性得以提升，反映出信息流的"聚焦"；信息披露的及时性得以提升，显示出信息流

"流速"的加快。

以信息披露为核心的理念不仅意味着信息供给性质的改善，还意味着从信息披露动机出发改善信息披露。信息披露按披露动机可以划分为法定信息披露与自愿信息披露。法定信息披露改善方面，以信息披露为核心的理念化发行条件中价值判断相关事项为信息披露要求，同时完善规则体系、强调各市场主体对信息披露的应尽责任；自愿信息披露改善方面，促进自愿披露功能上实现扬长避短，即发挥自愿披露在丰富信息披露内容等方面的长处，抑制管理层机会主义披露等短处。

资本市场中，由投资者与企业家之间的信息差异和动机冲突引起的"柠檬市场"问题阻碍经济资源的有效配置（Akerlof，1970；Healy and Palepu，2001）。以信息披露为核心的理念从信息供给性质、披露动机等方面出发，完善公司信息披露，改善公司信息环境，提升市场定价合理性，从而一定程度上有利于"柠檬市场"问题的解决与资本市场功能的提升。

10.2.2 投资者信息成本降低视角

为全面、深入阐释以信息披露为核心的理念能够促进资本市场功能提升的机理，不仅要从公司信息披露供给的视角来审视，还应基于投资者需求尤其是投资者信息成本降低的视角来分析。信息成本制约着外部信息披露经投资者处理融入资本市场的程度与效率，直接关系到市场配置资源的能力。考虑到信息成本问题的解决，当前以信息披露为核心理念的贯彻与执行如何在一定程度上起到了降低信息成本的作用？基于图 10-1 所示的"行为框架"分析：

以信息披露为核心的理念降低了投资者将外部信息披露"在手"的成本。以信息披露为核心的理念下，信息不对称程度得以降低，使得投资者可获得更可见、更透明的公司信息披露。由此，投资者更容易主动意识或被动接收到公司的某一项或是多项信息披露。同时，该理念下信息披露充分性与质量的提升意味着投资者投入更少的资源就可以主动搜寻、收集或是被动接收到更多、更优的信息披露。

以信息披露为核心的理念降低了投资者将在手信息披露提取转化为决策有用信息、进而整合与纳入决策模型的成本。未经处理的在手信息披露无法直接用于决策,需对其进行提取、转换与整合。实践中,投资者处理公司的信息披露需要消耗时间、精力和资金,同时能力的限制迫使投资者需要在公开的信息披露中分配有限的资源(Blankespoor et al., 2020)。以信息披露为核心的理念下,信息披露将更具针对性与可读性,同时中介机构对公司信息披露的核验和把关作用增强,意味着投资者可以花费更少的时间、精力与资金完成信息的处理,同时信息处理能力门槛也有了一定程度的降低。更为重要的是,以信息披露为核心的理念被充分贯彻于监管问询过程,信息处理成本得以更大程度地降低。具体地,监管层基于信息披露"刨根问底"式的问询促使公司不断完善信息披露,同时向市场公开披露问询及回复,从而以问询问题及回复引导投资者关注更具价值相关性的信息要点,低成本地提取、转化与整合更具决策有用性的信息。

由此可知,以信息披露为核心的理念下,投资者信息成本得以降低。进一步地,信息成本的降低可以通过改善基本估值、降低套利成本、降低噪声交易影响等路径,促使价格趋向于价值、形成正确价格信号。本章基于"行为-定价模型"阐释上述机理:根据 Shiller(1984)提出、经 Lee(2001)阐释的"行为-定价模型",市场价格 P_t 由公司的基本价值和 φ 倍的噪声交易者预期的未来需求决定;套利成本 φ 决定了基本价值与噪声交易者需求的相对重要性,即随着套利成本 φ 增加,噪声交易的相对重要性也随之增加,而基本估值在定价过程中的作用减弱。以信息披露为核心的理念下,投资者信息成本的降低的经济后果在于:①套利成本得以降低,使得噪声交易的相对重要性降低、基本估值相对重要性提升,进而使得市场定价更趋于价值;②市场基本价值评估更容易实现;③为引导噪声交易者回归价值投资、趋于价值投资者创造了条件。综上,基于投资者信息成本视角,以信息披露为核心的理念导致信息成本降低,促使资本市场信息效率提升,进而提升资本市场功能。

10.2.3 投资者认知与行为偏差矫正视角

以信息披露为核心的理念提升资本市场功能还在于对投资者认知与行为偏差的矫正。本章以确认性偏差矫正为例,阐释以信息披露为核心理念下的偏差矫正效应。确认性偏差是指寻求或解释证据的方式偏向于现有的信念、期望或在手假设（Nickerson，1998）。存在偏差的交易者因公开信号与他们此前的观点不一致而产生误解，而在股票层面上，相互矛盾的信号为存在偏差的交易者们提供了误解信息的"机会"，这就造成了意见的分歧（Pouget et al.，2017）。根据信息经济学的贝叶斯定理，其他条件一定，对未来发生的状态把握越大，信息服务对信念的修正作用越弱；收到的信号越"极端"，信念修正系数越大（洪剑峭和李志文，2004）。当新信息本身不足以刺激修正先验信念时，存在确定性偏差的投资者过于依赖已有的信念来判断未来状态，进而导致新信息难以修正投资者先验的信念。因此，确认性偏差矫正的关键在于提升信息披露有效性，使其达到足以刺激固执己见的投资者修正信念的水平。

以信息披露为核心的理念下，投资者信息成本得以降低，使得公司信息披露中决策有用的部分更易被投资者纳入决策模型。同时，公司信息披露的针对性与有效性得以提升，使得投资者自信息披露中获取的信号更具价值相关性、刺激程度更高。更为重要的是，在以信息披露为核心的监管问询下，投资者信息解读效力提升，即投资者在问询问题及回复中可以提取更为高质、更加"极端"的决策有用信号。受此影响，投资者信息修正系数增大。当刺激达到一定阈值时，投资者将质疑此前固执己见的正确性，从而根据新信息修正信念，最终促成正确价格信号的形成。在此过程中，投资者的确认性偏差得以矫正。

进一步地，以信息披露为核心的理念下通过矫正确认性偏差等投资者认知与行为偏差，降低偏差被纳入市场定价的程度，进而降低噪声交易的影响、促使市场定价回归理性，从而有利于资本市场优化资源配置功能的发挥。

10.2.4 市场化治理视角

注册制时代以信息披露为核心的理念下，资本市场的市场化治理效能得以优化，进而有效激励与约束公司管理者行为，引导资本、要素、资源向技术创新等关键领域配置与聚集，从而更好地服务实体经济。

高质量的信息披露能够改善公司信息环境，提升公司透明度，通过治理机制优化企业创新。Zhong（2018）阐释了透明度在促进创新激励和成果方面的独特作用和机制，即透明度使得管理者行为与创新结果的关系被更好地理解，减少管理者对失败创新带来的职业风险的担忧，直接促进了创新努力；还通过其在促进研发资金有效配置方面的治理作用，提高了创新效率。由此可知，以信息披露为核心理念在资本市场被贯彻与执行，可以通过透明度的市场化治理效能等路径，提升企业创新努力程度与效率。

信息披露能够发挥监督机制作用，以约束管理者按照股东的最佳利益行事，从而有利于解决代理成本假设预测的部分情况下管理者做出（次优）自我最大化决策的问题（Hope and Thomas，2008）。以信息披露为核心的理念下，信息披露更为充分，从而提升了投资者监督管理者的能力，即投资者能够更好地判断管理者行事对价值的创造或是减损，进而形成有效的市场约束。以信息披露为核心的理念助推形成对过度投资、内幕交易等行为的市场化约束机制，进而保障了资本市场发挥服务实体经济功能。

另外，以信息披露为核心的理念下促成的市场化治理还表现在监管问询的震慑效应、企业信息披露决策的同伴效应等方面。以信息披露为核心的理念下，监管问询不仅能够完善信息披露、降低信息处理成本，而且一定程度上对公司违法违规、欺诈发行等行为起到直接的震慑作用，进而有利于防止资本市场要素资源的错配。同伴企业的信息披露增加企业在资本市场上的可见度成本和声誉成本，引起企业披露信息，一定程度上塑造了企业的信息环境（Seo，2020）。

10.2.5 复杂系统与协同视角

从信息披露到资本市场功能发挥的影响路径（见图10-1）涉及公司、中介机构、监管层、投资者等多个主体，还涉及信息披露、交易决策、资本市场等多个要素，其中隐含着一个动态的复杂系统。这一复杂系统并不是将信息披露简单地作为一个部分，而是将以信息披露为核心理念融入资本市场改革与发展的顶层设计之中。以信息披露为核心的理念强调信息披露潜在的支配作用，即资本市场功能发挥的复杂系统中信息流对其他要素流的动态配置作用。有学者基于协同学的原理指出，没有生命的物质可自发组织并产生有意义的过程；作为有序组织事物的"无形的手"，"序参数"源自各部分的协作，而又支配着各部分的行为。

对于资本市场功能发挥背后隐含的复杂系统，信息披露担当了序参数角色，有序支配着这一复杂系统中的各主体、要素与作用机制。

具体地，在以信息披露为核心的理念下，注册制构架布局给予信息披露核心地位；各主体围绕着信息披露归位尽责，例如：发行人充分披露信息，中介机构尽职尽责核验把关信息披露，监管层审核问询督促信息披露，投资者利用披露信息判断价值与做出投资决策等；各机制基于信息披露的流动发挥效用，例如：通过制度安排化发行条件为信息披露要求，价值判断权交由市场，实现定价机制市场化；充分的信息披露提高企业透明度，发挥激励与监督作用，实现治理机制市场化；监管审核问询也以信息披露为核心，形成直接震慑违法违规、欺诈发行等行为的约束机制。

10.2.6　市场多重功能提升的动态平衡视角

资本市场功能提升不仅在于提升优化要素资源配置与服务实体经济的能力，还在于提升服务投资者财富管理的能力。截至2020年10月末，我国自然人投资者已达1.74亿。资本市场发展直接关系到广大投资者尤其是个人投资者财富管理利益。易会满（2019）指出："满足人民群众日益增长的财富管理需求，是新时代资本市场发展的重要使命。"于国，提升服务实体经济、助力高质量发展功能；于民，提升服务投资者财富管理功能，是提升资本市场功能的应有之义。

以信息披露为核心的理念下，信息披露有效性得到提升，更充分、更高质量的信息披露纳入投资决策与市场定价。这不仅使得更合理的市场定价引导要素资源被更优化地配置，而且促成了更加市场化的治理与约束机制以保障投资者权益，也意味着投资者自主价值判断与投资决策的信息需求得到满足。随着信息环境与透明度的改善，投资者财富与高附加值科技、优质实体匹配联结的可能性提升，也吸引更多居民财富向资本市场配置、更多优质企业进入资本市场、更多优势要素资源向资本市场聚集，从而有利于资本市场服务实体经济、服务投资者财富管理等方面的多重功能实现动态平衡。

10.3 外部治理协同效应分析

以信息披露为核心理念助力资本市场功能发挥的影响机理发挥效能，不仅对资本市场本身的深化改革、持续发展、服务技术创新与实体经济能力提升等方面大有助益，而且对资本市场外其他经济社会发展的领域产生正向作用，即带来了正外部效应。

从资本市场扩展到整个金融体系，以信息披露为核心理念助力资本市场功能发挥产生积极的外部效应，即对增强金融服务实体经济能力这一更大"课题"积累了实践经验，尤其是为以信息披露为核心的理念纳入整个金融体系深化改革提供了经验证据。

以信息披露为核心理念助力资本市场功能发挥更是一次国家治理体系与能力现代化在资本市场领域的有益探索。以信息披露为核心意味着，理念上以信息披露为核心、架构上以信息披露为基石、实施上以信息披露为着力点。基于系统论思想，从全局出发，在资本市场服务实体经济、服务投资者财富管理等多重目标中寻求功能提升的动态平衡。基于协同学思想，将以信息披露为核心理念融入资本市场改革与发展的顶层设计之中，发挥其有序组织支配的"无形的手"作用，而非简单地将信息披露作为资本市场运作系统的一部分。上述机理运作为治理体系与能力现代化提供了一定的经验参考。

10.4 研究结论、保障举措与展望

作为一项提升资本市场功能的重大改革，注册制改革坚持以信息披露为核心。本章聚焦于"注册制以信息披露为核心的理念为什么能够助力、如何助力资本市场功能提升"，在揭示信息披露对资本市场功能发挥的影响路径框架的基础上，阐释注册制时代以信息披露为核心理念对资本市场功能发挥的影响机理。研究发现：以信息披露为核心的理念，通过改善公司信息披露、降低投资者信息成本、纠正投资者认知与行为偏差、发挥市场化治理效能、优化复杂系统协同、寻求市场多重功能提升的动态平衡，助力资本市场功能提升。

未来全市场推行注册制，以信息披露为核心理念的覆盖面将更广、影响将更深远。为保障以信息披露为核心的理念对资本市场功能提升的影响机理效能发挥，需坚持的保障举措如下。

（1）坚持注册制构架各部分内在协同。"一个核心、两个环节、三项市场化安排"的注册制架构下，"一个核心"即以信息披露为核心作为关键组成部分，为更好地助益资本市场功能提升，需要处理好组成部分与注册制整体的关系。在树立注册制全局观念的基础上，以信息披露为核心的理念需要贯彻至交易所审核与证监会注册"两个环节"、上市条件、承销机制、审核注册机制"三项市场化安排"之中，"一个核心"需要"两个环节"与"三项市场化安排"支撑及保障。

（2）坚持有效市场和有为监管的有机结合。注册制时代以信息披露为核心理念之下，通过完善信息披露，将选择权交由资本市场以发挥其优化资源配置的功能，监管层则对价值与价格不作实质判断。然而，这并不意味着"无为"，而是需要监管理念与职能的转变。十九届五中全会提出，推动有效市场和有为政府更好结合。以信息披露为核心理念提升资本市场功能仍需坚持有效市场与有为监管的有机结合。资本市场功能有效发挥仍需要以信息披露为核心的监管保障，尤其是需要监管层通过问询式审核等方式促进信息披露"质"与"量"的改善，为投资者获取自主价值判断与投资决策的充分必要信息提供便利。

（3）坚持市场化与法治化方向相耦合。市场与法治本就密不可分，正如刘青松（2019）所指出的，法治能够起到约束市场"无形之手"的作用，保障市场规范与透明。同时，考虑到我国资本市场发展情况、市场运行中约束与保障机制不尽完善，市场化与法治化相耦合也是必要的。鉴于此，市场化与法治化方向相耦合是以信息披露为核心的理念下资本市场功能提升的有效保障。

当前正是资本市场全面深化改革关键时期，亟须扎根于中国大地的注册制改革等实践的研究涌现，以帮助各方深化理解资本市场改革背后的理论逻辑，进一步地争取为改革实践提供有益参考。期望通过本章这一整体理论框架与机理研究，帮助未来研究资源向资本市场深化改革领域集中。

参考文献

[1] 部慧,解峥,李佳鸿,吴俊杰. 基于股评的投资者情绪对股票市场的影响 [J]. 管理科学学报,2018（4）：86-101.

[2] 蔡庆丰,田霖. 产业政策与企业跨行业并购：市场导向还是政策套利 [J]. 中国工业经济,2019（1）：81-99.

[3] 蔡晓慧,茹玉骢. 地方政府基础设施投资会抑制企业技术创新吗？——基于中国制造业企业数据的经验研究 [J]. 管理世界,2016（11）：32-52.

[4] 曹宁,李善民. 并购重组中内幕交易为何如此频繁？——基于社会关系视角的经验研究 [J]. 北京工商大学学报（社会科学版）,2019（1）：9-19.

[5] 曹廷求,张钰,刘舒. 董事网络、信息不对称和并购财富效应 [J]. 经济管理,2013（8）：41-52.

[6] 岑维,李士好,童娜琼. 投资者关注度对股票收益与风险的影响——基于深市"互动易"平台数据的实证研究 [J]. 证券市场导报,2014（7）：40-47.

[7] 岑维,童娜琼,何潇悦. 投资者关注度与中小股东利益保护——基于深交所"互动易"平台数据的实证研究 [J]. 证券市场导报,2016（2）：54-62.

[8] 陈仕华,姜广省,卢昌崇. 董事联结、目标公司选择与并购绩效——基于并购双方之间信息不对称的研究视角 [J]. 管理世界,2013（12）：117-132.

[9] 陈仕华,卢昌崇,姜广省,王雅茹. 国企高管政治晋升对企业并购行为的影响——基于企业成长压力理论的实证研究 [J]. 管理世界,2015（9）：125-136.

[10] 陈涛,李善民. 支付方式与收购公司财富效应 [J]. 证券市场导报,2011（2）：49-53.

[11] 陈信元，黄俊. 政府干预、多元化经营与公司业绩 [J]. 管理世界，2007（1）：92-97.

[12] 陈信元，张田余. 兼并收购中目标公司定价问题的探讨 [J]. 南开管理评论，1999（3）：4-8.

[13] 陈运森，邓祎璐，李哲. 非处罚性监管具有信息含量吗？——基于问询函的证据 [J]. 金融研究，2018（4）：155-171.

[14] 陈运森，邓祎璐，李哲. 证券交易所一线监管的有效性研究：基于财务报告问询函的证据 [J]. 管理世界，2019，35（3）：169-185+208.

[15] 陈泽艺，李常青，魏志华. 媒体负面报道影响并购成败吗——来自上市公司重大资产重组的经验证据 [J]. 南开管理评论，2017（1）：96-107.

[16] 陈张杭健，吴粤，李世炳，任飞. 股吧个体信息交互对股价联动关系的影响研究 [J]. 管理科学学报，2021（5）：47-69.

[17] 戴晓凤，杨军，张清海. 中国股票市场的弱式有效性检验：基于单位根方法 [J]. 系统工程，2005（11）：23-28.

[18] 邓路，周宁. 市场时机、反向收购及其经济后果——基于"山煤国际"的案例研究 [J]. 中国工业经济，2015（1）：147-159.

[19] 邓祎璐，陆晨，兰天琪，陈运森. 非处罚性监管与企业风险承担——基于财务报告问询函的证据 [J]. 财经研究，2021（8）：123-138.

[20] 丁慧，吕长江，陈运佳. 投资者信息能力：意见分歧与股价崩盘风险——来自社交媒体"上证e互动"的证据 [J]. 管理世界，2018（9）：161-171.

[21] 丁慧，吕长江，黄海杰. 社交媒体、投资者信息获取和解读能力与盈余预期——来自"上证e互动"平台的证据 [J]. 经济研究，2018（1）：153-168.

[22] 董大勇，肖作平. 证券信息交流家乡偏误及其对股票价格的影响：来自股票论坛的证据 [J]. 管理世界，2011（1）：52-61.

[23] 窦超，罗劲博. 中小股东利用社交媒体"发声"能否改善高管薪酬契约 [J]. 财贸经济，2020（12）：85-100.

[24] 杜兴强，聂志萍. 中国资本市场的中长期动量效应和反转效应——基于 Fama 和 French 三因素模型的进一步研究 [J]. 山西财经大学学报, 2007 (12)：16-23.

[25] 段江娇，刘红忠，曾剑平. 中国股票网络论坛的信息含量分析 [J]. 金融研究, 2017 (10)：178-192.

[26] 范龙振. 深圳股票市场的弱有效性 [J]. 管理工程学报, 1998 (1)：35-38.

[27] 方红星，金玉娜. 高质量内部控制能抑制盈余管理吗？——基于自愿性内部控制鉴证报告的经验研究 [J]. 会计研究, 2011 (8)：53-60.

[28] 方军雄. 政府干预、所有权性质与企业并购 [J]. 管理世界, 2008 (9)：118-123+148+188.

[29] 冯科，杨威. 并购商誉能提升公司价值吗？——基于会计业绩和市场业绩双重视角的经验证据 [J]. 北京工商大学学报（社会科学版）, 2018 (3)：20-32.

[30] 冯旭南. 中国投资者具有信息获取能力吗？——来自"业绩预告"效应的证据 [J]. 经济学（季刊）, 2014 (2)：1065-1090.

[31] 傅祥斐，崔永梅，赵立彬. 监管问询函有风险预警作用吗？——基于证券交易所重组问询函的证据 [J]. 证券市场导报, 2020 (8)：12-21.

[32] 傅祥斐，张绥阳，赵立彬. 投资者能接收到监管层的弦外之音吗？——基于交易所重组问询函的文本分析 [J]. 财会通讯, 2022 (5)：79-83.

[33] 傅祥斐，郑雷，赵立彬. 投资者网络搜索、监管问询与并购公告市场反应 [J]. 财经论丛, 2020 (6)：63-73.

[34] 高榴，袁诗淼. 上市公司并购重组商誉及其减值问题探析 [J]. 证券市场导报, 2017 (12)：58-64.

[35] 葛结根. 并购支付方式与并购绩效的实证研究——以沪深上市公司为收购目标的经验证据 [J]. 会计研究, 2015 (9)：74-80.

[36] 郭冰，吕巍，周颖. 公司治理、经验学习与企业连续并购——基于我国上市公司并购决策的经验证据 [J]. 财经研究, 2011 (10)：

124-134.

[37] 郭飞, 周泳彤. 交易所年报问询函具有信息含量吗？[J]. 证券市场导报, 2018 (7): 20-28.

[38] 郭照蕊, 李一秀. 证券交易所监管问询有效性研究综述与展望[J]. 金融监管研究, 2020 (9): 81-98.

[39] 赫尔曼·哈肯. 大自然成功的奥秘: 协同学 [M]. 凌复华译, 上海译文出版社, 2018.

[40] 洪剑峭, 李志文. 会计学理论: 信息经济学的革命性突破 [M]. 清华大学出版社, 2004.

[41] 胡凡, 李科. 股价高估与商誉减值风险 [J]. 财经研究, 2019 (6): 71-85.

[42] 胡志强, 王雅格. 审核问询、信息披露更新与 IPO 市场表现——科创板企业招股说明书的文本分析 [J]. 经济管理, 2021 (4): 155-172.

[43] 黄创霞, 温石刚, 杨鑫, 文凤华, 杨晓光. 个体投资者情绪与股票价格行为的互动关系研究 [J]. 中国管理科学, 2020 (3): 191-200.

[44] 黄辉. 媒体负面报道、市场反应与企业绩效 [J]. 中国软科学, 2013 (8): 104-116.

[45] 姜付秀, 石贝贝, 马云飙. 信息发布者的财务经历与企业融资约束 [J]. 经济研究, 2016 (6): 83-97.

[46] 姜付秀, 张敏, 陆正飞, 陈才东. 管理者过度自信、企业扩张与财务困境 [J]. 经济研究, 2009 (1): 131-143.

[47] 蒋大兴. 隐退中的"权力型"证监会——注册制改革与证券监管权之重整 [J]. 法学评论, 2014 (2): 39-53.

[48] 蒋弘, 刘星. 股权制衡、并购信息披露质量与主并公司价值——基于中国上市公司的模型与实证研究 [J]. 管理工程学报, 2012 (4): 17-25.

[49] 金德环, 李岩. 投资者互动与股票收益——来自社交媒体的经验证据 [J]. 金融论坛, 2017 (5): 72-80.

[50] 克里斯滕森, 德姆斯基. 会计理论 [M]. 程小可等译, 中国人民大学出版社, 2006.

[51] 赖步连, 杨继东, 周业安. 异质波动与并购绩效——基于中国上市

公司的实证研究[J].金融研究,2006(12):126-139.

[52] 赖黎,巩亚林,夏晓兰,马永强.管理者从军经历与企业并购[J].世界经济,2017(12):141-164.

[53] 李彬,秦淑倩.管理层能力、投资银行声誉与并购绩效反应[J].北京交通大学学报(社会科学版),2016(2):61-70.

[54] 李春涛,张计宝,张璇.年报可读性与企业创新[J].经济管理,2020(10):156-173.

[55] 李广众,朱佳青,李杰,李新春.经理人相对绩效评价与企业并购行为:理论与实证[J].经济研究,2020(3):65-82.

[56] 李琳,张敦力,夏鹏.年报监管、内部人减持与市场反应——基于深交所年报问询函的研究[J].当代财经,2017(12):108-119.

[57] 李明辉,吴小伟,周斌泉.公司并购支付方式与股票市场反应——来自中国上市公司的证据[J].华东师范大学学报(哲学社会科学版),2018(5):152-161+177.

[58] 李旎,文晓云,郑国坚.并购交易中的信息传递机制研究——基于业绩承诺的视角[J].南方经济,2019(6):29-47.

[59] 李善民,陈玉罡.上市公司兼并与收购的财富效应[J].经济研究,2002(11):27-35.

[60] 李善民,郑南磊.目标公司规模与并购绩效——青岛啤酒、燕京啤酒产业整合策略比较研究[J].证券市场导报,2008(1):47-55.

[61] 李善民,朱滔.多元化并购能给股东创造价值吗?——兼论影响多元化并购长期绩效的因素[J].管理世界,2006(3):129-137.

[62] 李晓溪,饶品贵,岳衡.年报问询函与管理层业绩预告[J].管理世界,2019(8):173-188+192.

[63] 李晓溪,杨国超,饶品贵.交易所问询函有监管作用吗?——基于并购重组报告书的文本分析[J].经济研究,2019(5):181-198.

[64] 李增泉,余谦,王晓坤.掏空、支持与并购重组——来自我国上市公司的经验证据[J].经济研究,2005(1):95-105.

[65] 林慧婷,何玉润,刘金雅.财务报告问询函压力与企业金融化[J].会计研究,2021(9):65-76.

[66] 林乐,谢德仁.投资者会听话听音吗?——基于管理层语调视角的

实证研究 [J]. 财经研究, 2016 (7): 28-39.

[67] 林学军, 官玉霞. 融资约束与企业并购——来自中国上市公司的经验证据 [J]. 南京审计大学学报, 2020 (3): 51-60.

[68] 刘柏, 卢家锐. 交易所一线监管能甄别资本市场风险吗？——基于年报问询函的证据 [J]. 财经研究, 2019 (7): 45-58.

[69] 刘健, 刘春林. 不确定性下关联股东网络的并购经验与并购绩效研究 [J]. 南开管理评论, 2016 (3): 4-17.

[70] 刘青松. 当前资本市场实现高质量发展迫切需要处理好三大属性之间的关系 [J]. 中证金融与法律研究, 2019 (1): 1-4.

[71] 刘笑萍, 黄晓薇, 郭红玉. 产业周期、并购类型与并购绩效的实证研究 [J]. 金融研究, 2009 (3): 135-153.

[72] 罗劲博, 熊艳. 中小股东"在线发声"与企业会计稳健性——来自雪球论坛的证据 [J]. 财经研究, 2021 (12): 150-165.

[73] 吕长江, 韩慧博. 业绩补偿承诺、协同效应与并购收益分配 [J]. 审计与经济研究, 2014 (6): 3-13.

[74] 马骥, 郭睿. 中国股票市场波动性的实证分析 [J]. 哈尔滨工业大学学报, 2004 (6): 829-832.

[75] 南晓莉. 新媒体时代网络投资者意见分歧对IPO溢价影响——基于股票论坛数据挖掘方法 [J]. 中国软科学, 2015 (10): 155-165.

[76] 聂萍, 潘再珍, 肖红英. 问询函监管能改善公司的内部控制质量吗？——来自沪深交易所年报问询的证据 [J]. 会计研究, 2020 (12): 153-170.

[77] 聂萍, 潘再珍. 问询函监管与大股东"掏空"——来自沪深交易所年报问询的证据 [J]. 审计与经济研究, 2019 (3): 91-103.

[78] 聂萍, 徐筱. 交易所问询与企业过度投资——基于沪深交易所年报问询函的经验证据 [J]. 财经理论与实践, 2021 (1): 48-54.

[79] 潘红波, 夏新平, 余明桂. 政府干预、政治关联与地方国有企业并购 [J]. 经济研究, 2008 (4): 41-52.

[80] 潘红波, 余明桂. 支持之手、掠夺之手与异地并购 [J]. 经济研究, 2011 (9): 108-120.

[81] 裴瑱, 彭飞. 文化距离与中国海外并购绩效：基于跨国并购经验的

实证研究 [J]. 经济经纬, 2019 (5): 72-78.

[82] 彭志, 肖土盛. 上市公司并购重组与内幕交易行为研究 [J]. 证券市场导报, 2018 (1): 30-39.

[83] 任宏达, 王琨. 产品市场竞争与信息披露质量——基于上市公司年报文本分析的新证据 [J]. 会计研究, 2019 (3): 32-39.

[84] 任力, 何苏燕. 并购溢价对股权质押时机选择影响的经验研究 [J]. 会计研究, 2020 (6): 93-107.

[85] 沈朝晖. 流行的误解："注册制"与"核准制"辨析 [J]. 证券市场导报, 2011 (9): 14-23.

[86] 沈艺峰, 杨晶, 李培功. 网络舆论的公司治理影响机制研究——基于定向增发的经验证据 [J]. 南开管理评论, 2013 (3): 80-88.

[87] 施荣盛, 陈工孟. 个人投资者能够解读公开信息吗？——基于盈余公告附近信息需求行为的研究 [J]. 证券市场导报, 2012 (9): 16-21.

[88] 施荣盛. 投资者关注与分析师评级漂移——来自中国股票市场的证据 [J]. 投资研究, 2012 (6): 133-145.

[89] 石昕, 陈文瑞, 刘峰. 证券交易所问询监管与会计稳健性 [J]. 经济管理, 2021 (12): 170-186.

[90] 宋淑琴, 代淑江. 管理者过度自信、并购类型与并购绩效 [J]. 宏观经济研究, 2015 (5): 139-149.

[91] 宋希亮, 张秋生, 初宜红. 我国上市公司换股并购绩效的实证研究 [J]. 中国工业经济, 2008 (7): 111-120.

[92] 宋晓华, 蒋雨晗, 魏烁. 公众公司、公司规模与并购绩效——基于中国上市公司数据的实证分析 [J]. 管理世界, 2016 (11): 182-183.

[93] 孙甲奎, 肖星. 独立董事投行经历与上市公司并购行为及其效应研究——来自中国市场的证据 [J]. 会计研究, 2019 (10): 64-70.

[94] 孙鲲鹏, 王丹, 肖星. 互联网信息环境整治与社交媒体的公司治理作用 [J]. 管理世界, 2020 (7): 106-132.

[95] 孙自愿, 李影. 内控有效性、高管代理成本与多重并购绩效 [J]. 北京工商大学学报（社会科学版）, 2016 (4): 60-71.

[96] 谭松涛, 阚铄, 崔小勇. 互联网沟通能够改善市场信息效率吗？——基于深交所"互动易"网络平台的研究 [J]. 金融研究,

2016 (3)：174-188.

[97] 唐建新,陈冬.地区投资者保护、企业性质与异地并购的协同效应 [J].管理世界,2010 (8)：102-116.

[98] 陶雄华,曹松威.我国证券交易所问询函的公告效应分析 [J].统计与决策,2018 (23)：167-170.

[99] 田高良,韩洁,李留闯.连锁董事与并购绩效——来自中国A股上市公司的经验证据 [J].南开管理评论,2013 (6)：112-122.

[100] 田高良,封华,于忠泊.资本市场中媒体的公司治理角色研究 [J].会计研究,2016 (6)：21-29+94.

[101] 万良勇,胡璟.网络位置、独立董事治理与公司并购——来自中国上市公司的经验证据 [J].南开管理评论,2014 (2)：64-73.

[102] 王丹,孙鲲鹏,高皓.社交媒体上"用嘴投票"对管理层自愿性业绩预告的影响 [J].金融研究,2020 (11)：188-206.

[103] 王克敏,杨国超,刘静.IPO资源争夺、政府补助与公司业绩研究 [J].管理世界,2015 (9)：147-157.

[104] 王克敏,王华杰,李栋栋.年报文本信息复杂性与管理者自利——来自中国上市公司的证据 [J].管理世界,2018 (12)：120-132+194.

[105] 王立荣,李成宇,洪嘉阳.我国各行业股票收益率的分布特征 [J].当代经济研究,2018 (8)：53-60.

[106] 王姝勋,董艳.期权激励与企业并购行为 [J].金融研究,2020 (3)：169-188.

[107] 王小鲁,樊纲,余静文.中国分省份市场化指数报告（2016）[M].社会科学文献出版社,2017.

[108] 王艳,阚铄.企业文化与并购绩效 [J].管理世界,2014 (11)：146-157.

[109] 王艳,李善民.社会信任是否会提升企业并购绩效？[J].管理世界,2017 (12)：125-140.

[110] 王艳艳,何如桢,于李胜,庄婕.管理层能力与年报柔性监管——基于年报问询函收函和回函视角的研究 [J].会计研究,2020 (12)：59-70.

[111] 吴超鹏, 吴世农, 郑方镳. 管理者行为与连续并购绩效的理论与实证研究 [J]. 管理世界, 2008 (7): 126-133.

[112] 吴建祖, 陈丽玲. 高管团队并购经验与企业海外并购绩效: 高管团队薪酬差距的调节作用 [J]. 管理工程学报, 2017 (4): 8-14.

[113] 谢德仁, 林乐. 管理层语调能预示公司未来业绩吗？——基于我国上市公司年度业绩说明会的文本分析 [J]. 会计研究, 2015 (2): 20-27.

[114] 谢德仁, 张高菊. 金融生态环境、公司治理与债务重组: 经验证据 [A]. 中国会计学会、中国会计学会教育分会, 2006: 9.

[115] 辛宇, 李天钰, 吴雯敏. 上市公司的并购、估值与股价崩溃风险研究 [J]. 中山大学学报（社会科学版）, 2015 (3): 200-212.

[116] 徐巍, 姚振晔, 陈冬华. 中文年报可读性: 衡量与检验 [J]. 会计研究, 2021 (3): 28-44.

[117] 许涤龙, 李正辉. 我国宏观金融风险主体的博弈行为分析 [J]. 财经理论与实践, 2001 (1): 14-15.

[118] 许涤龙, 王珂英. 上海股市有效性与可预测性并存的实证研究 [J]. 经济问题, 2003 (7): 2-4.

[119] 薛爽, 王禹. 科创板 IPO 审核问询有助于新股定价吗？——来自机构投资者网下询价意见分歧的经验证据 [J]. 财经研究, 2022 (1): 138-153.

[120] 杨超, 谢志华, 宋迪. 业绩承诺协议设置、私募股权与上市公司并购绩效 [J]. 南开管理评论, 2018 (6): 198-209.

[121] 杨德明, 赵璨. 媒体监督、媒体治理与高管薪酬 [J]. 经济研究, 2012 (6): 116-126.

[122] 杨凡, 张玉明. 互联网沟通能降低股价同步性吗？——来自"上证 e 互动"的证据 [J]. 中南财经政法大学学报, 2020 (6): 108-119.

[123] 杨凡, 张玉明. 投资者社交媒体"发声"与企业技术创新——基于信息效应和治理效应的研究 [J]. 山西财经大学学报, 2021 (11): 115-126.

[124] 杨海波, 李建勇. 问询监管的市场反应——基于深交所数据的实证

分析 [J]. 北京工商大学学报（社会科学版），2018（2）：84-93.

[125] 杨晶，沈艺峰，李培功. 网络负面舆论对高管薪酬公平与效率的影响 [J]. 经济管理，2017（2）：117-134.

[126] 杨晶，沈艺峰，熊艳. "散户"积极主义与公司现金股利政策——以舆论关注为研究视角 [J]. 厦门大学学报（哲学社会科学版），2017（2）：106-117.

[127] 杨晓兰，沈翰彬，祝宇. 本地偏好、投资者情绪与股票收益率：来自网络论坛的经验证据 [J]. 金融研究，2016（12）：143-158.

[128] 杨晓兰，高媚，朱淋. 社会互动对股票市场的影响——基于新浪财经博客的实证分析 [J]. 证券市场导报，2016（7）：50-58.

[129] 杨宗杭，曹硕，杨琨. 我国资本市场生态的特点、问题及优化路径 [J]. 证券市场导报，2019（5）：4-13+21.

[130] 易会满. 敢担当善作为 站稳人民立场 努力实现新时代资本市场高质量发展 [J]. 旗帜，2019（11）：40-42.

[131] 余光，杨荣. 企业购并股价效应的理论分析和实证分析 [J]. 当代财经，2000（7）：70-74.

[132] 余明桂，卞诗卉. 高质量的内部控制能否减少监管问询？——来自交易所年报问询函的证据 [J]. 中南大学学报（社会科学版），2020（1）：22-31.

[133] 翟进步，李嘉辉，顾桢. 并购重组业绩承诺推高资产估值了吗 [J]. 会计研究，2019（6）：35-42.

[134] 翟玲玲，吴育辉. 信用评级的融资与监督效应——来自企业并购的证据 [J]. 南开管理评论，2021（1）：27-38+45-47.

[135] 翟淑萍，王敏，韩贤. 交易所财务问询监管与会计信息可比性——直接影响与溢出效应 [J]. 当代财经，2020（10）：124-137.

[136] 翟淑萍，王敏. 非处罚性监管提高了公司业绩预告质量吗——来自财务报告问询函的证据 [J]. 山西财经大学学报，2019（4）：92-107.

[137] 张兵，李晓明. 中国股票市场的渐进有效性研究 [J]. 经济研究，2003（1）：54-61.

[138] 张继德，廖微，张荣武. 普通投资者关注对股市交易的量价影

响——基于百度指数的实证研究 [J]. 会计研究, 2014 (8): 52-59.

[139] 张继德, 张荣武, 徐文仲. 并购重组公告的短期财富效应研究——基于投资者有限注意的视角 [J]. 北京工商大学学报 (社会科学版), 2015 (6): 77-85.

[140] 张继勋, 张广冬, 杨小娟. 社交媒体建议理由具体性、发帖人经验与投资者判断——一项实验研究 [J]. 南开管理评论, 2021 (1): 131-135+161-166.

[141] 张俊生, 汤晓建, 李广众. 预防性监管能够抑制股价崩盘风险吗?——基于交易所年报问询函的研究 [J]. 管理科学学报, 2018 (10): 112-126.

[142] 张双鹏, 周建. 投资者如何将多重信息转化为确定的判断?——代表性信号与并购市场反应构型研究 [J]. 经济管理, 2019 (9): 75-91.

[143] 张雯, 张胜, 李百兴. 政治关联、企业并购特征与并购绩效 [J]. 南开管理评论, 2013 (2): 64-74.

[144] 张晓宇, 徐龙炳. 限售股解禁、资本运作与股价崩盘风险 [J]. 金融研究, 2017 (11): 158-174.

[145] 张新. 并购重组是否创造价值 [J]. 经济研究, 2003 (6): 20-29.

[146] 张学勇, 陈然, 魏旭. 承销商与重返IPO表现: 基于信息不对称的视角 [J]. 经济研究, 2020 (1): 164-180.

[147] 张岩. 问询函监管与企业的真实盈余管理对策 [J]. 当代财经, 2020 (3): 90-101.

[148] 张宗新, 滕俊樑. 注册制询价改革能否提高IPO定价效率?——基于科创板试点注册制改革的研究视角 [J]. 上海金融, 2020 (8): 24-30.

[149] 赵立彬, 傅祥斐, 李莹, 赵妍. 交易所问询函能识别公司内控风险吗?——基于年报问询函的经验证据 [J]. 南方金融, 2020 (10): 40-51.

[150] 赵立彬, 赵妍, 周芳芳, 傅祥斐. 并购重组内幕交易与股价崩盘风险 [J]. 证券市场导报, 2021 (5): 2-12.

[151] 赵妍, 崔永梅, 赵立彬. IPO 公司并购、股价操纵与大股东减持 [J]. 华南师范大学学报（社会科学版）, 2016 (3)：133-139.

[152] 曾庆生, 周波, 张程, 等. 年报语调与内部人交易："表里如一"还是"口是心非"？[J]. 管理世界, 2018 (9)：143-160.

[153] 曾颖. 资产注入：支付手段与市场反应 [J]. 证券市场导报, 2007 (10)：29-33.

[154] 郑国坚, 蔡贵龙, 卢昕. "深康佳"中小股东维权："庶民的胜利"抑或"百日维新"？——一个中小股东参与治理的分析框架 [J]. 管理世界, 2016 (12)：145-158+188.

[155] 郑丽雅, 易宪容. 美股"游戏驿站"事件：反思与镜鉴 [J]. 证券市场导报, 2021 (5)：56-62.

[156] 周菊, 陈欣. 并购重组支付方式与并购溢价——基于交易成本与信息不对称的解释 [J]. 投资研究, 2019 (12)：81-93.

[157] 周四军. 中国股市的弱式有效性检验 [J]. 统计与信息论坛, 2003 (2)：42-44.

[158] 朱孟楠, 梁裕珩, 吴增明. 互联网信息交互网络与股价崩盘风险：舆论监督还是非理性传染 [J]. 中国工业经济, 2020 (10)：81-99.

[159] Abadie A, Imbens G W. Large Sample Properties of Matching Estimators for Average Treatment Effects [J]. *Econometrica*, 2006, 74 (1)：235-267.

[160] Aboody D, Lehavy R, Trueman B. Limited Attention and the Earnings Announcement Returns of Past Stock Market Winners [J]. *Review of Accounting Studies*, 2010, 15 (2)：317-344.

[161] Ackert L, Deaves R. Behavioral Finance: Psychology, Decision-making, and Markets [M]. *Cengage Learning*, 2009.

[162] Agarwal S, Gupta S, and Israelsen R D. Public and Private Information: Firm Disclosure, SEC Letters, and the JOBS [J]. Working Paper, 2017.

[163] Agrawal A, Jaffe J F, Mandelker G N. The Post-merger Performance of Acquiring Firms: A Reexamination of an Anomaly [J]. *The Journal of Finance*, 1992, 47 (4)：1605-1621.

[164] Akerlof G A. The Market for "Lemons": Quality Uncertainty and the Market Mechanism [J]. The Quarterly Journal of Economics, 1970, 84 (3): 488-500.

[165] Alexandridis G, Antoniou A, Zhao H. Belief Asymmetry and Post Event Performance: The Case of Acquisition Returns [J]. Working Paper, 2005.

[166] Anantharaman D, He L. Regulatory Scrutiny and Reporting of Internal Control Deficiencies: Evidence from the SEC Comment Letters, 2017 *Canadian Academic Accounting Association (CAAA) Annual Conference.*

[167] Anderson D M. Taking Stock in China: Company Disclosure and Information in China's Stock Markets [J]. *Georgetown Law Journal*, 2000, 88 (6): 1919-1952.

[168] Andrade G, Mitchell M, Stafford E. New Evidence and Perspectives on Mergers [J]. *Journal of Economic Perspectives*, 2001, 15 (2): 103-120.

[169] Ang J S, Hsu C, Tang D, et al. The Role of Social Media in Corporate Governance [J]. *The Accounting Review*, 2021, 96 (2): 1-32.

[170] Antweiler W, Frank M Z. Is All That Talk Just Noise? The Information Content of Internet Stock Message Boards [J]. *Journal of Finance*, 2004, 59 (3): 1259-1294.

[171] Ashbaugh-Skaife H, Collins D W, Kinney W R. The Effect of SOX Internal Control Deficiencies on Firm Risk and Cost of Equity [J]. *Journal of Accounting Research*, 2009, 47 (1): 1-43.

[172] Asquith P, Bruner R F, Mullins Jr D W. The Gains to Bidding Firms From Merger [J]. *Journal of Financial Economics*, 1983, 11 (1-4): 121-139.

[173] Bachelier L. Théorie de la Spéculation [J]. *Annales Scientifiques De L École Normale Supérieure*, 1900, 3: 21-86.

[174] Bae K H, Kang J K, Kim J M. Tunneling or Value Added? Evidence from Mergers by Korean Business Groups [J]. *Journal of Finance*, 2002, 57 (6): 2695-2740.

[175] Ball R, Brown P R. Ball and Brown (1968): A Retrospective [J]. *Accounting Review*, 2013, 89 (1): 1-26.

[176] Banerjee A, Eckard E W. Are Mega-mergers Anticompetitive? Evidence from the First Great Merger Wave [J]. *The Rand Journal of Economics*, 1998, 29 (4): 803-827.

[177] Barber B M, Odean T. All That Glitters: The Effect of Attention and News on the Buying Behavior of Individual and Institutional Investors [J]. *Review of Financial Studies*, 2008, 21 (2): 785-818.

[178] Barberis N, Thaler R. A Survey of Behavioral Finance [M]. *Handbook of the Economics of Finance*, Elsevier, 2003: 1053-1128.

[179] Bartov E, Faurel L, Mohanram P S. Can Twitter Help Predict Firm-level Earnings and Stock Returns? [J]. *The Accounting Review*, 2018, 93 (3): 25-57.

[180] Baumeister R F, Bratslavsky E, Finkenauer C. Bad Is Stronger than Good [J]. *Review of General Psychology*, 2001, 5 (4): 323-370.

[181] Bednar M K. Watchdog or Lapdog? A Behavioral View of the Media as a Corporate Governance Mechanism [J]. *Academy of Management Journal*, 2012, 55 (1): 131-150.

[182] Bens D A, Cheng M, Neamtiu M. The Impact of SEC Disclosure Monitoring on the Uncertainty of Fair Value Estimates [J]. *The Accounting Review*, 2016, 91 (2): 349-375.

[183] Bharadwaj A, Shivdasani A. Valuation Effects of Bank Financing in Acquisitions [J]. *Journal of Financial Economics*, 2003, 67 (1): 113-148.

[184] Billett M T, Qian Y. Are Overconfident Managers Born or Made? Evidence of Self-attribution Bias from Frequent Acquirers [J]. *Working Paper*, 2005.

[185] Blankespoor E, deHaan E, Marinovic I. Disclosure Processing Costs, Investors' Information Choice, and Equity Market Outcomes: A Review [J]. *Journal of Accounting and Economics*, 2020, 70 (2-3): 1-46.

[186] Blankespoor E, deHaan E, Wertz J, et al. Why Do Individual Investors Disregard Accounting Information? The Roles of Information Awareness and Acquisition Costs [J]. *Journal of Accounting Research*, 2019, 57 (1): 53-84.

[187] Blankespoor E, Miller G S, White H D. The Role of Dissemination in Market Liquidity: Evidence from Firms'Use of Twitter [J]. *The Accounting Review*, 2014, 89 (1): 79-112.

[188] Bloomfield R J. The "Incomplete Revelation Hypothesis" and Financial Reporting [J]. *Accounting Horizons*, 2002, 16 (3): 233-243.

[189] Bonaime A, Gulen H, Ion M. Does Policy Uncertainty Affect Mergers and Acquisitions? [J]. *Journal of Financial Economics*, 2018, 129 (3): 531-558.

[190] Bozanic Z, Dietrich J R, Johnson B A. SEC Comment Letters and Firm Disclosure [J]. *Journal of Accounting and Public Policy*, 2017, 36 (5): 337-357.

[191] Bozanic Z, Dietrich J, Johnson B. The SEC Comment Letter Process and Firm Disclosure [J]. *SSRN Electronic Journal*, 2015.

[192] Bradley M, Desai A, Kim E H. Synergistic Gains from Corporate Acquisitions and Their Division between the Stockholders of Target and Acquiring Firms [J]. *Journal of Financial Economics*, 1988, 21 (1): 3-40.

[193] Brickley J A, Zimmerman J L. Corporate Governance Myths: Comments on Armstrong, Guay, and Weber [J]. *Journal of Accounting and Economics*, 2010, 50 (2-3): 235-245.

[194] Brockman P, Li X, Price S M. Do Managers Put Their Money Where Their Mouths Are? Evidence from Insider Trading after Conference Calls [J]. *Social Science Research Network Working Paper Series*, 2013.

[195] Brown C B. SEC Releases. Annual Report to Congress on the Dodd-Frank Whistleblower Program [C]. 2014.

[196] Brown S V, Ma G, Tucker J W. Financial Statement Dissimilarity and

SEC Scrutiny [J]. *Available at SSRN* 3384394, 2020.

[197] Brown S V, Tian X, Wu T J. The Spillover Effect of SEC Comment Letters on Qualitative Corporate Disclosure: Evidence from The Risk Factor Disclosure [J]. *Contemporary Accounting Research*, 2018, 35 (2): 622-656.

[198] Bruner R F. Does M&A Pay? A Survey of Evidence for the Decision-maker [J]. *Journal of Applied Finance*, 2002, 12 (1): 48-68.

[199] Cai Y, Sevilir M. Board Connections and M&A Transactions [J]. *Journal of Financial Economics*, 2012, 103 (2): 327-349.

[200] Campbell A, Leister M, Zenou Y. Social Media and Polarization [J]. *CEPR Discussion Papers*, 2019.

[201] Carow K, Heron R, Saxton T. Do Early Birds Get the Returns? An Empirical Investigation of Early-mover Advantages in Acquisitions [J]. *Strategic Management Journal*, 2004, 25 (6): 563-585.

[202] Cassell C A, Dreher L M, Myers L A. Reviewing the SEC's Review Process: 10-K Comment Letters and the Cost of Remediation [J]. *The Accounting Review*, 2013, 88 (6): 1875-1908.

[203] Chatterjee S. Sources of Value in Takeovers: Synergy or Restructuring-Implications for Target and Bidder Firms [J]. *Strategic Management Journal*, 1992, 13 (4): 267-286.

[204] Cheffins B R. Does Law Matter? The Separation of Ownership and Control in the United Kingdom [J]. *The Journal of Legal Studies*, 2001, 30 (2): 459-484.

[205] Chen H, De P, Hu Y J, et al. Wisdom of Crowds: The Value of Stock Opinions Transmitted through Social Media [J]. *The Review of Financial Studies*, 2014, 27 (5): 1367-1403.

[206] Chen J, Hong H, Stein J C. Forecasting Crashes: Trading Volume, Past Returns, and Conditional Skewness in Stock Prices [J]. *Journal of Financial Economics*, 2001, 61 (3): 345-381.

[207] Clark K, Ofek E. Mergers as a Means of Restructuring Distressed Firms: An Empirical Investigation [J]. *Journal of Financial and*

Quantitative Analysis, 1994, 29 (4): 541-565.

[208] Connelly B L, Certo S T, Ireland R D. Signaling Theory: A Review and Assessment [J]. *Journal of Management*, 2011, 37 (1): 39-67.

[209] Core J E, Guay W, Larcker D F. The Power of the Pen and Executive Compensation [J]. *Journal of Financial Economics*, 2007, 88 (1): 1-25.

[210] Cunningham L M, Johnson B A, Johnson E S. The Switch-up: An Examination of Changes in Earnings Management After Receiving SEC Comment Letters [J]. *Contemporary Accounting Research*, 2020, 37 (2): 917-944.

[211] Da Z, Engelberg J, Gao P. In Search of Attention [J]. *Journal of Finance*, 2011, 66 (5): 1461-1499.

[212] Das S R, Chen M Y. Yahoo! for Amazon: Sentiment Extraction from Small Talk on the Web [J]. *Management Science*, 2007, 53 (9): 1375-1388.

[213] Datta S, Iskandar-Datta M, Raman K. Executive Compensation and Corporate Acquisition Decisions [J]. *The Journal of Finance*, 2001, 56 (6): 2299-2336.

[214] DeLong G L. Stockholder Gains from Focusing versus Diversifying Bank Mergers [J]. *Journal of Financial Economics*, 2001, 59 (2): 221-252.

[215] Devers C E, McNamara G, Wiseman R M. Moving Closer to the Action: Examining Compensation Design Effects on Firm Risk [J]. *Organization Science*, 2008, 19 (4): 548-566.

[216] Diekens N. Information Asymmetry and Equity Issues [J]. *Journal of Financial & Quantitative Analysis*, 1991, 26 (2): 181-199.

[217] Donelson D C, Kartapanis A, Koutney C. SEC Non-GAAP Comment Letters and Firm Disclosures [J]. *SSRN Electronic Journal*, 2020.

[218] Doukas J A, Petmezas D. Acquisitions, Overconfident Managers and Self-Attribution Bias [J]. *European Financial Management*, 2007, 13 (9): 531-577.

[219] Drake M S, Roulstone D T, Thornock J R. Investor Information Demand: Evidence from Google Searches Around Earnings Announcements [J]. *Journal of Accounting Research*, 2012, 50 (4): 1001-1040.

[220] Drehmann M, Oechssler J, Roider A. Herding and Contrarian Behavior in Financial Markets: An Internet Experiment [J]. *American Economic Review*, 2005, 95 (5): 1403-1426.

[221] Drienko J, Sault S J. The Impact of Company Responses to Exchange Queries on the Australian Equity Market [J]. *Accounting and Finance*, 2011, 51 (4): 923-945.

[222] Drienko J, Sault S J. The Intraday Impact of Company Responses to Exchange Queries [J]. *Journal of Banking and Finance*, 2013, 37 (12): 4810-4819.

[223] Drienko J, Sault S J, Reibnitz A H V. Company Responses to Exchange Queries in Real Time [J]. *Pacific-Basin Finance Journal*, 2016, 45 (10): 116-141.

[224] Duan T, Li K, Rogo R, Zhang R. The Regulatory and Capital-Market Effects of a U. S. Approach to Enforcement: Evidence from China [J]. *SSRN Electronic Journal*, 2020.

[225] Dyck A, Volchkova N, Zingales L. The Corporate Governance Role of the Media: Evidence from Russia [J]. *The Journal of Finance*, 2008, 63 (3): 1093-1135.

[226] Elliott J A, Hanna J D. Repeated Accounting Write-offs and the Information Content of Earnings [J]. *Journal of Accounting Research*, 1996, 34: 135-155.

[227] Engelberg J, Sasseville C, Williams J. Market Madness? The Case of Mad Money [J]. *Management Science*, 2012, 58 (2): 351-364.

[228] Ettredge M, Heintz J, Li C, et al. Auditor Realignments Accompanying Implementation of SOX 404 ICFR Reporting Requirements [J]. *Accounting Horizons*, 2011, 25 (1): 17-39.

[229] Fama E F, Fisher L, Jensen M C. The Adjustment of Stock Prices to

New Information [J]. *International Economic Review*, 1969, 10 (1): 1-21.

[230] Fama E F. Efficient Capital Markets: A Review of Theory and Empirical Work [J]. *The Journal of Finance*, 1970, 25 (2): 383-417.

[231] Fellner G, Sutter M. Causes, Consequences, and Cures of Myopic Loss Aversion—An Experimental Investigation [J]. *The Economic Journal*, 2009, 119 (537): 900-916.

[232] Finkelstein S, Haleblian J. Understanding Acquisition Performance: The Role of Transfer Effects [J]. *Organization Science*, 2002, 13 (1): 36-47.

[233] Fischer B. Noise [J]. *Journal of Finance*, 1986, 41 (3): 529-543.

[234] Fishman M J. Preemptive Bidding and the Role of the Medium of Exchange in Acquisitions [J]. *The Journal of Finance*, 1989, 44 (1): 41-57.

[235] Flannery M J, Kwan S H, Nimalendran M. Market Evidence on the Opaqueness of Banking Firms' Assets [J]. *Journal of Financial Economics*, 2004, 71 (3): 419-460.

[236] Fuller K, Netter J, Stegemoller M. What Do Returns to Acquiring Firms Tell Us? Evidence from Firms that Make Many Acquisitions [J]. *The Journal of Finance*, 2002, 57 (4): 1763-1793.

[237] Gietzmann M B, Isidro H. Institutional Investors' Reaction to SEC Concerns about IFRS and US GAAP Reporting [J]. *Journal of Business Finance and Accounting*, 2013, 40 (7-8): 796-841.

[238] Gong N. Effectiveness and Market Reaction to the Stock Exchange's Inquiry in Australia [J]. *Journal of Business Finance & Accounting*, 2007, 34 (7-8): 1141-1168.

[239] Goodman T H, Neamtiu M, Shroff N, White H D. Management Forecast Quality and Capital Investment Decisions [J]. *The Accounting Review*, 2014, 89 (1): 331-365.

[240] Gregory A. An Examination of the Long Run Performance of UK Acquiring Firms [J]. *Journal of Business Finance and Accounting*, 1997, 7

(8): 971-1007.

[241] Grinstein Y, Hribar P. CEO Compensation and Incentives: Evidence from M&A Bonuses [J]. *Journal of Financial Economics*, 2004, 73 (1): 119-143.

[242] Gu F, Lev B. Overpriced Shares, Ill-advised Acquisitions, and Goodwill Impairment [J]. *The Accounting Review*, 2011, 86 (6): 1995-2022.

[243] Hadlock C J, Ryngaert M, Thomas S. Corporate Structure and Equity Offerings: Are There Benefits to Diversification? [J]. *The Journal of Business*, 2001, 74 (4): 613-635.

[244] Harrison D A, Klein K J. What's the Difference? Diversity Constructs as Separation, Variety, or Disparity in Organizations [J]. *Academy of Management Review*, 2007, 32 (4): 1199-1228.

[245] Hayek F A. The Use of Knowledge in Society [J]. *The American Economic Review*, 1945, 35 (4): 519-530.

[246] Hayn C, Hughes P J. Leading Indicators of Goodwill Impairment [J]. *Journal of Accounting, Auditing & Finance*, 2006, 21 (3): 223-265.

[247] Healy P M, Hutton A P, Palepu K G. Stock Performance and Intermediation Changes Surrounding Sustained Increases in Disclosure [J]. *Contemporary Accounting Research*, 1999, 16 (3): 485-520.

[248] Healy P M, Palepu K G. Information Asymmetry, Corporate Disclosure, and the Capital Markets: A Review of the Empirical Disclosure Literature [J]. *Journal of Accounting and Economics*, 2001, 31 (1-3): 405-440.

[249] Heese J, Khan M, Ramanna K. Is the SEC Captured? Evidence from Comment-letter Reviews [J]. *Journal of Accounting and Economics*, 2017, 64 (1): 98-122.

[250] Henry E. Are Investors Influenced by How Earnings Press Releases Are Written? [J]. *The Journal of Business Communication*, 2008, 45 (4): 363-407.

[251] Heron R, Lie E. Operating Performance and the Method of Payment in Takeovers [J]. *Journal of Financial and Quantitative Analysis*, 2002, 37 (1): 137-155.

[252] Hesarzadeh R, Bazrafshan A. Corporate Reporting Readability and Regulatory Review Risk [J]. *SSRN Electronic Journal*, 2019.

[253] Hirshleifer D, Myers J, Myers L, Teoh S. Do Individual Investors Cause Post-Earnings Announcement Drift? Direct Evidence from Personal Trades [J]. *The Accounting Review*, 2008, 83 (6): 1521-1550.

[254] Hirshleifer D, Teoh S H. Limited Attention, Information Disclosure, and Financial Reporting [J]. *Journal of Accounting and Economics*, 2003, 36 (1-3): 337-386.

[255] Hong L, Page S E. Groups of Diverse Problem Solvers Can Outperform Groups of High-ability Problem Solvers [J]. *Proceedings of the National Academy of Sciences*, 2004, 101 (46): 16385-16389.

[256] Hong H, Jiang W, Wang N, Zhao B. Trading for Status [J]. *Review of Financial Studies*, 2014, 27 (11): 3171-3212.

[257] Hope OK, Thomas W B. Managerial Empire Building and Firm Disclosure [J]. *Journal of Accounting Research*, 2008, 46 (3): 591-626.

[258] Hou K, Xiong W, Peng L. A Tale of Two Anomalies: The Implication of Investor Attention for Price and Earnings Momentum [J]. *Working Paper*, 2006.

[259] Houston J F, James C M, Ryngaert M D. Where Do Merger Gains Come from? Bank Mergers from the Perspective of Insiders and Outsiders [J]. *Journal of Financial Economics*, 2001, 60 (2-3): 285-331.

[260] Huang Y, Qiu H, Wu Z. Local Bias in Investor Attention: Evidence from China's Internet Stock Message Boards [J]. *Journal of Empirical Finance*, 2016, 38 (A): 338-354.

[261] Hubbard R G, Palia D. Benefits of Control, Managerial Ownership, and the Stock Returns of Acquiring Firms [R]. *National Bureau of Economic Research*, 1995, 26 (4): 782-792.

[262] Jensen M C, Richard R. The Market for Corporate Control [J]. *Journal of Financial Economics* 1983, 11 (8): 5-50.

[263] Jensen M C. Agency Costs of Free Cash Flow, Corporate Finance, and Takeovers [J]. *The American Economic Review*, 1986, 76 (2): 323-329.

[264] Jia W, Redigolo G, Shu S, et al. Can Social Media Distort Price Discovery? Evidence from Merger Rumors [J]. *Journal of Accounting and Economics*, 2020, 70 (1): 101334.

[265] Jo K M, Yang S. SEC Comment Letters on Firms' Use of Non-GAAP Measures: The Determinants and Firms' Responses [J]. *Accounting Horizons*, 2020, 34 (2): 167-184.

[266] Johnson B A, Lisic L L, Moon J S, Wang M. SEC Comment Letters on Form S-4 and M&A Accounting Quality [J]. *Review of Accounting Studies*, 2019 (Forthcoming).

[267] Johnston R, Petacchi R. Regulatory Oversight of Financial Reporting: Securities and Exchange Commission Comment Letters [J]. *Contemporary Accounting Research*, 2017, 34 (2): 1128-1155.

[268] Kahneman D, Tversky A. On the Psychology of Prediction [J]. *Psychological Review*, 1973, 80 (4): 237.

[269] Kanouse D E, Hanson L R. Attribution: Perceiving the Causes of Behavior [M]. *Morristown, N. J: General Learning Press*, 1972: 47-62.

[270] Khanal A R, Mishra A K, Mottaleb K A. Impact of Mergers and Acquisitions on Stock Prices: The U. S. Ethanol-based Biofuel Industry [J]. *Biomass and Bioenergy*, 2014, 61 (2): 138-145.

[271] King D R, Dalton D R, Daily C M. Meta-analyses of Post-acquisition Performance: Indications of Unidentified Moderators [J]. *Strategic Management Journal*, 2004, 25 (2): 187-200.

[272] Kreps D M. Game Theory and Economic Modeling [J]. *Journal of Economic Education*, 1990, 23 (2): 189-191.

[273] Kubick T R, Lynch D P, Mayberry M A. The Effects of Regulatory Scrutiny on Tax Avoidance: An Examination of SEC Comment Letters

[J]. *The Accounting Review*, 2016, 91 (6): 1751-1780.

[274] La Porta R, Lopez-de-Silanes F, Shleifer A, Vishny R. Investor Protection and Corporate Governance [J]. *Journal of Financial Economics*, 2000, 58 (1-2): 3-27.

[275] Lang L H P, Stulz R M, Walkling R A. A Test of the Free Cash Flow Hypothesis: The Case of Bidder Returns [J]. *Journal of Financial Economics*, 1991, 29 (2): 315-335.

[276] Lee C M C. Market Efficiency and Accounting Research: A Discussion of "Capital Market Research in Accounting" by S. P. Kothari [J]. *Journal of Accounting and Economics*, 2001, 31 (1-3): 233-253.

[277] Lee C. Earnings News and Small Traders: An Intraday Analysis [J]. *Journal of Accounting and Economics*, 1992, 15 (2): 265-302.

[278] Leung H, Ton T. The Impact of Internet Stock Message Boards on Cross-sectional Returns of Small-capitalization Stocks [J]. *Journal of Banking and Finance*, 2015, 55 (1): 37-55.

[279] Leuz C, Wysocki P D. The Economics of Disclosure and Financial Reporting Regulation: Evidence and Suggestions for Future Research [J]. *Journal of Accounting Research*, 2016, 54 (2): 525-622.

[280] Li Z, Shroff P K, Venkataraman R, et al. Causes and Consequences of Goodwill Impairment Losses [J]. *Review of Accounting Studies*, 2011, 16 (4): 745-778.

[281] Li Y, Shi H, Zhou Y. The Influence of the Media on Government Decisions: Evidence from IPOs in China [J]. *Journal of Corporate Finance*, 2021, 70: 102056.

[282] Linthicum C L, McLelland A J, Schuldt M A. An Analysis of SEC Comment Letters and IFRS [J]. *Journal of Financial Reporting and Accounting*, 2017, 15 (2): 226-244.

[283] Liu T, Shu T, Towery E, Wang J. The Role of External Regulators in Mergers and Acquisitions: Evidence from SEC Comment Letters [J]. *SSRN Electronic Journal*, 2020.

[284] Loughran T, McDonald B. When Is a Liability Not a Liability? Textual

Analysis, Dictionaries, and 10 - Ks [J]. *The Journal of Finance*, 2011, 66 (1): 35-65.

[285] Loughran T, Vijh A M. Do Long-term Shareholders Benefit from Corporate Acquisitions? [J]. *The Journal of Finance*, 1997, 52 (5): 1765-1790.

[286] Malatesta P H, Thompson R. Government Regulation and Structural Change in the Corporate Acquisitions Market: The Impact of the Williams Act [J]. *Journal of Financial and Quantitative Analysis*, 1993, 28 (3): 363-379.

[287] Malmendier U, Shanthikumar D. Are Small Investors Naive about Incentives? [J]. *Journal of Financial Economics*, 2007, 85 (2): 457-489.

[288] Malmendier U, Tate G. Who Makes Acquisitions? CEO Overconfidence and the Market's Reaction [J]. *Journal of Financial Economics*, 2008, 89 (1): 20-43.

[289] Masclet D, Colombier N, Denant-Boemont L. Group and Individual Risk Preferences: A Lottery-Choice Experiment with Self-employed and Salaried Workers [J]. *Journal of Economic Behavior and Organization*, 2009, 70 (3): 470-484.

[290] Matsusaka J G. Takeover Motives During the Conglomerate Merger Wave [J]. *The Rand Journal of Economics*, 1993, 24 (3): 357-379.

[291] McNamara G M, Haleblian J, Dykes B J. The Performance Implications of Participating in an Acquisition Wave: Early Mover Advantages, Bandwagon Effects, and the Moderating Influence of Industry Characteristics and Acquirer Tactics [J]. *Academy of Management Journal*, 2008, 51 (1): 113-130.

[292] McNichols M, Trueman B. Public Disclosure, Private Information Collection, and Short-term Trading [J]. *Journal of Accounting and Economics*, 1994, 17 (1-2): 69-94.

[293] Merton R C. A Simple Model of Capital Market Equilibrium with Incom-

plete Information [J]. *The Journal of Finance*, 1987, 42 (3): 483-510.

[294] Miller G S, Skinner D J. The Evolving Disclosure Landscape: How Changes in Technology, the Media, and Capital Markets Are Affecting Disclosure [J]. *Journal of Accounting Research*, 2015, 53 (2): 221-239.

[295] Moeller S B, Schlingemann F P, Stulz R M. Firm Size and the Gains from Acquisitions [J]. *Journal of Financial Economics*, 2004, 73 (2): 201-228.

[296] Mulherin J H, Boone A L. Comparing Acquisitions and Divestitures [J]. *Journal of Corporate Finance*, 2000, 6 (2): 117-139.

[297] Myers S C, Majluf N S. Corporate Financing and Investment Decisions When Firms Have Information That Investors Do Not Have [J]. *Journal of Financial Economics*, 1984, 13 (2): 187-221.

[298] Naughton J P, Rogo R, Sunder J, Zhang R. SEC Monitoring of Foreign Firms' Disclosures in the Presence of Foreign Regulators [J]. *Review of Accounting Studies*, 2018, 23 (4): 1355-1388.

[299] Nickerson R S. Confirmation Bias: A Ubiquitous Phenomenon in Many Guises [J]. *Review of General Psychology*, 1998, 2 (2): 175-220.

[300] Pangarkar N, Lie J R. The Impact of Market Cycle on the Performance of Singapore Acquirers [J]. *Strategic Management Journal*, 2004, 25 (12): 1209-1216.

[301] Pouget S, Sauvagnat J, Villeneuve S. A Mind Is a Terrible Thing to Change: Confirmatory Bias in Financial Markets [J]. *The Review of Financial Studies*, 2017, 30 (6): 2066-2109.

[302] Rau P R, Vermaelen T. Glamour, Value and the Post-acquisition Performance of Acquiring Firms [J]. *Journal of Financial Economics*, 1998, 49 (2): 223-253.

[303] Reyes T. Limited Attention and M&A Announcements [J]. *Journal of Empirical Finance*, 2018, 49 (10): 201-222.

[304] Robinson D. Auditor Independence and Auditor-Provided Tax Service:

Evidence from Going-Concern Audit Opinions Prior to Bankruptcy Filings [J]. *Auditing a Journal of Practice and Theory*, 2011, 27 (2): 31-54.

[305] Robinson J R, Xue Y, Yu Y. Determinants of Disclosure Noncompliance and the Effect of the SEC Review: Evidence from the 2006 Mandated Compensation Disclosure Regulations [J]. *The Accounting Review*, 2011, 86 (4): 1415-1444.

[306] Roll R. The Hubris Hypothesis of Corporate Takeovers [J]. *Journal of Business*, 1986, 59 (2): 197-216.

[307] Sabherwal S, Sarkar S K, Zhang Y. Do Internet Stock Message Boards Influence Trading? Evidence from Heavily Discussed Stocks with No Fundamental News [J]. *Journal of Business Finance and Accounting*, 2011, 38 (9-10): 1209-1237.

[308] Schijven M, Hitt M A. The Vicarious Wisdom of Crowds: Toward a Behavioral Perspective on Investor Reactions to Acquisition Announcements [J]. *Strategic Management Journal*, 2012, 33 (11): 1247-1268.

[309] Schipper K, Thompson R. Evidence on the Capitalized Value of Merger Activity for Acquiring Firms [J]. *Journal of Financial Economics*, 1983, 11 (1-4): 85-119.

[310] Schuldt M A, Vega J. An Examination of SEC Revenue Recognition Comments and IPO Earnings Management [J]. *Accounting Research Journal*, 2018, 31 (3): 371-387.

[311] Seo H. Peer Effects in Corporate Disclosure Decisions [J]. *Journal of Accounting and Economics*, 2021, 71 (1): 1-23.

[312] Servaes H. Tobin's Q and the Gains from Takeovers [J]. *The Journal of Finance*, 1991, 46 (1): 409-419.

[313] Shannon C. A Mathematical Theory Communication [J]. *Bell System Technical Journal*, 1948, 27 (3): 379-423.

[314] Shiller R J. Stock Prices and Social Dynamics [J]. *Brookings Papers on Economic Activity*, 1984 (2): 457-510.

[315] Shipman J E, Swanquist Q T, Whited R L. Propensity Score Matching in Accounting Research [J]. *The Accounting Review*, 2017, 92 (1): 213-244.

[316] Shleifer A, Vishny R W. Stock Market Driven Acquisitions [J]. *Journal of Financial Economics*, 2003, 70 (3): 295-311.

[317] Shleifer A, Vishny R W. The Limits of Arbitrage [J]. *The Journal of Finance*, 1997, 52 (1): 35-55.

[318] Shleifer A, Vishny R W. Value Maximization and the Acquisition Process [J]. *Journal of Economic Perspectives*, 1988, 2 (1): 7-20.

[319] Shleifer A. State versus Private Ownership [J]. *Journal of Economic Perspectives*, 1998, 12 (4): 133-150.

[320] Simon H A, Newell A. Human Problem Solving: The State of the Theory in 1970 [J]. *American Psychologist*, 1971, 26 (2): 145.

[321] Simon H A. A Behavioral Model of Rational Choice [J]. *The Quarterly Journal of Economics*, 1955, 69 (1): 99-118.

[322] Simon H A. Information-processing Theory of Human Problem Solving [J]. *Handbook of Learning and Cognitive Processes*, 1978, 5: 271-295.

[323] Smith M J, Harper D G C. Animal Signals: Models and Terminology [J]. *Journal of Theoretical Biology*, 1995, 177 (3): 305-311.

[324] Spence M. Signaling in Retrospect and the Informational Structure of Markets [J]. *American Economic Review*, 2002, 92 (3): 434-459.

[325] Stiglitz J E. Information and the Change in the Paradigm in Economics [J]. *American Economic Review*, 2002, 92 (3): 460-501.

[326] Sudarsanam S, Mahate A A. Glamour Acquirers, Method of Payment and Post-acquisition Performance: The UK Evidence [J]. *Journal of Business Finance and Accounting*, 2003, 30 (1-2): 299-342.

[327] Surowiecki J. The Wisdom of Crowds: Why the Many Are Smarter Than the Few and How Collective Wisdom Shapes Business [J]. *Doubleday*, 2004.

[328] Tang V W. Wisdom of Crowds: Cross-sectional Variation in the Informativeness of Third-party-generated Product Information on Twitter [J]. *Journal of Accounting Research*, 2018, 56 (3): 989-1034.

[329] Tetlock P C. Giving Content to Investor Sentiment: The Role of Media in the Stock Market [J]. *The Journal of Finance*, 2007, 62 (3): 1139-1168.

[330] Thaler R H. Advances in Behavioral Finance [M]. *Princeton University Press*, 2005.

[331] Travlos N G. Corporate Takeover Bids, Methods of Payment, and Bidding Firms' Stock Returns [J]. *The Journal of Finance*, 1987, 42 (4): 943-963.

[332] Verrecchia R E. Essays on Disclosure [J]. *Journal of Accounting and Economics*, 2001, 32 (1-3): 97-180.

[333] Vozlyublennaia N. Investor Attention, Index Performance, and Return Predictability [J]. *Journal of Banking and Finance*, 2014, 41 (4): 17-35.

[334] Wang Q. Determinants of Segment Disclosure Deficiencies and the Effect of the SEC Comment Letter Process [J]. *Journal of Accounting and Public Policy*, 2016, 35 (2): 109-133.

[335] Wright P, Kroll M, Lado A. The Structure of Ownership and Corporate Acquisition Strategies [J]. *Strategic Management Journal*, 2002, 23 (1): 41-53.

[336] Yang S. Comment Letters and Large Asset Transactions: Evidence from an Emerging Market [J]. *SSRN Electronic Journal*, 2020.

[337] Yim S. The Acquisitiveness of Youth: CEO Age and Acquisition Behavior [J]. *Journal of Financial Economics*, 2013, 108 (1): 250-273.

[338] Zhong R I. Transparency and Firm Innovation [J]. *Journal of Accounting and Economics*, 2018, 66 (1): 67-93.